디지털세상에서 주목시키는 혁신적 광고

지불 된
어텐션

페리스 야콥 지음 | 윤서인 옮김

추천의 글

우리 시대의 새로운 마케팅 철학
벤 리처드, *광고에이전시 Ogilvy & Mather 글로벌 최고전략책임자*

다섯 살 아이들이 가장 많이 하는 말이고 어른들은 가장 적게 하는 말이 있다. 바로, "왜?" 왜 이런 방식으로 일하는가, 왜 특정한 가정을 세우는가, 왜 다른 방법을 시도하지 않는가, 광고계가 왜 지금의 상태에 처했는가. 광고가 타당성을 되찾기 위해 무엇을 할 수 있는지를 알아내기 위해 패리스 야콥은 "왜?"를 연발하는 다섯 살 아이의 역할을 맡는다. 그는 광고계 종사자들이 겁이 나서 묻지 못하는 것들을 질문한다. 이제는 광고계의 나머지 에이전시들이 겁이 나서 시도하지 못하는 변화들을 어느 에이전시가 이루어내는지를 알아보라. 흥미로울 것이다. 당신이 앞으로 몇 년간 광고에이전시 회의실에서 반복해서 듣게 될 지혜들이 이 책에 담겨있다. 정독하고 몇몇 구절을 기억해 두었다가 다른 사람들보다 먼저 언급하라. 그러면 그 회의실에서 가장 똑똑한 사람이 될 수 있다.
데이브 버스, *The Drum지 선임 에디터*

패리스는 실천적인 마케팅과 커뮤니케이션의 급격한 변화들을 간결하고도 유창하게 설명한다. 행동 과학부터 창의성의 기원에 이르기까지 이 책은 뇌의 좌우반구를 계속 탐구하면서 예술과 과학의 생산적인 갈등을 논리적으로 설명한다. 그리고 증거에 입각한 과학적인 마케팅 기법으로 이행하는 최근의 추세를 소개한다. 과학적이면서도 창의성을 죽이지 않는, 적절하고 효과적인 아이디어로 창의성을 향상시키는 마케팅 기법을 알려준다.
크리스토프 코비, *광고에이전시 JWT의 Digital & Innovation 유럽 지역 책임자*

디지털 시대에 마케터는 어텐션 구입에 애를 먹는다. 이제는 전략과 창의적인 아이디어, 미디어, 소비자의 역할에 대하여 다르게 정의해야 할 때이다. 패리스 야콥은 이 주제들에 대한 글쓰기와 강연에 매진해왔다. 마케터와 광고인, 에이전시가 앞으로 직면하게 될 난제를 저자보다 더 잘 간파하고 있는 전문가는 흔치 않다. 마침내 우리도 그의 지식을 소유하게 되었다. 명확하고 논리적인 글을 통해 최근에 어떤 변화들이 일어났는지, 번영하기 위해 무엇을 할 수 있는지를 독자에게 알려준다. 전통을 고수하는 이들은 저자가 『지불된 어텐션』에서 논한 것을 부인할 수 있다. 하지만 그러면 그들은 위험에 처할 것이다. 미디어가 파편화하고 어텐션이 귀해진 시대에 마케터와 광고에이전시는 왜, 어떻게 변해야만 하는지에 대해 저자는 설득력 있는 주장을 펼친다. 나로 말할 것 같으면 계속 어텐션을 기울이고 있다.

에드워드 보쉬, 보스톤대 광고학 교수, 광고에이전시 Mullen 전직 최고크리에이티브 책임자 로벌 최고전략책임자

디지털에 의해 급격히 변하는 세상에서, 소비자와 미디어 간의 변화하는 관계를 파악하려고 애쓰는 사람이라면 누구든 『지불된 어텐션』을 읽어야 한다. 재미있고 도발적이며 훌륭한 사례로 가득한 이 책은 당신이 광고 전문가든 혹은 비즈니스 전략을 바꿔서 다음 세대의 기회들을 활용하고자 하는 미디어 소유주든 간에 사고 방식을 바꾸게 해줄 것이다.

데이비드 플린, 글로벌 제작사 Endemol UK의 최고크리에이티브 책임자

롤러코스터를 타본 적이 있는가? 그것은 당신의 어텐션을 사로잡는다. 천천히 올라가서 아주 높은 곳에 이르면 훌륭한 풍광이 펼쳐지고, 별안간 방향을 틀며 빠른 속도로 하강한다. 엄청나게 재밌다. 패리스의 책은 롤러코스터와 같다. 아이디어에 대한 아이디어가 풍부하고 방향을 틀 때마다 나의 어텐션을 사로잡는다. 비교하고 숙고해야 할 이론과 증거로 가득한 『지불된 어텐션』은 올해의 가장 훌륭한 광고, 커뮤니케이션 책이다.

애덤 페리어, 광고에이전시 Cummins & Partners의 최고전략책임자이자 『The Advertising Effect』 저자

세계는 지난 세기에 급격하게 변했지만 브랜드 커뮤니케이션 전략서들은 그다지 변하지 않았다. 『지불된 어텐션』은 어제가 아니라 오늘의 세계에 필요한 커뮤니케이션을 개발하기 위한 대단히 유용한 전략서다.

가레스 케이, 디지털마케팅 에이전시 Chapter 공동 창업자, 광고에이전시 GS&P의 전직 최고고객관리책임자

패리스는 전 세계의 커뮤니케이션 및 마케팅계에서 일하는 가장 똑똑한 사람 중 한 명이다. 『지불된 어텐션』은 그의 명성을 더욱 높여줄 것이다. 이 책은 그의 생각 속으로 들어가는 문이며, 그의 폭넓은 사고와 "그렇다면 당신은 무엇을 바꿔야만 하는가?"에 대한 실용적인 해답을 보여준다. 재밌는 책이다. 한 번 읽고 그냥 덮어둘 책이 아니라 자꾸만 들춰볼 책이 될 것이다. 요즘에는 커뮤니케이션과 마케팅에 대해 저자만큼 깊이 생각하는 사람이 별로 없다. 그날의 빅이슈들을 이렇게 폭넓은 관점에서 고찰하는 사람은 더 적다. 그는 광고계가 만들어낸 최고의 작품들을 깊이 파고들 뿐만 아니라 밖으로도 눈을 돌려, 첨단 테크놀로지, 신경과학, 사회과학에서 일어나고 있는 일들까지 두루 검토한다. 다음에 무엇이 등장할지, 그것과 관련하여 당신이 어떻게 해야 하는지를 알아내고 싶다면 이 책은 당신을 위한 것이다. 만약 망설이고 있다면, 기억하라. 당신의 경쟁자들은 이 책을 탐독할 것이다. 그러니 당신도 한 번은 읽어봐야 할 것이다.

마크 얼스, 『허드』『I'll Have What She's Having』『Welcome to the Creative Age』 저자

전 세계가 과잉 연결된 오늘날 어텐션은 가장 값비싼 상품중 하나이다. 새로운 미디어는 새로운 커뮤니케이션 전략을 요구한다. 인간 행동과 의식과 상징적 표현의 관계에 대한 다방면에 걸친 풍부한 지식에 기반을 둔 『지불된 어텐션』은 21세기의 광고에 관한 지침서다. 학문적 연구와 광고 시장의 현실을 모두 꿰뚫고 있는 저자는 이론과 실천을 연결하는 다리를 제공한다. 학자들이나 커뮤니케이션 전문가들이나 똑같이 어텐션을 기울여야 한다.

그웨니스 잭어웨이, 포드햄대학 링컨센터 커뮤니케이션 및 미디어학 조교수

콘텐츠가 어텐션을 끄는 방식과 끌지 못하는 이유에 대한 활기차고 날카롭고 대단히 논리적인 연구서이다. 패리스 야콥을 새로운 아이디어와 최선의 실천으로 이끄는 안내자로 삼아라.

그랜트 맥크래켄, *하버드대학 Berkman Center for Internet & Society 회원, 「Culturematic」 저자*

미디어에 대한 전통적인 사고를 거스르는 주장을 펼치며 광고 산업의 극성을 완전히 바꾸라는 패리스의 경고는 놀랍고도 감탄스럽다. 마케팅의 미래를 탐험하는 것에 관심이 있는 사람들에게 그 출발점으로 삼을 수 있는 유용한 생각들을 제공한다.

조니 벌칸, *광고에이전시 Anomaly의 창업 파트너*

질문을 많이 할 때 훌륭한 아이디어들이 튀어나온다. 문화에 불을 지피고 싶다면 당신은 관습에 도전해야만 한다. 패리스는 광고계에서 가장 총명하고 호기심 많은 지성 중 한 명이다. 이 책은 갈수록 어텐션이 귀해지는 온디맨드 세상에서 난관을 뚫고 전진하는 것에 대해 광고인과 마케터들에게 질문들을 던진다. 그 과정에서 몇 가지 흥미로운 브랜드 전략을 도출한다. 광고와 마케팅계에서 일하는 사람들에게 이 책을 추천한다.

윈스턴 빈치, *광고에이전시 Deutsch LA의 최고 디지털 책임자*

이 책의 내용처럼, 훌륭한 아이디어는 다른 곳에서 훔쳐온 훌륭한 아이디어 조각들을 새롭고 흥미롭게 재조합한 것이다. 『지불된 어텐션』은 단지 그 사실을 설명하는 것에 그치지 않고 경제학과 심리학, 철학, 미디어 연구, 광고로부터 훔쳐온 아이디어들을 조합함으로써 유난히 복잡한 이 시대를 위한 간결하고 훌륭한 아이디어를 창조한다. 『지불된 어텐션』은 당신이 마땅히 어텐션을 기울여야 할 책이다. 이 속에서 당신 자신과 당신의 브랜드를 위해 훔쳐낼 만한 아이디어를 틀림없이 몇 개 찾아낼 것이다.

노아 브리어, *마케팅 소프트웨어 업체 Percolate 창업자*

우리는 광고를 이런 식으로 생각하지 않는다. 하지만 광고는 고유의 역사를 가진 산업이며 영웅과 통찰과 재앙과 행운에 의해 형성된다. 다른 산업들과 달리, 광고 산업은 그렇게 자주 분석되지 않는다. 하지만 『지불된 어텐션』에서 저자는 복잡하고도 풍요로운 풍경을 펼쳐 보인다. 오늘날 광고가 처한 상황은 물론이고, 광고에 영향을 미친 사건들과 급격한 변화에 직면하여 광고가 어떻게 발전해야 하는지에 대한 틀을 잡아준다. 광고 사전을 집어 들고 열심히 배울 준비를 하라.

앰버 핀레이, 광고에이전시 *Converse*의 커뮤니케이션 플래닝 책임자

패리스 야콥은 나의 어텐션을 완전히 사로잡았다. 커뮤니케이션계에서 나의 가장 소중한 조언자이자 런던국제광고제의 "NEW" 부문 창시자로서 그는 내가 항상 어텐션을 기울이도록 만들었다. 『지불된 어텐션』은 대단히 훌륭한 책이다. 의도했든 그렇지 않았든 간에 패리스 야콥은 모든 미디어가 서로서로 연결되는 방식에 대한 폭넓은 관점을 제공하며 플랫폼마다 기원이 다르고, 콘텐츠 소비 방식이 과거와는 달라진 이 시대에 성공적인 마케팅 기법들을 소개한다. 그는 당신이 목표 달성을 위해 아이디어를 퍼뜨리는 것이 얼마나 중요한지를 분석한다. 이 책은 미디어에 대한 현대의 개념들을 이해하는 기준이 될 것이다. 콘텐츠가 무한하게 생산되는 이 시대에 살고 있는 사람은 누구든지 반드시 읽어야 할 책이다. 나는 단어 하나하나에 정말로 어텐션을 기울여서 정독했다.

바버라 레비, *London International Advertising Awards* 조직위원장

『지불된 어텐션』은 광고 산업이 어떻게 발전했고 새로운 테크놀로지와 소셜미디어가 브랜드에 대한 소비자들의 요구에 어떻게 영향을 미쳤는지에 관해 종합적인 관점을 제공한다. 저자는 철학과 심리학, 행동경제학, 사회적 행동을 두루 고찰해서 플래너와 크리에이티브들이 어떻게 하면 효과적으로 참여적인 광고를 제작할 수 있는지를 알아본다. 그는 엄청나게 많은 정보를 이해하기 쉽게 설명하면서, 크게 성공한 최신 광고 사례를 다수 소개한다.

에밀리 헤어, 광고잡지 *Contagious* 편집 주간

『지불된 어텐션』을 읽다보면 지적인 핀볼 게임을 하는 느낌이 든다. 심리학, 철학, 경제학, 신경과학, 광고 역사의 세계들을 정신없이 돌아다녀야 하기 때문이다. 항상 흥미진진하면서 때때로 대단히 심오하다. 광고 산업에 과연 미래가 있는지 없는지에 대해 전문가들이 질문하고 있는 지금, 패리스가 몇 가지 답을 제공한다.
윌 콜린, 광고에이전시 Naked Communications의 창업 파트너

깨진 거울로 비춰보는 것은 때때로 대단히 흥미롭다. 혼돈이 질서에 대한 인식을 파괴할 때 그것은 참신한 관점과 역설적인 통찰을 제공할 수 있다. 패리스는 광고의 타당성을 지금의 시각에서 유연하게 검토한다. 광고계에서 진행 중인 논쟁과 패리스 야콥의 냉철하고도 설득력 있는 생각이 담긴 『지불된 어텐션』은 탁월한 책으로서 마케팅 전문가들의 필독서가 될 것이다. 이 책은 내가 아주 오랫동안 옆에 놓아둘 가장 중요한 도구가 될 것이다.
마이클 카스프로, 광고에이전시 Union Creative 혁신 책임자

이 환상적인 책은 당신의 사고방식과 세계관에 이의를 제기할 것이다. 또한 광고가 앞으로 나아갈 방향을 알고자 하는 모든 사람에게 엄청나게 유용할 것이다. 커뮤니케이션 이론과 신경과학과 미디어 역사를 두루 탐구하면서 저자는 더욱 효과적인 광고를 만드는 법에 대한 실용적이고도 도발적인 아이디어들을 소개한다. 절대적인 필독서다.
데이비드 패시액, 온라인벼룩시장 Dubizzle 혁신&연구 책임자, 『Disruption Revolution』 저자

패리스는 나의 학생들을 위해 뉴욕에서 여러 번 수업을 해주었다. 그의 열정과 전문 지식은 학생들에게 자극과 영감을 주었다. 그가 『지불된 어텐션』에서 이제는 표준이 된 디지털을 다룬다. 광고 마케팅 책으로서는 이례적으로 감동적이고 서로 다른 문화들을 동등하게 통합한다. 철학적인 면도 있지만 대중의 공감을 얻을 만큼 충분히 재미있다.
브루스 싱클레어, 벅스뉴대학 벅스애드스쿨 부교수

contents ●

contents ●

CASE STUDY

TOOL KIT

아틀리에 조명기구

어텐션에 주목하라

사고 팔리는 어텐션의
가치는 얼마일까?

> 친구여, 로마인이여, 시민들이여, 내 말에 귀를 기울이시오.
> 줄리어스 시저, 윌리엄 셰익스피어

상품으로서의 어텐션에 대하여 관심을 가지고 있는가? 미디어 기업들은 광고주에게 어텐션(주의, 주목)을 팔기 위해 노력해 왔다. 애초에 라디오 방송국이 라디오 수신기를 더 많이 판매할 목적으로 세워졌듯이 사실 매스미디어는 광고로 간주되었다. 라디오 방송 역사 초기에는 라디오 송신기만 있으면 누구나 지역 라디오 방송국을 운영할 수 있었다.

필자의 얘기를 잠시 하자면, 아내의 할아버지는 타이어 판매업을 했는데, 손님이 없을 때면 동업자와 함께 라디오 방송을 내보냈다. 마침내 인가 받은 라디오 방송국 KWTO로 발전했고, 한참 후에는 컨트리 뮤직 스타가 출연하는 미국 최초의 유선방송 TV 프로그램 '오자크주 빌리'로까지 이어졌다. 처음에는 콘텐츠의 품질은 허술하기 짝이 없었다.

미국에서는 1920년대 후반 들어 전국 라디오 방송이 시작되었다. 새로 생겨난 전국방송기업 *National Broadcasting Company*과 컬럼비아방송 서비스 *Columbia Broadcasting Service*에 의해 방송업은 빠르게 상업화했다. 거의 같은 시기에 제조업과 유통업 역시 급격하게 발전했다. 이는 소비재를 생산하는 기업들이 자사 제품을 미국 전역에 두루 알림으로써, 제품의 명성이 아직 미치지 못한 지역에까지 판매할 수 있게 되었다는 뜻이다. 지금 우리가 알고 있는 것처럼 미디어 산업은 이렇게 해서 태어났다.

초창기의 라디오 방송국과 이후에 출현한 텔레비전 방송국의 주요 콘텐츠는 광고였다. 기업들은 프로그램을 후원하면서 프로그램 안에 제품 광고를 집어넣었다. 권투 경기 중계프로그램 '팹스트 블루 리본 바우츠 *Pabst Blue Ribbon Bouts*'와 10분짜리 뉴스 프로그램 '캐멀 뉴스릴 *Camel Newsreel*'이 그 예다. *Pabst Blue Ribbon : 맥주 브랜드, Camel : 담배 브랜드* 프로그램은 후원 기업의 광고대행사가 제작했다. 방송사로서는 이 방식이 비효율적이라고 생각했고, 따라서 방송사는 프로그램에 대한 시청자들의 어텐션(주의)을 여러 기업에게 나눠서 판매했고, 광고대행사의 영역에 도전하면서 더 많은 돈을 벌 수 있었다. 그러나 1949년에서 1952년 사이에 프로그램 제작비가 5배가량 급증하자 비용을 감당하기 어려워졌다. 60분 내내 브랜드 방송을 하기보다는 30초 동안만 광고를 내보내는 것이 비용 면에서 훨씬 더 적당했다. 그래서 프로그램 중간 중간에 끼어넣는 스폿광고가 지배적인 광고 형태가 되었다. 스폿광고는 잡지의 기사 중간에 광고를 삽입하여 구독자에게 광고를 무조건 노출하고 어텐션을 이끌어내는 것에서 따온 아이디어다.

광고 *Advertising*라는 단어는 라틴어 아드베테레 *Advetere*에서 파생된 것으로 '주의를 끌다', '돌아보게 하다'를 뜻한다. 스폿광고가 등장한 이후 광고는 어떤 것에 잔뜩 몰려있는 어텐션을 사고팔게 됨으로써 관심을 모았다. 기업은 소비자들의 어텐션을 사들이고 실제로 소비자가 주목하길 희망한다. 그렇다면 얼마나 많은 돈이 어텐션을 사는 데 들어갈까? 2012년 기준, 미국에서만 1,425억 달러가, 세계적으로는 4,670억 달러가 지불됐다.

미디어는 곧 대역폭이다

전체 미디어는 전 세계의 이용 가능한 총대역폭으로 간주될 수 있다. 새로운 미디어가 발명되고 기술이 개선되어 가면서 아날로그 방송은 연속적으로 성장했다. 디지털 부호화 기술은 데이터를 훨씬 더 많이 압축할 수 있게 해주었지만, 더 중요한 것은 그로 인해 미디어가 디지털 테크놀로지의 일부가 되었다는 점이고, 이런 경향은 기하급수적으로 가속화하고 있다.

동시에 콘텐츠 제작 툴은 대중화하기 시작했다. 전문가들이나 다룰 수 있었던 툴들은 사용법이 쉬워지고 가격이 내려가면서 대중의 손에도 들어갔다. 테크놀로지의 한 가지 특징은, 일부 전문가들만이 소유한 전문 지식을 모든 사람이 사용할 수 있는 물건과 소프트웨어 속으로 신속하게 옮겨놓는다는 것이다. 한때는 코드, 디자인, 사진 편집 소프트웨어 등에 대한 전문지식이 필요했던 작업이 이제는 기본적인 컴퓨터 스킬만 있어도 가능해졌다.

2003년에 출현한 블로그는 HTML *Hyper Text Markup Language 웹 문서 작성용 프로그래밍 언어*에 대한 지식이 없어도 누구든지 웹 *web*에 정보를 게재할 수 있게 해주었다. 그로부터 10년 후에 등장한 인스타그램 필터는 사람들이 사진이나 영화, 포토샵에 대한 지식 없이도 매력적인 이미지를 제작하도록 해주었다. 새로 등장한 문화 제작자들이 새로 생겨나고 있는 미디어 공간을 순식간에 점령해나갔다. 2010년 당시, 구글의 CEO 에릭 슈미트 *Eric Schmidt*는 이렇게 말했다. "문명이 태동한 순간부터 2003년까지 인류가 만들어낸 것과 동일한 양의 콘텐츠가 이틀마다 생산되고 있다." 정보량으로 계산하면 5엑사바이트 *50억 기가바이트* 정도이며, 이 수치는 계속 증가할 것으로 전망된다.

이렇듯 미디어 환경은 빈약했던 콘텐츠 세상에서 홍수처럼 콘텐츠가 흘러넘치는 세상으로 급속하게 변화했다. 이런 현상을 미디어 분야 전문 작가인 클레이 셔키 *Clay Shirky*는 이렇게 말했다. "TV 채널이 단 3개였던 시대, 초저녁이면 시청자들의 선택권이라고는 어떤 백인이 나타나서 영어뉴스를 읽어줄 뿐이었던 그런 시대를 결코 알지 못하는 세대를 낳았다."

콘텐츠는 디지털화하였고 언제 어디에나 존재하게 되었으며, 이것은 말하자면 어텐션경제 *Attention Economy*로 이어졌다. 이제 콘텐츠는 풍부하다. 하지만 그것에 배분될 수 있는 인간의 어텐션은 한정적이다. 어텐션은 배분되는 자원이고, 경제학은 부족한 자원의 배분에 관한 학문이다. 때문에 어텐션이라는 개념에 경제학적 사고를 적용하기 시작한 것이다.

전 세계에 존재하는 콘텐츠의 총량이 엄청나므로 그것을 소비하는 개인의 능력은 당연히 하찮아 보인다. 아리스토텔레스, 다빈치, 밀턴, 라이프니츠 같은 시대의 사상가들은 모든 것을 알았던 마지막 현자로 여겨진다. 세계 전역에 다양한 미디어가 만연한 오늘날에는 훨씬 더 많은 지식 조각, 훨씬 더 많은 문화 조각이 존재한다. 테크놀로지 투자자 에스더 다이슨 *Esther Dyson*은 다음과 같이 말했다.

"이 어텐션경제는 판매자들이 좋아하는 의향경제 Intention Economy 구매자에 초점을 맞추는 접근법으로 소비자의 구매의향이 소비자의 욕구를 채워주는 상품 생산을 촉진는 아니다. 이들 판매자들은(기업) 뭔가를 팔기 위해 소비자의 주목을 끌려고 하지만 어텐션은 쉽게 현금화되지 않는 고유의 가치를 갖고 있다. 어텐션경제는 타인의 주의를 끌기 위해서 개인적으로 소비하는 시간 속에 있는 한 가지이다. 가령 독창적인 아바타를 만들거나 기발한 댓글을 달거나 애완 고양이 사진에 '좋아요'를 얻음으로써 어텐션을 이끌어낸다."

이 말은 어텐션을 구입하는 광고주에게는 어텐션이 줄어듦을 뜻한다. 최근 연구에 따르면, 8~18세까지의 아이들이 미디어를 소비하는 시간은 하루에 7시간 이상이며 그들은 여러 가지 미디어를 동시에 소비한다. 개개인이 각자의 스크린을 다루는 모습을 언제 어디서든 쉽게 볼 수 있다. 그리고 구글글래스 같은 머리에 쓰는 디스플레이는 유저의 눈앞에 스크린을 펼쳐놓는다. 그런 증강현실 디바이스가 제시하는 가능성을 보며 몇몇 사람들은 우리가 조만간 어텐션을 최고조로 끌어올 수 있을 거라고 주장하기도 한다.

우리는 미디어의 홍수 속에 살고 있다. 대중에게 어떤 것을 알리려고 애쓰는 사람들은, 자신이 표적으로 삼은 대중이 주목할 것 같은 콘텐츠를 제시하려 노력한다. 그것이 상업적 홍보든 건강 메시지든 정치적 호소든 이도 저도 아닌 개인의 대의나 스킬이든 상관없다. 기존 미디어들은 여전히 어텐션을 이끌어내는 데에서는 선두다. 하지만 이제는 다양한 브랜드 콘텐츠들은 물론이거니와 트위터, 페이스북, 유튜브, 인스타그램, 바인의 콘텐츠와 경쟁을 벌여야 한다.

ADHD *Attention Deficit Hyperactivity Disorder 주의결핍 과잉행동 장애* 가 이 시대의 가장 두드러진 대중의 심리 상태라는 사실은 이제 놀랍지도 않다. 2000년 이후 ADHD 진단이 66% 증가했으며, 인터넷 때문에 미국인의 평균 주의지속 시간이 계속 짧아지고 있다는 주장도 있다.

커뮤니케이션은 설득이다

모든 커뮤니케이션의 고유 기능은 변화를 일으키는 것이다. 커뮤니케이션은 설득이기 때문이다. 1948년에 커뮤니케이션 이론가 해럴드 라스웰 *Harold Lasswell*은 커뮤니케이션은 다섯 가지 요소로 이루어진다고 말했다.

누가(화자 話者), 무엇을(메시지), 누구에게(청자 聽者), 어떤 통로로(채널) 전달해서, 어떤 결과를 얻는가?

오늘날 채널은 미디어라는 말과 상호 대체되어 사용되지만, 이 당시로 거슬러 올라가면, 미디어로서의 텔레비전을 나타내는 채널은 시각과 청각의 두 통로를 사용했을 것이다.

커뮤니케이션 산업은 커뮤니케이션에 속하는 특정 영역에 관여한다. 커뮤니케이션에 대한 가장 폭넓은 정의는 한 마음이 다른 마음에 영향을 미칠 수 있게 해주는 모든 수단이라고 할 수 있다. 상업적 커뮤니케이션이란 대중의 의견을 조종하기 위해 로고에서 광고에 이르기까지 설득력 강한 상징과 메시지들을 살포하는 것으로 정의할 수 있다. 이 설득 요소가 커뮤니케이션이라는 개념에 깊이 내재되어 있다. 인간은 자신의 의견을 퍼뜨리려는 욕구를 타고 났다. 이에 관한 흥미로운 인류학적 이유가 있다. 우리가 자신의 의견을 전달하는 이유는 다른 사람으로 하여금 그의 마음이 자기 마음과 똑같다고 생각하게끔 만들기 위해서다. 이것이 진화상 이롭기 때문이다. 즉 수가 많은 편이 안전하다.

사람들은 누군가에게 어떤 생각 또는 의견을 전달할 때, 상대방의 뇌의 작동 방식을 바꾸려고 시도하면서 그의 세계관을 바꾸려고 한다. 그렇게 하면 상대방의 세계관은 자신의 그것과 더 비슷해진다. 신이라는 개념에서부터 누군가에게 지시하는 행위에 이르기까지, 모든 자기주장은 세상에 대한 화자의 믿음과 청자의 믿음을 일치시키려는 시도다.

　상업적 커뮤니케이션의 목표는 대중의 의견과 행동, 행동 중에서도 주로 구매 행동을 변화시키려는 것이다. 그럼으로써 구매 빈도와 구매량 또는 공급 가격의 비탄력성을 증가시킨다. 대중의 어텐션을 이끌어내고 콘텐츠를 만들기 위해 비용이 투여되면서, 변화의 가장 효과적인 원동력으로서 성공적인 아이디어가 나온다. 이 성공적인 아이디어는 이를 접한 청자들에 의해 점차 확산되고 회자되면서 더 많은 구매를 일으킨다. 그리고 마침내 미디어 노출의 영향력을 배가시키고 그 브랜드에 경쟁력 있는 강점을 제공한다.

　아이디어는 그것에 할애한 어텐션의 양에 비례해서 성장하고 번성하고 변화를 일으킨다. 그것은 결합재 *Solidarity goods*처럼 기능한다. 결합재란 경제재의 한 종류로 그 재화를 즐기는 사람의 수가 증가할 때 그 가치가 증가한다. 어떤 식물의 특징에 대한 지식, 종교, 브랜드, 전설, 진화 같은 과학 원리, 정치적 도그마, 패션 트렌드, 성 性에 관한 오도된 믿음, 루머, 가십, 철학, 조크 등이 그런 생각에 속한다고 하겠다. 많은 어텐션을 할애한 아이디어는 대체로 살아남는 경향이 있다. 하지만 최근에는 어텐션이 급증하면서 상응하는 결과로 종종 어텐션이 급락하기도 한다.

　역사상 가장 성공했고 가장 오래된 아이디어(생각)을 살펴보면, 아이디어(생각)가 언어문화 속에서 어떻게 작동하는지를 알 수 있다.

황금률로 알려진 호혜원칙, 즉 '남에게 대접 받고자 하는 대로 너희도 남을 대접하라'는 모든 메이저 종교에 거의 동일한 형태로 존재하는 근본적인 윤리 원칙이다. 이 견해는 거의 모든 의사결정 상황에서 사용될 수 있기 때문에 확산력이 대단히 강하다. 그리고 모든 종교의 토대로서 이것보다 더 강력한 행동 변화 동인은 없을 것이다.

수천 년 동안 존재해온 수많은 아이디어(생각, 사상)와 비슷하게, 그 황금률은 간결하고 예리하며 기억하기 쉬운 형태로 표현된다. 속담은 성공적인 아이디어 중 가장 오래된 것으로 시대와 문화를 초월하는 지혜다. 한 예로, '아니 땐 굴뚝에 연기 나랴'라는 속담과 비슷한 표현이 55개 이상의 언어문화 속에 존재한다. 이런 아이디어들은 부분적으로는 그 기능에 의해, 부분적으로는 형태에 의해서 성공하게 되었다.

전혀 어텐션을 끌지 못하는 아이디어나 의견-어느 누구에게도 노출되지 않은 의견-은 세상에 영향을 끼치지 못한다. 그것을 아는 사람이 아무도 없기 때문이다. 유튜브에 게시된 동영상의 50%는 조회수가 500회에도 미치지 못한다. 이들은 문화에 별다른 영향을 끼치지 못한다. 그만큼 어텐션은 강력한 그 무엇이다.

어텐션은 물과 같다

전직 소매치기이자 마술사인 아폴로 로빈스 *Apollo Robbins*는 이렇게 말했다.

"어텐션은 물과 같다. 어텐션은 흐른다. 유동적이다. 당신은 통로를 만들어 어텐션의 방향을 바꾸고 그것이 올바른 방향으로 흐르기를 희망한다."

어텐션을 산다는 것은 어텐션의 방향을 바꾸었던 기존의 통로, 즉 채널 속으로 들어가는 한 가지 방법이다. 많은 심리 현상이 그렇듯이, 어텐션은 주관적으로 이해된다. 의식이라는 개념과 마찬가지로, 어텐션의 성질을 명확하게 설명하기는 어렵다. 일단, 어텐션은 방향성과 표준 지속시간을 갖고 있는 것 같다. 그렇지 않다면 주의결핍을 장애로 간주하는 것은 이치에 맞지 않는다. 하지만 어텐션의 세부 특징은 모호하다. 심리적인 측면에서 '현재'는 약 3초쯤으로 추정된다. 하지만 3초간의 주의집중 시간은 보통으로 간주되지는 않는 것 같다. 따라서 우리는 이 심리적 '현재들'을 한 줄로 연결해서 연속된 장면으로 만들 수 있어야 한다.

주의집중에 관한 전통적인 정의를 내린 윌리엄 제임스 *William James*는 현대심리학의 창시자 중 1인으로, 그는 저서 『심리학의 원리』에 이렇게 썼다.

주의집중이 무엇인지는 누구나 알고 있다. 주의집중이란 동시에 존재하는 몇 가지 대상이나 꼬리를 물고 이어지는 생각들 중에서 한 가지 대상이나 생각이 선명하고 생생한 형태로 마음을 차지하는 것이다. 의식의 집중, 초점 맞추기가 그 본질이다. 이것은 어떤 특정한 것을 효과적으로 처리하기 위해 다른 것들로부터 어텐션을 거두는 것을 의미한다.

제임스의 설명이 암시하듯이, 주의집중은 내관 *Iintrospection*을 통해

서만 분석될 수 있을 것이다. 현대 신경과학은 우리가 주의를 집중할 때 뇌의 어느 영역이 산소를 더 많이 필요로 하는지를 보여준다. 그리고 '주의집중'이 서로 다른 수많은 인지과정으로 이루어진다는 것이 이미 입증되었다.

당신은 어떤 것에 자발적으로 어텐션을 집중할 수 있다. 또는 북적거리는 공간에서 누군가가 당신의 이름을 언급하는 소리(소위, 칵테일파티 효과)나 요란한 폭발이 당신의 어텐션을 낚아챌 수도 있다. 당신은 어떤 대상을 줄곧 응시할 수 있다. 이것은 명시적 주의집중이다. 그리고 그것에 여전히 초점을 맞추면서도 그렇지 않은 척 할 수도 있다. 이것은 잠재적 주의집중이다. 주의집중은 사회적으로 지시된다. 다시 말해서, 당신이 어떤 것을 집중해서 응시함으로써 누군가의 주의를 그쪽으로 유도할 수 있다. 이것은 공동 주의집중이다. 가장 중요한 것은 당신의 주의집중 능력에는 한계가 있다는 것이다. 따라서 당신이 감각 자극으로부터 한 번에 얻어낼 수 있는 정보량도 한정적이다.

당신이 어떤 대상에 전념할 때 이것은 마치 당신의 마음이 그것에 스포트라이트를 비추는 것과 같다. 당신은 스포트라이트 주변에서 일어나고 있는 다른 모든 것들을 사실상 능동적으로 무시한다. 일종의 터널시야에 빠지는 것이다.

이것은 무주의한 맹시 현상으로 이어진다. 그러면 당신은 다른 곳에 어텐션을 향하고 있기 때문에 분명히 바로 눈앞에 있는 것도 알아채지 못한다. 바로 여기에서 텔레비전 광고를 보고 있는 누군가가 그 광고를 진짜로 보고 있는지 여부에 대한 걱정이 생겨난다. 무주의한 맹시는 변화 맹시와도 밀접한 관계가 있다. 이것은 연속한 장면이나 어떤 사물에 존재하는 변화나 차이를 알아채지 못하는 현상을 말한다. 인간 지각의 압도적인 특징 중 하나, 그리고 우리의 통념과 상반되는 특징은 지각이 실제로는 대단히 제한적이라는 것이다. 인간은 자신이 보고 있는 것의 많은 부분을 진짜로는 보지 못한다. 인간의 기억도 마찬가지다. 그렇지만 뇌는 상상력을 이용해 이야기를 꾸며냄으로써 항상 이 간극을 메운다.

이렇게 모호한 특성을 지닌 어텐션은 대단히 귀중하며 그 가치가 갈수록 커지고 있다. 따라서 어텐션을 끌지 못하는 의견은 아무 힘이 없다는 논리적 결론에 이른다. (앞으로 살펴보겠지만 어텐션의 종류가 다양하기 때문에 이 결론이 전적으로 맞는 것은 아니다) 그러므로 주의집중은 커뮤니케이션을 통한 변화 유발에 꼭 필요한 전제조건이다. 어텐션은 가장 오래된 그리고 여전히 우세한 광고이론인 AIDA모형에도 포함되어 있다.

Attention 주의 : 잠재고객의 주의를 끈다.

Interest 관심 : 그 제품에 대한 관심이 증가한다.

Desire 욕구 : 잠재고객 일부가 그 물건을 갈망하기 시작한다.

Action 행위 : 이어서 그들은 물건 구매 등의 행동을 취한다.

각 단계에서 사람들은 일정 정도 유실된다. (그 제품을 보는 사람의 수보다는 관심을 갖는 사람의 수가 적고, 관심을 갖는 사람 수보다는 갈망하는 사람 수가 더 적고, 이런 식으로) 그래서 '구매 깔때기' *Purchase Funnel* 이론이 생겨났다. 이 이론에 따라 판매자는 최대한 많은 사람의 어텐션을 끌려고 애쓴다. 그 이후의 매 단계에서 잠재고객이 일정 비율(퍼센트)씩 사라지기 때문이다. 따라서 전통적으로 광고는 구매욕을 지닌 가장 많은 수의 잠재고객의 가장 많은 어텐션을 가장 적은 비용에 구입하는 과정으로 이해되었다. 그리고 사람들은 어텐션을 할당하고 뒤이어 수많은 인지과정을 통해 물건을 구매한다고 추정했다.

이 가상의 깔때기를 계속 채우는 행위가 커뮤니케이션 산업을 낳았고 오늘날의 문화에 존재하는 광고의 홍수를 초래했다. 다른 자들의 목소리를 압도하고 어텐션을 가장 많이 차지하려는 끝없는 확장 경쟁이 벌어지고 있다. 아이디어를 사고파는 시장에서 일어난 극적인 변화들을 고려하면서 AIDA모형은 보완되기 시작했고 몇몇 사례에서는 살짝 변형되었다. 어텐션을 구입하기 위해 전문 커뮤니케이션 업체에 돈을 내는 대신에 제조업체가 또는 개인이 혼자 힘으로 어텐션을 살 수 있다면 어떻게 될까?

앞으로 살펴볼 것들

필자의 어떤 글에 대한 유난히 격렬한 온라인 논쟁에서 익명의 논객이 필자에게 '광고하는 철학자'라고 비난했다. 필자의 생각이 근시안적이고 실용적이 못하다고 주장하며 모욕하려는 의도로 그렇게 표현했으나 나는 그것을 오히려 좋아했다. 내가 철학자라고 주장하지는 않겠다. 그럼에도 나는 이 책이 현대의 광고 철학, 행동을 이끄는 일련의 신념이 되기를 염원한다. 철학은 이론이자 실천이다. 이제부터 브랜드가 어떻게 작동하며 아이디어 시장을 어떻게 혁신하는지를 알아볼 것이다. 앞으로 고찰할 것은 아래와 같다.

- 어떤 종류의 생각들과 브랜드들이 있으며, 그들은 어떻게 신화에 의해 남겨진 어텐션의 틈새 안에서 확립되는가?
- 의사결정 과정에서 얼마나 많은 부분이 의식적인 주의집중과 무관하게 일어나는가?
- 광고는 어텐션을 어떻게 활용하는가, 그리고 어떻게 해야 역동적인 어텐션 시장에서 가장 큰 효과를 거둘 수 있는가?
- 아이디어의 정의와 아이디어를 얻는 법
- 콘텐츠가 무한하게 존재하는 이 새로운 세상에서 행동하는 법
- 광고계에서 어텐션을 끌기 위해 아이디어를 포장하는 법
- 급속한 변화를 반영하기 위해 전략은 어떻게 발전하고 있는가?

이 책을 읽고 있는 당신, 여전히 어텐션을 기울이고 있는가?
그러면 시작해보자.

01. 로고스중심주의

이름 속에는 무엇이 있는가?

> 광고 속의 훌륭한 아이디어는 신화의 영역이다.
>
> 레오 보가트, 미국의 사회학자, 미디어 전문가

P&G *Procter & Gamble*가 질레트 *Gillett*를 사들이는 데 570억 달러를 기꺼이 지불한 것은 놀라운 사건이었다. 맥킨지 *McKinsey*는 이 M&A의 지불금에서 가치 평가의 대부분을 차지한 것은 무형자산이었으며, 그 무형자산의 상당 부분은 브랜드 값이라고 언명했다. 이런 시대에는 무엇을 구매할지가 상당히 불확실한 것이 당연한지도 모른다.

저명한 경영 컨설턴트 톰 피터스 *Tom Peters*는 우리는 '브랜드 전성시대'에 살고 있다고 선언했다. 구글 검색창에 브랜드에 대하여 물어보면 정의가 수십 개나 뜬다. '상품명: 특정 판매자의 제품이나 서비스에 붙인 이름'부터 시작해서 '특정 단체의 명칭', '특정 제품이나 서비스와 연관된 모든 정보를 상징하는 표지'에 이르기까지 다양하다. 브랜드 전성시대가 불확실성 전성시대처럼 보인다.

상황이 처음부터 이렇게 복잡하지는 않았다. 예전에 브랜드는 단순했다. 담배 피우는 카우보이만으로도 그것이 무엇을 말하는지 알 수 있었다. 지난 세기에 사회는 엄청난 속도로 발전했고, 브랜드도 더불어 진화했다. 제품의 품질을 보증하는 역할을 했던 브랜드가 이제는 특정 서비스, 특정 경험, '나의 상징', 특정 유명인, 그리고 당신 자신과 국가를 드러내주는 표식이 될 수 있다. 브랜드는 모든 곳에 존재하고 모든 것이 브랜드다. 우리는 로고스중심주의 세상에서 살고 있다.

오늘날 브랜드는 가장 쉽게 눈에 띄고 언제 어디에나 존재하는 문화 권력이다. 나오미 클레인 *Naomi Klein*은 저서『노 로고 *No Logo*』에서 아이들의 이름이 브랜드명을 따서 지어지고, 브랜드의 힘이 공공장소를 침해하는 등의 현상에 대하여 유쾌한 독설을 날린 바 있다. 브랜드는 사람들이 자기 자신을 정의하기 위해 사용하는 기준이기도 하다.

말하자면 이런 식이다.

"나는 명품 향수를 뿌려요", 이 말인즉 나는 대단히 매혹적이에요. "나는 엑스트라 스트롱 라거를 마십니다", 이 말은 나는 매력적인 나쁜 남자입니다. "나는 리바이스 진을 입어요", 이 말은 나는 핸섬해요.

또한 브랜드는 타인의 신원을 확인하는 기준이 되기도 한다.

"차브 *chav 짝퉁 버버리 제품으로 치장하는 저급한 취향을 지닌 영국 하류층 청소년들을 일컫는 용어* 들이나 버버리를 입지."

이런 표현들의 의미를 우리가 이해했다는 것은 지난 세기에 브랜드가 대단히 중요해졌음을 방증한다. 브랜드 파워가 커짐에 따라 어떤 브랜드들은 점점 더 모호해진다. 이 모순을 해결하기 위해 우리는 어떻게 해야 할까?

이 분명한 혼돈은 오늘날 브랜드가 맡고 있는 역할과 상관관계가 있다. 현대 사회에서 브랜드는 신화의 역할을 수행하기 때문에 복잡할 수밖에 없다는 것이 필자의 생각이다. 제조업체 이름만 알려주거나 거치대에 놓여 도로 안내만 하는 것 같은 가장 단순한 브랜드들조차 수많은 요소로 이루어져 있다. 브랜드의 본질은 어텐션을 포착하는 능력을 반영한다.

인간은 의미를 추구하는 동물로서 상상력이 풍부하고, 그렇기에 우리를 둘러싼 더 큰 맥락을 궁금해한다. 이것은 실존적 절망으로 이어질 수 있다. 인류 문화가 시작된 이래 사람들은 자신을 그 맥락에 처하게 만든 이야기들을 지어내왔고, 그럼으로써 자신의 삶이 의미가 있다고 느낀다. '현실에 존재하는 많은 것이 상상력에서 비롯된다 *Reality leaves a lot to the imagination*'고 가수 존 레논은 말했다. 이야기는 인간의 서로 다른 경험들 간의 모순을 해결하고 우리의 삶을 설명해주는, 인류의 모든 사회에 꼭 필요한 거대 서사를 제공한다.

이 역할을 이제는 브랜드가 수행한다. 브랜드는 우리로 하여금 우리가 살고 있는 소비사회 속에서 세상을 이해하고 자신을 위해 의미를 만들어낼 수 있게 해준다. 서양 문화에서 전통 신화가 감소한 것이 신화로서의 브랜드가 등장하는 계기가 되었다. 그것은 브랜드가 서양에서 처음 생겨났고 동양으로 퍼져나가는 이유이기도 하다. 사회 구성 원칙으로서의 전통 신화에 대한 집착이 무너지면서 일어난 일이다. 서양의 근대성은 로고스의 자식이다. *헬레니즘 전통에서 미토스 Mythos와 대립되는 말로 로고스 Logos는 과학과 이성과 사실을 나타낸다* 과학은 세상을 이해하는 지배적인 패러다임이 되었다. 하지만 로고스 단독으로는 우리에게 의미를 제공하지 못한다. 삶에 의미와 맥락을 부여했던 것은 신화였다. 따라서 사회는 무의식적으로 그 사회 고유의 신화를 갈망했고, 결국에는 소비지상주의라는 새로운 지배 권력을 중심으로 신화를 창조해냈다. 그리고 그 갈망을 가장 잘 채워주는 신화에 엄청난 양의 어텐션을 할당해왔다. 이러한 이유로 현대의 브랜드는 과거의 브랜드보다 더욱 복잡하다. 신화에 대한 갈망, 발전이 초래하는 간극을 메우기 위해 브랜드의 역할이 계속 변하기 때문이다. 로고스 *Logos*는 우리를 로고들 *Logos*로 인도했다.

　오늘날의 가장 강력한 브랜드들은 하나의 결합 신화를 창조했다. 현대 사회에서 브랜드는 해당 기업이 표명하는 '소울 *Soul*'과 불가분의 관계에 있다. 구글은 사악해지지 않을 거라고 맹세하던 스탠포드 대학 출신의 래리 페이지 Larry Page와 세르게이 브린 Sergey Brin, 이노센트드링크 *Innocent Drinks* 영국 음료 회사 의 귀여운 포장과 잔디로 뒤덮인 밴, 스타벅스의 바리스타 등이 그 예다. 각 브랜드의 이 모든 요소는 행동 철학에 따라 결합된 것들이다. 서사와 가치가 이렇게 결합한 것이 신화다.

　신화는 본질적으로 복잡하고 다의적이다. 따라서 수많은 타당한 방식으로 해석될 수 있다. 신화는 특정한 정수로 압축된 단일체가 아니다. 그보다는 모든 구성 요소가 서로 연결된 결합체에 가깝다. 그러므로 브랜드는 단순히 단일 핵심 가치를 나타내지 않는다. 인류학자 클로드 레비스트로스 *Claude Levi-Strauss*는 신화를 구성하는 요소를 신화소 *神話素*라고 불렀다. 그는 신화는 그 자체로 하나의 언어이지 언어의 일부가 아니라고 주장했다. 신화는 그것을 어떤 언어로 전달하는지에 상관없이 붕괴되고 재구성될 수 있기 때문이다.

　브랜드는 그 자체가 하나의 언어로서 단어나 이미지나 소리의 형식으로 TV나 인쇄물이나 입을 통해 표현된다고 필자는 주장할 것이다. 브랜드는 우리가 브랜드소라고 부를 수 있는 분리 불가능한 최소 단위 요소들의 결합체다. 코카콜라는 단지 행복만에 국한된 것은 아니다. 빨강, 젊음, 산타클로스, 나눠 마시기, 음료수, 콜라병의 모양, 진정한 맛 *The Real Thing*, 뉴코크/코카콜라클래식 vs 펩시, 1970년대 코카콜라 광고용 노래 '온 세상에 노래를 가르치고 싶어요' 등, 이 모든 요소가 코카콜라의 브랜드소다. 사람들은 저마다 이 요소들 중 몇 가지와만 관계가 있을 것이다.

　신화와 비슷하게 우리는 브랜드를 해석하고 자신에게 알맞은 의미를 만들어낸다. 이 유연성이 대단히 중요하다. 글로벌 브랜드 시장에서는 그 중요성이 갈수록 커진다. 이 유연성 덕분에 한 브랜드를 모든 사람에게 그렇게 수없이 반복해서 제시해도 항상 효과적일 수 있는 것이다. 신화의 내용과 신화의 형태는 별개다.

신화 속 이야기는 특별하다. 왜냐하면 그것은 그 모든 해석보다 오래 살아남기 때문이다. 신화는 그 기본적인 형태 또는 구조를 유지한 채 해석되고 의역되고 축소되고 확장될 수 있으며 조작될 수도 있다고 레비스트로스는 말한다.

그는 또한 신화 전체를 한 단어로 표현할 수 있는 언어가 존재할 가능성이 있다고 단언했는데, 그 언어가 바로 브랜드다. 신화는 현실이자 가상인 공간에서 구성된다. 그곳에서는 현실이 마술을 부리고 불가능한 일이 실현된다. 브랜드 영토로 건너가는 다리를 놔주는 제품 구매 또는 사용, 브랜드 커뮤니케이션과의 상호작용을 통해 우리는 의식을 치르듯 신화를 경험한다.

더글러스 홀트 *Douglas Holt*의 주장에 따르면, 우리는 신화를 소비하기 위해 물건을 구입한다. 이 말에 필자 역시 동의한다. 하지만 브랜드는 신화의 아이콘이 아니다. 브랜드는 신화 그 자체다. (로고는 브랜드가 아니다) 그리고 브랜드 커뮤니케이션과의 그 모든 상호작용이 비슷한 역할을 할 수 있다.

말보로맨은 말보로 제국에 살고 있지만 더 이상은 우리와 직접 소통하지 못한다. 세계 대부분의 국가에서 담배 광고를 금지했기 때문이다. 그래서 말보로는 술집에 설비를 제공했다. 말보로 제국을 연상시키는 장면이 나오는 비디오 화면 앞에 빨간 소파를 놓아둔 것이다. 비윤리적이라고 느껴질 수도 있겠지만 그 설비는 굳건하고 신비로운 브랜드 영토로 은연중에 건너가도록 설계된 것이다.

브랜드라는 브랜드가 그 자체로 하나의 신화다. 그렇기에 브랜드의 정의를 하나만 꼭 집어내기가 대단히 어렵다. 수많은 정의가 모두 맞는 말이고 브랜드 신화가 무엇인지를 종합적으로 설명해주기 때문이다. 그 정의들은 브랜드를 이루는 브랜드소들이다. 그리고 브랜드라는 브랜드는 그 영향력과 모호성 사이의 모순을 해결하게 도와준다. 즉 신화의 역할은 모순을 해결할 수 있는 논리적 모형을 제공하는 것이다. 브랜드는 강력한 동시에 모호하다. 왜냐하면 사람들이 그 안에서 의미를 찾고자 하는 물건들은 어떤 해석이든지 수용하고 그들이 모든 사람과 개인적으로 공감할 수 있도록 해주기 때문이다.

브랜드/신화 이론은 수많은 새로운 사고로 이어진다. 그 이론에 따르면, 우리는 브랜드를 단일 요소로 설명하려고 애쓰지 말고 복잡성을 포용해야 한다. 자신의 의견을 버리고 무수한 브랜드소를 연결하는 원칙들을 찾아내야 한다. 그리고 커뮤니케이션 속에서 의미와 이야기를 개발해야 한다.

광고와 문학은 많은 점에서 비슷하다. 그 이유는 문학은 이야기를 표현하고 광고는 브랜드를 표현하기 때문이다. 이야기는 캐릭터, 배경, 사건, 발단, 전개, 결말, 문체, 서브텍스트 *Subtext 대사로 표현되지 않은 생각, 느낌, 판단*, 우여곡절을 갖고 있다. 그리고 각각의 에피소드는 독자가 더 많은 것을 원하도록 내버려둬야 한다. 브랜드 커뮤니케이션을 구성할 때도 우리는 이 방식을 고려해야만 한다.

리틀빅플래닛3 *Little Big Planet3*의 모바일 게임 론칭 광고캠페인은 이 방식을 잘 보여주었다. 각 광고는 플래닛3(배경)를 더 많이 보여주고, 작은 생물들(캐릭터)은 이 브랜드 광고의 일본적인 리얼리티 주변부에서 끊임없이 전투(줄거리)를 벌인다. 심지어 소비자가 플래닛3를 방문할 수 있는 웹사이트도 있었다. 이 광고캠페인의 도움으로, 치열한 게임 산업에서 후보선수였던 이 브랜드는 주축선수로 도약할 수 있었다.

신화 창조의 중요성을 잘 알았던 마케터는 나이키 설립자 필 나이트 *Phil Knight*다. 나오미 클레인은 나이키가 창조한 기업 신화가 어찌나 강력한지 고작 물건 따위에 의미를 부여하게 만들었다고 비난한다. 나이키는 실제로 그렇게 했다. 한 청년이 나이키의 날렵한 로고를 왜 배꼽에 문신으로 새길 결심을 했는지에 대해 이렇게 설명한다.

"아침에 일어나면 나는 매일 그 로고를 내려다봐요. 그건 나를 하루 종일 자극해요. 내가 어떻게 해야 하는지를 날마다 떠올려주죠. 이렇게요. 저스트 두 잇. *Just Do It*"

CASE STUDY 구글의 Don't Be Evil

전통 형식의 광고를 집행하지 않고도 구글은 세계에서 가장 큰 브랜드가 되었다. (2012년 슈퍼볼 중계에 처음으로 TV광고를 내보내긴 했다) 내막을 잘 모르는 사람들은 구글이 더 좋은 제품을 제공했고, 우수한 검색 기능이 자연스럽게 유저들을 끌어와서 그들을 더 똑똑하고 빠르게 만들어주었다고 생각하곤 한다. 이것은 구글 신화 창조에 이용된 기술을 완전히 간과한 생각이다. 여러 테스트에서 구글은 다른 검색 엔진들을 좀처럼 능가하지 못했다. 2012년에 빙 *Bing*의 광고, 빙잇온 *BingItOn*은 블라인드 테스트에서 마이크로소프트 검색 엔진이 구글을 능가한다는 사실을 강조했다. 그들의 연구에 따르면, 사람들은 블라인드 비교 테스트에서 거의 2 대 1의 비율로 구글보다는 빙의 검색 결과를 더 많이 선택했다. 하지만 이 사실은 구글의 시장 점유율에 별다른 영향을 미치지 못하는 것 같다. 구글의 점유율은 실제로 계속 높아지고 있는 중이다.

구글 신화를 이루는 핵심적인 브랜드소 중 하나는 '더 똑똑해지기'이다. 이 요소는 설립자들의 박사학위, 구글이라는 이름, 괴짜들의 구글 채택, 신중한 씨앗 뿌리기 전략을 토대로 세워졌다. 구글은 개발자의 프로그램 개발 이야기를 항상 정확하게 알려주는데, 이것이 괴짜들의 공감을 샀다. 이 괴짜들은 얼리어답터였으며, 인터넷 문화의 씨앗을 뿌린 자들이었다.

이 젊은 영웅은 힘세고 사악한 제국–고전적인 신화–를 이용한다. 구글의 황량한 홈페이지는 그들이 돈을 벌려고 거기 있는 게 아니라는 이야기를 은연중에 내비쳤다. 당시의 어수선한 검색 포털들과는 대조적이었다. 그들은 수익을 내지 않고 오랫동안 사이트를 운영하는 방법으로 그 이야기를 강화하면서 박애, 즉 '사악해지지 말자 *Don't Be Evil*'라는 브랜드소를 구축했다. 구글의 로고는 매일 바뀔 수 있으며 특별한 날에는 구글두들 *Google Doodle*을 쓰지만 여전히 구글이다. 문자의 모양이 아니라 그 모양이 바뀔 수 있다는 사실이 브랜드소이기 때문이다.

구글은 상품을 에피소드처럼 이용하며 신중히 연출된 배경 속에서 팬들에게 상품을 공개한다. 2004년 4월 1일에 구글은 지메일 서비스를 시작했는데, PR이 끝없이 이어졌다. 지메일은 구글이 마이크로소프트라는 사악한 제국에 맞서 싸우는 스카이워커 *Skywalker*라는 신화적 지위를 차지하도록 조장했다. 지메일은 1GB의 저장 공간을 무료로 제공한 반면에 핫메일의 용량은 10MB에 불과했다. 구글어스, 구글맵, 구글드라이브, 구글글래스, 구글인박스 심지어 폐기된 구글웨이브까지 각각의 에피소드는 그것 고유의 구성 요소들과 무대를 갖고 있었다. '상품은 가장 중요한 마케팅 도구'라는 나이트의 말을 명확하게 이해했음을 입증하면서 구글은 상품을 공개하며 신화를 건설한 것이다.

브랜드는 사회적으로 구성된 의견이다

광고에이전시 DDB의 전직 이사였던 폴 펠드윅 *Paul Feldwick*는 이렇게 브랜드의 정의를 내렸다. 참고로 브랜드의 정의를 내릴 때 가장 많이 사용되는 표현 중에 하나다.

브랜드란 단순히 그 브랜드 소비자의 마음속에 존재하는 지각들의 집단이다.
이 정의가 훌륭한 이유는 다음 문장을 상기시키기 때문이다.

브랜드는 사람들에 의해, 대중에 의해, 소비자에 의해 만들어지고 소유된다.
이 정의는 광고에 대한 통설의 일부인데, 이것은 두 종류의 브랜드 가치에 대한 개념적인 틈을 만들어낸다. 그 두 가지는 누군가의 머릿속에 존재하는 것과 무형자산의 형태로 대차대조표 상에 존재할 수 있는 것이다. 나는 이 정의가 전적으로 맞는다고 생각하지는 않는다. 그것을 살짝 재정의하면 우리의 머릿속에 존재하는 브랜드와 회계사가 볼 때 1달러의 가치를 지닌 브랜드 이 둘 사이의 간극을 줄일 수 있을지 모른다고 생각한다. 제레미 불모어 *Jeremy Bullmore*는 '포쉬 스파이스와 퍼실' *Posh Spice 스파이스걸스의 멤버인 빅토리아 베컴의 예명, Persil, 세탁세제 브랜드* 이라는 기사에서 위의 정의를 적용하며 이렇게 지적한다.

<u>브랜드에 대한 이미지는 주관적이다. 두 사람이 비슷하다고 해서 그 둘이 한 브랜드에 대해 같은 의견을 갖는 것은 아니다.</u>

이 말은 사실이기도 하고 사실이 아니기도 하다. 특정 브랜드에 대해 개인이 갖는 이미지는 주관적이다. 하지만 그 이미지는 그 브랜드와 관련하여 지각된 것들에 대한 이해와 상관이 있다. 비트겐슈타인 *Wittgenstein*은 사적 언어 *Private Language 오직 그 언어를 사용하는 단 한사람에게만 이해될 수 있는 언어* 같은 것은 존재하지 않는다고 주장했다. 처음 발명한 사용자 외에는 어느 누구도 이해하지 못하는 사적 언어는 논리적 규칙성이 없다. 따라서 그것은 커뮤니케이션 매체로 쓰이지 못한다. 화자가 그 언어의 기호에 의미를 지정할 방법이 없다.

이와 마찬가지로, 사적인 브랜드는 이해를 얻지 못한다. 어떤 브랜드에 대한 개인적인 이해는 그 브랜드에 대한 집단의 이해와 상관이 있다. 집단 이해는 그 브랜드가 무엇을 의미하는지를 규정한다. 한 제품에 한 가지 위상을 지정하는 것이다. 그 집단 이해에 나는 개인적으로는 동의하지 않을지도 모르지만 내가 무엇에 동의하지 않는지를 알고 있다. 브랜드는 그것이 무엇을 의미하는지에 대한 집단 이해가 있을 때에만 존재할 수 있다.

바로 이 점 때문에 브랜드는 정체성을 정의하거나 구축하는 데 이용될 수 있다. 브랜드에 대한 개인적인 의견이 가장 중요하다면 그 브랜드는 사회적으로 전혀 기능하지 못할 것이다. 그러니 이제 브랜드를 재정의해보자.

브랜드란 소비자들의 마음속에 존재하는 집단 지각이다.

하지만 이 정의가 머릿속의 브랜드와 대차대조표 상의 브랜드 간의 간극을 해결하게 도와줄까? 집단 지각을 만들어냄으로써 우리는 한 가지 브랜드를 한 가지 의견에서 한 가지 사실로 바꿀 수 있다.

이쯤에서 나는 철학자 존 설 *John Searle*의 주장을 도용하려고 한다. 그는 사회적 실재 *Social Reality*의 구성에 관한 책을 썼다. 요컨대 그는 주관적 의견들이 집단으로 모여 객관적 실재를 만들어낼 수 있다고 주장한다. 이 말은 상식에 어긋나는 것 같다. 어떤 것에 대해 모든 사람이 생각한다고 해서 그 생각이 어떻게 실재가 될 수 있을까? 하지만 사실 우리는 항상 그렇게 하고 있다. 가장 좋은 예가 돈이다. 돈이 돈인 이유는 단지 우리 모두가 돈이 돈이라고 생각하기 때문이다. 돈의 돈으로서의 위상은 지폐의 물리적 품질에서 비롯된 것이 결코 아니다. 그리고 돈은 금본위제도와는 더 이상 관계가 없다. 오늘날 대부분의 돈은 컴퓨터의 하드 드라이브 상의 자기적 흔적으로만 존재하지만 그 흔적이 돈으로서 기능한 한, 그것은 중요하지 않다. 그것으로 빚을 갚을 수 있는 한 그 흔적은 객관적으로 돈이다.

내가 상점에 가서 현금을 내고 뭔가를 살 때 돈의 가치에 대한 나의 믿음은 필요하지 않다. 돈은 단순히 돈이다. 이것을 정부, 재산, 정당, 전쟁에도 똑같이 적용할 수 있다. 그 모든 것은 우리가 그것들에 대해 어떤 특정 방식으로 생각하기 때문에 존재할 뿐이다. 하지만 그것들은 실제로 존재한다.

이와 비슷하게, 하나의 브랜드는 사회적으로 구성된 실재의 한 형태이며 객관적인 현실이다. 그래서 하나의 브랜드에 할당된 어텐션의 총량으로 금전적 가치가 매겨질 수 있다.

쇼윈도의 저 브랜드는 얼마짜리일까?

우리가 브랜드라고 일컫는 아이디어의 금전적 가치를 측정하는 보고서는 매입이나 영업권 등을 표시한 대차대조표 말고도 다양하다. 시장조사업체 밀워드브라운 *Millward Brown*이 발표하는 브랜드지 *BrandZ* 보고서는 신뢰도가 가장 높은 것 중 하나다. 하지만 대부분의 보고서들은 일부의 자산 데이터를 절충하는 기본 방법론을 갖는다.

브랜드지가 브랜드 가치 평가에 사용하는 방법은 할인현금수지분석법 *Discounted Cash Flow Analysis*이다. 이것은 시간에 따른 리스크를 설명하기 위해 해당 브랜드가 가져올 총 미래 수입을 현재 가치로 할인하고 그 값을 분석하는 방법이다. 이 방법은 꽤 표준적인 회계 분석법이다. 하지만 모든 재정 모델링이 그렇듯이, 자세히 살펴보면 이 방법도 근본적으로 특정 의견, 가정, 예상들을 한 장의 스프레드시

트 속에 수치로 정렬해놓은 것이다.

한 예로, 브랜드 배수 *Brand Mmultiple*는 브랜드 볼트 *Brand Voltage*측정을 이용해서 얻어진다. 이 방법은 해당 브랜드에 충성도가 높은 사람의 수가 몇 명인지를 계산한다. 그리고 하나의 브랜드 볼트 넘버를 만들어내는 그 카테고리에 대한 구매 데이터를 계산한다. 다시 설명하자면, 수많은 사람에게 무엇을 구매했는지를 질문한 다음에 그 대답을 이용해 그들이 앞으로 무엇을 구매할지를 추측하는 것이다. 뒤에서 다루겠지만 이것은 그렇게 믿을만한 예측변수가 아니다.

최종 공식은 다음과 같다.

브랜드 가치 = 1단계 x 2단계 x 3단계

● 1단계 – 무형의 이익 : 기업 보고서와 애널리스트 보고서, 산업 연구. 매출 추정액 등을 토대로 계산된 무형의 이익을 말한다.

● 2단계 – 브랜드 기여도 : 브랜드가 가져온 무형 이익의 양. 브랜드 충성도 피라미드와 카테고리 세분화에 의해 주도된다.

● 3단계 – 브랜드 배수 : 브랜드 수익 배수 : 시장 가치, 브랜드의 성장 잠재력을 토대로 계산된다.

2014년에 브랜드지 *BrandZ*가 발표한 세계 Top Ten 브랜드 가치 순위는 다음과 같다.

1위, 구글 *Google* $158,843,000,000)

2위, 애플 *Apple* $147,880,000,000

3위, 아이비엠 *IBM* $107,541,000,000

4위, 마이크로소프트 *Microsoft* $90,185,000,000

5위, 맥도날드 *McDonald's* $85,706,000,000

6위, 코카콜라 *Coca-Cola* $80,683,000,000

7위, 비자 *Visa* $79,197,000,000

8위, 에이티앤티 *AT&T* $77,883,000,000

9위, 말보로 *Marlboro* $67,341,000,000

10위, 아마존 *Amazon* $64,255,000,000

이 순위는 오늘날의 문화와 미국 브랜드의 경제적 중요성에 대한 흥미로운 그림을 보여준다. 그러나 위의 어느 숫자들은 구체적이긴 하지만, 그저 숫자로 표현된 하나의 의견에 불과하다는 것을 기억해야 한다.

반복되는 비합리적 행동

브랜드의 경제적 가치는 브랜드가 기업을 위해 창출하는 금전적 가치를 나타낸다. 이 가치는 소비자의 비합리적인 행동, 또는 비합리적으로 보이는 행동을 지속적으로 유발시킴으로써 생겨난다. 강력한 브랜드는 시간이 흐름에 따라 수요의 가격탄력성을 결정한다. 다시 말해서, 기업은 상품에 프리미엄을 얻어 더 비싸게 가격을 매겨도 시장점유율에 큰 영향을 받지 않을 수 있다. 사람들은 그 제품을 구입하려고 더 많은 돈을 지불한다. 게다가 시장점유율이 높은 더 강력한 브랜드들은, 거의 예외 없이, 특정 시기에 더 많은 구매자를 거느린다. 그리고 소비자들의 반복 구매는 충성도를 더 높인다. 이는 마케팅 분야에도 경험적으로 인정되는 일사부재리 원칙, 즉 재론할 수 없는 원칙이란 말이다.

연구자 앤드류 에렌버그 *Andrew Ehrenberg*는 처음에는 영화배우와 미디어 상품의 인기를 관찰했다. 그러면서 브랜드 구매와 관련하여 일사부재리 원칙이 일반화하였고, 항공연료와 세탁세제에 이르는 다양한 품목에 적용된다는 것을 입증했다. 실제로 세탁세제 브랜드 타이드 *Tide*는 가격 프리미엄을 어찌나 훌륭하게 유지했는지 현금처럼 통용되기까지 했다. 다음의 사례에서 살펴보자.

CASE STUDY 왜, 타이드만 도둑을 맞았을까?

2012년에 수사관들은 미국의 슈퍼마켓에서 왜, 타이드만 도둑을 맞는지 그 이유를 알아내려고 애쓰고 있었다. 대부분의 수사가 그렇듯이, 그들은 '돈을 추적' 했고, 마침내 타이드가 바로 돈이라는 것을 알아냈다. 타이드는 골목에서 즉시 현금처럼 통용되었다. 약 4킬로그램짜리 세제 한 통이 5달러 내지 10달러어치의 마약과 교환되면서, 타이드는 '액체 황금'이라는 별명을 얻었다.

뉴욕 지는 이렇게 지적했다. "이 예상 밖의 암시장은 그 세제 회사가 그 제품을 그렇게 유능하게 광고하지 않았더라면 생겨나지 않았을 것이다." 보통은 세제가 사람들의 관심을 유발하는 품목이 아니었음에도 불구하고 소비자들은 타이드에 매우 강한 호감을 갖고 있음이 드러났다. 경제불황으로 생활이 어려워도 소비자들이 구매를 포기할 가능성이 가장 낮은 브랜드 중에서 타이드는 세 손가락 안에 들었다. 이 강력한 유대 덕분에 P&G는 일반 세제보다 50% 더 비싼 가격을 매길 수 있었다. 그럼에도 타이드는 판매량 2위의 세제보다 두 배 이상 팔렸다. 그런데 무려 2위의 세제도 P&G의 제품이다. 그렇다면 무엇 때문에, 제조회사도 같고 기능적으로도 차이가 별로 없는 2위 제품보다 50% 더 비싼 타이드는 선택된 것일까? 수사 책임자의 표현이 이를 대변해줄 수 있을까?

"나는 No.1 브랜드 타이드를 쓴다. 이게 전부 심리적인 건지 아닌지는 모르겠어요. 하지만 심정적으로 그 차이는 알 수 있지요."

브랜드의 어두운 면

브랜드들과 그 브랜드들을 보유한 기업들은 진정성, 적어도 진정하다는 인식을 오랫동안 추구해왔다. 진정성에 대해, 그리고 실제하는 사람들이 실제하는 물건과 관련하여 갖는 욕망에 대해 토론할 때 보통 이상한 일이 일어난다. 광고인들이 진정성을 풀뿌리 운동, 실생활, 비상업적인 것과 동일시하는 것으로 토론이 끝난다는 것이다. 이것이 이상한 이유는 상업적인 브랜드는 근본적으로 그렇게 될 수 없기 때문이다.

브랜드나 개인이 진정성을 얻기는 정말 간단하다. 어떤 것을 옹호하고 일관된 행동 양식을 확립하고, 그런 다음에 모든 행동과 대화와 거래를 통해 그것을 표현하면 된다. 말과 행동이 다를 때 진정성은 무너진다. 브랜드가 풀뿌리 운동을 하는 척 하는 것을 애스트로터핑 *Astroturfing*이라고 한다. 인조 잔디 상품인 애스트로터프 *AstroTurf*가 진짜 잔디로 보이지만 실제로는 가짜인 것에서 따온 말이다.

브랜드가 행동을 통해 더 많은 진정성을 얻는 한 가지 방법은 브랜드의 어두운 면을 포용하는 것이다. 필자는 이 아이디어를 애덤 페리어 *Adam Ferrier*의 글에서 처음 접했다. 그는 심리학자이자 시장전략가이며 『광고 효과』의 저자다. 그의 말에 따르면, 1980년대에 브랜드들은 하나같이 밝고 긍정적인 것을 강조해서 피상적이고 야망지향적이고 요란하게 번쩍거렸다. 펩시 광고나 거대한 로고들을 생각해보라. 1990년대에 브랜드들은 보다 진정 어린 목소리를 내면서 우리의 야망이 아닌 실질적 가치를 반영하고 브랜드 그 너머에 있는 어떤 특별한 것을 상징하려고 노력했다. 도브 *Dove*, 이노센트드링크, 바디샵 *Body Shop*, 빅브라더 *Big Brother* 피자 체인점 광고를 생각해보자.

이 만들어진 진정성에 뒤이어 브랜드들은 그림자를 포용하는 것을 고려하기 시작했다. 그림자란 사회적으로 용인되지 않는 특성들이다. 따라서 브랜드나 사람들은 보통 그것을 감춘다. 하지만 브랜드가 그림자를 적극 활용할 수 있다면, 소비자로 하여금 브랜드가 가지고 있는 모든 부정적 느낌을 표현하고 해소할 수 있게끔 허용하게 할 것이다. 그럼으로써 더 강력한 소비자와의 관계성을 축조할 수 있게 될 것이다.

더욱 강력하고 튼튼하고 믿을 만한 브랜드를 창조하기 위해서라면, 폭넓은 감정에 대하여 탐구하면서 어두운 면으로 자세를 돌릴 수 있다. 이런 새로운 양상을 최근에 등장한 새드버타이징 *Sadvertising*에서 관찰할 수 있다. 한때 광고를 지배했던 과도한 긍정성과 경박한 코믹 모드를 밀어내고, 수많은 광고들이 냉소적으로 보이는 소비자로부터 눈물 몇 방울 짜내려 애쓰는 것 같다. 유머는 강력한 광고 도구다. 예상을 깨뜨려 어텐션을 끌고, 또한 쉽게 기억하게 한다. 그리고 사람들은 웃는 것을 좋아하므로 즉시 호감을 얻는다. 하지만 유머는 얄팍한 감정으로 인식되는 반면, 비극은 고차원적인 예술이다.

P&G는 브랜드가 아닌 기업을 홍보하는 첫 번째 텔레비전 광고를 만들었다. 올림픽 공식 파트너로서 출전 선수를 응원하고 그들의 어머니들에게 감사한다는 감동적인 멘트와 함께 베스트 잡 *Best Job*이라는 광고에서 세상의 모든 어머니를 후원한다고 주장했다.

도브의 리얼 뷰티 스케치 *Real Beauty Sketches*도 있다. 이 광고는 몽타주 전문가가, 여성들이 자기 얼굴을 직접 묘사한 내용에 따라 그린 그림과 제3자의 묘사에 따라 그린 그림을 비교하며 여성들이 자기 외모에 대해 얼마나 부정적인지를 보여주었다. 이 광고는 전 세계에서 사람들의 눈물을 자아내게 했고, 유튜브에 오른 광고 중에서 조회수 2위를 달성했다.

그러나 신화의 힘은 둘 중 한 곳에만 있는 게 아니다. 레비스트로스가 지적했듯이, 그리고 『1등 브랜드와 싸워 이기는 전략』에서 애덤 모건 *Adam Morgan* 이 말했듯이, 강력한 브랜드는 모순을 해결한다. 그 이유는 강력한 브랜드는 신화의 영역에서 작동하며 신화의 문화적 기능은 모순을 해결하기 때문이다. 수많은 신화가 해결하려고 애쓰는 가장 명백한 모순은 우리가 지금은 살아있지만 언젠가는 죽게 된다는 사실이다.

이런 사고는 크리스핀포터+보거스키 *Crispin Porter+Bogusky*의 철학 속에 확고하게 자리했다. 2000년부터 2009년까지 10년을 대표하는 광고에이전시로서 그들은 문화적 긴장을 브랜드 또는 아이디어로 해결한 바 있으며, 그후로도 전 산업계에 걸쳐 광범위한 영향력을 끼쳤다.

애플은 컴퓨터에 휴머니즘을 담았고, 퍼실은 얼룩을 좋은 것으로 바꾸었으며, 도브는 아름다움을 보편화했다. 나이키는 모든 사람을 운동선수로 바꾸었고, 구글은 '무한'을 다룰 수 있는 대상으로 만들었다. 코닥은 '매순간'을 영원히 지속되게 해주었다. 혼다는 '꿈'을 물질적인 것으로 바꾸었다. 스타벅스는 '호사'를 일상으로 만들었다. 버진아메리카 *Virgin America*는 보통 사람을 위해 거인들을 채용하는 거인이며, 코카콜라는 흔하디 흔한 것을 특이한 것으로 바꾸었다.

많은 문화적 긴장의 중심에는 사회적 존재들의 이분법적 갈등이 존재한다. 그들은 한 집단의 일원이면서 특별한 존재가 되는 방법을 찾는다. 삶은 모순으로 가득하다. 신화처럼, 브랜드 역시 사람들이 의미를 찾게 도와주는 거대 서사를 제공하며 상상을 이용해 모순을 해결한다. 그 모순이 이성에 의해서는 해결되지 않기 때문이다. 그렇기에 우리는 다크 앰앤앰즈 *Dark M&Ms*를 집어 드는지도 모른다.

브랜드그램

하버드대 심리학과 교수인 다니엘 섹터 *Daniel Schacter*는 그의 저서『기억을 찾아서』에서 기억을 흥미롭게 설명한다. 기억은 뇌에 엔그램 *Engram 기억흔적*으로 부호화한다. 엔그램은 근본적으로 뉴런 점화 패턴으로서 경험의 여러 가지 요소를 간직한다. 특정 종류의 부호화는 더욱 선명하고 수월한 회상을 가능하게 한다. 구체적으로 말해서, 새로운 정보를 기존 정보와 통합할 수 있도록 해주는 정교한 부호화가 바로 그런 종류다.

이것은 성공한 광고가 기존 준거체계에 종종 영향을 미치는 이유를 설명해준다. 그런 광고는 우리의 뇌가 새로운 정보를 처리하고 그 정보와 뇌에 이미 저장된 정보를 연결하게 해줌으로써 영향을 미친다. 새 정보와 기존 정보가 통합된다는 말은 그것이 기억될 가능성이 훨씬 크다는 뜻이다. 당신이 알고 있는 어떤 것이 당신이 모르는 어떤 것과 연결된다.

그러므로 브랜드를 경험하면 우리의 뇌에 브랜드그램 *Brandgram*이 생겨난다. 지금까지는 아주 좋다. 모든 게 상당히 논리적인 것 같다. 하지만 다니얼 섹터는 갑자기 방향을 튼다. 그의 주장에 의하면, 기억하는 행위가 실제로 회상은 아니다. 기억 행위는 하나의 새로운 경험이다. 즉 단서는 엔그램과 결합하여 그 구성 요소 중 어느 것과도 똑같지 않은 한 가지 경험을 낳는다. 그러므로 단서, 즉 광고 조각은 브랜드그램과 결합하여 그 구성 요소 중 어느 것과도 똑같지 않은 새로운 경험을 만들어낸다. 사람들은 단순히 광고를 경험하는 게 아니라 그것의 외적 형태와 기존의 브랜드그램을 경험한다.

필자는 이를 소비자 제작 콘텐츠로 부르고자 한다.

아테나 게시판 만들기

CHAPTER **02**

어텐션 결핍 장애

02. 숨은 설득 요인

시장 조사가 전부 틀리는 이유

> 행동을 하면서 그 행동을 왜 하는지를
> 실제로 아는 사람은 아무도 없다.
>
> 데이비드 레이놀즈, 영국 역사학자
>
> 내 광고의 어느 쪽 절반이 버려지느냐고
> 누군가 묻는다면, 90%가 버려지지만 그 90%가
> 어느 것이 될지 나는 모른다고 대답할 것이다.
>
> 니얼 피츠제럴드, 유니레버 회장

　인간의 행동을 촉발하는 동인은 복잡하고 변수가 많으며 대체로 잠재의식에 존재한다. 이 말은 조사 대상자가 주장하는 데이터를 이용해서 수행된 시장조사만으로는 광고의 원인이나 결과를 측정하지 못한다는 뜻이다. 광고는 맥락에 따라 다양한 방식으로 작동한다. 따라서 광고가 어떻게 작동하는가에 대한 하나의 통일된 이론을 영원히 얻지 못할 가능성이 크다. 이 말은 광고의 90%가 버려진다는 뜻이 아니며, 단지 잘못 이해될 뿐이다. 자주 논의되는 이 문제를 그냥 묻어버려야 할까?

　필자는 '시장조사는 전부 틀리다'는 의견을 오랫동안 옹호해왔다. 제품이나 서비스, 커뮤니케이션과 연관된 시장에 돈을 투자하려는 사람에게는 시장을 조사한다는 생각이 충분히 이치에 맞는다. 하지만 대부분의 시장조사의 토대가 되는 기본적인 생각은 허울만 그럴 듯하다. 다시 말해서, 그 생각은 이치에 맞는 것 같지만 자세히 따져 보면 그렇지 않다.

시장조사의 토대가 되는 근본적인 생각은 이렇다. 많은 수의 사람에게 질문함으로써 혹은 보다 적은 수의 사람에게 심도 깊게 질문함으로써 그들이 구매하는 물건을 왜 구매하는지, 그리고 앞으로 어떤 물건을, 아마도 광고를 본 후에, 구매할지 여부에 대해 믿을만한 통찰을 얻을 수 있다는 데 있다. 필자의 생각은 이것이 맞지 않다고 본다. 아주 단순한 두 가지 이유에서 그렇다.

• 우리는 행동을 하면서도 그 행동을 하는 이유를 확실하게 알지 못한다. 우리가 내리는 구매 결정(그리고 대부분의 결정)은 잠재의식에서 일어난다. 우리의 의식은 그 의사결정 과정에 관여하지 못한다는 뜻이다. 소비자들이 질문에 답하지 않을 거라는 의미가 아니다. 그들은 기꺼이 응답하겠지만 답은 틀린다. 일견 타당해 보이는 대답을 하지만 자기 자신과 질문자에게 자신의 행동을 설명하기 위해 허구를 창작한다. 때문에 그 대답은 진실이 아니다.

• 주장된 태도(그리고 의향)와 실제 행동은 큰 차이가 있다. 어떤 것을 구매할 의향이 있는지를 묻는 것은, 운동을 할 의향이 있느냐고 묻는 것과 비슷하다. 그 대답은 미래 행동과 정확히 일치하지 않을 수도 있다. 타게팅된 포커스그룹 *상호작용적인 인터뷰를 수반하는 평가에서 구성된 8~12명의 집단*은 특히 문제가 많다. 그들은 연출된 상황과 사회적 역학에 반응하여 대답을 꾸며낸다.

우리가 어떤 행동을 할 때 그렇게 행동하는 이유는 무엇일까? 이것은 인류가 사고하기 시작한 이래로 숙고해온 까다로운 질문이다. 아직 그 대답을 모른다는 사실, 정신분석 산업이 존재하고, 모든 대답을 안다고 주장하는 사이언톨로지 *Scientology*같은 신흥종교들이 성공하고 있는 현실, 이 모든 것이 우리가 특정 행동을 하는 이유를 사실은 모른다는 것을 암시한다.

무엇이 구매 결정을 유발하는지를 찾아내고, 따라서 어느 광고가 버려질지를 알아내려는 갈망이 AIDA처럼 간단한 모형과 구매 깔때기 이론을 만들어냈다. 구매 결정 유발 동인을 찾아내는 작업은 심리학과 경제학 사이의 어디쯤에 놓여 있다. 혼란스러운 것은 그 두 분야가 매우 상이한 모형을 제시한다는 점이다.

다양한 분파의 심리학자들이 인간의 인지 및 행동을 다양한 각도에서 이해하려고 노력한다. 프로이트는 정신분석학으로 알려진 치료적 접근법을 개발해서 행동을 촉발하는 무의식적 패턴을 밝혀내려고 했다. 정신분석학은 심리학계로부터 엄청난 비난을 받았다. 하지만 레오나르드 믈로디노프 *Leonard Mlodinow*의 『새로운 무의식』같은 책들이 출간되면서 무의식의 힘이 다시 중요해졌다. 믈로디노프는 무의식이 우리의 행동을 지배한다고 주장한다. 행동에 영향을 미치는 의식과 무의식의 상호작용을 '새로운 무의식'이라고 부른다. 프로이트가 그렇게도 좋아했던 억압된 무의식과 구별하기 위해서다. 우리의 생각은 우리의 행동과 물건 구매에 틀림없이 영향을 미친다. 적어도 우리는 그렇게 믿는다. 사려고 생각했던 물건을 사기 때문이다. 하지만 이제는 그러한 믿음도 의심을 받고 있다.

하버드 대학의 심리학자 대니얼 베그너 *Daniel Wegner*는 논문『정신의 최고의 속임수 : 우리는 자유의지를 어떻게 경험하는가』에서 통념에 반하는 주장을 한다. 우리가 자유의지라고 여기는 것은 부수현상이다. 그것은 이미 내린 결정의 부차적 결과다. 결정을 유발한 원인이 아니다. 다시 말하자면, 우리의 행동을 지시할 때 의식적인 주의집중은 필요조차 없을지도 모른다.

이 주장은 받아들이기가 정말 어렵다. 하지만 다양한 실험에 따르면, 뇌의 어딘가에서 이미 결정을 내린 이후에야 우리의 의식은 그 결정을 알아차린다. 이 실험 결과는 AIDA 같은 논리적 모형을 뒤집어엎는다.

이 모든 것이 지나치게 복잡하고 혼란스러워 보여도 할 수 없다. 그게 원래 그렇기 때문이다. 뇌는 현재 인류가 알고 있는 것 중에서 가장 복잡한 구조물이다. 의식이라고 부르는 창발적 속성 *Emergent Property 개개 요소의 결합에 의해 예기치 않게 생겨난 새로운 성질*을 뇌가 어떻게 창조하는지에 대해 우리는 아는 게 거의 없다. 이 사실을 의식이 무수한 자극과 상호작용한다는 사실과 결합해보자. 그 자극 중 일부는 다른 이들의 역시 엄청나게 복잡한 정신이다. 이 결합물을 문화와 상업이 뒤엉킨, 끝없이 변하는 세상 속에 집어넣고 섞어보자. 그러면 우주에서 가장 복잡하고 변수가 많은 시스템이 생겨난다. 시장조사가 마케팅 효과를 높이기 위해 해독하려는 대상이 바로 그 시스템이다. 그러니 그 작업이 약간 곤란한 것도 당연하다.

반면에 정통 경제학은 환원주의적이다. 이 분야는 호모 에코노미쿠스 *Homo Economicus 합리적으로 소비하는 인간* 이라는 개념을 토대로 한다. 인간은 이용할 수 있는 모든 정보를 고려해서 가장 큰 이익을 가져오는 행동을 취한다. 이 단순화한 의사결정모형 때문에 심리학과 경제학이 갈라서게 되었다. 바로 이 갈림길에서 출발하여 심리학자 대니얼 카너먼 *Daniel Kahneman*은 행동경제학을 개발했다.

전통적인 구매 깔때기 이론은 설명적 픽션이다. 설명적 픽션이란 실제 현상의 원인을 설명하려고 지어낸 진술을 말한다. 이것은 선행 사건과 그 결과로 나타난 현상 사이의 간극을 메움으로써 미지의 영역을 의도적으로 애매하게 만든다. 이 경향은 행동과학에서 특히 문제가 된다. 자아와 조금도 다르지 않은 인자들이 생겨나기 때문이다. 따라서 설명적 픽션은 진실한 설명을 제공하지 못한다. 그저 막을 한 겹 덧씌울 뿐이다. 이렇게 선형적이고 단순화한 구매 깔때기 이론은 진짜 행동에 부합하지 않으며 행동의 동인을 설명하지 못한다.

첫째, 인간은 그런 식으로 행동하지 않는다. 경제적 이익 외의 수많은 요인이 욕구 및 이익에 대한 평가와 상호작용한다. 둘째, 브랜드를 골라야 하는 현대 사회에서 제품들은 대체로 기능면에서 동일하다. 어느 한 제품이 이룬 진보는 경쟁 제품이 재빨리 따라잡는다. 따라서 브랜드 시대에서는 유형 이익 그리고 그것의 중요성을 무형

이익이 대체한다.

행동경제학은 합리적 행동에 대한 가설에 도전하면서 등장했고, 심리학 지식을 일부 통합했다. 따라서 그 학문은 구매 행동의 몇 가지 동인을 보다 분명하게 밝혀준다. 타인의 행동 같은 요인도 동기 유발에 중요하다. 인간은 다른 인간을 관찰하고 모방함으로써 많은 것을 행한다. 또한 행동경제학은 의사결정 과정에서 습관의 중요성도 통합했다. 마크 얼스 *Mark Earls* 의 주장에 따르면 인간은 군집 동물이고 이는 인간의 가장 중요한 특징 중 하나다. 그리고 많은 연구는 소비자들이 반복 구매 행동 패턴을 채택한다는 사실을 보여주었다. 따라서 직접적인 주의집중 없이도 작동하면서, 소비자의 구매 행동에 영향을 미치는 요인이 무수히 많다는 것을 우리는 알고 있다.

이 추가된 사실들을 감안하더라도 일반 대중은 여전히 특이하고 예측불가능하다. 따라서 우리는 시장조사를 이용해 구매 결정에 영향을 미치는 요인을 찾아낼 방법을 마땅히 탐구해야 한다. 시장조사의 대다수는 주장된 데이터를 토대로 한다. 사람들에게 그들이 어떤 브랜드 광고에 대해 어떻게 생각하는지, 그 광고를 기억하는지, 그 브랜드를 왜 구매하는지에 대해 질문한다. 이 방식은 분명히 결함이 있다. 사람들은 행동을 하고도 그렇게 행동하는 이유를 모르기 때문이다. 질문을 받으면 그들은 인지부조화, 즉 자신이 해야 한다고 생각하는 행동과 실제 행동의 차이를 최소화하는 대답을 내놓는다. 따라서 구매 결정에 대해 사람들은 [자신의] 행동을 [자신에게] 정당화하기 위해 합리적인 이유를 지어낸다. 과거의 행동을 비추는 주의 집중 스포트라이트가 동굴 벽에 부정확한 그림자를 드리운다. 게다가, 우리가 공공연하게 선언하는 '정보'와 진실이라고 알고 있는 '정보'의 차이는 때때로 상당히 크다. 1992년 영국 총선 결과를 제대로 예측하지 못했던 시장조사학회도 그렇게 주장했다. 총선 예측에 실패한 이유는 '샤이 보수당 지지자' 때문이었다. 이들은 보수당에 투표한다는 사실을 드러내기 싫어서 여론 조사원에게 거짓말을 한 사람을 가리킨다.

수많은 행동경제학 연구 결과에 따르면, 태도는 행동을 훌륭하게 예측하는 지표가 아니다. 그리고 짝 맞추기와 맥락, 무의식적 연상은 의사결정을 유발하는 매우 중요한 동인이다. 하지만 우리는 이것을 자각하지 못한다. 잠재의식 효과 *Subliminal Effect 인간이 인지할 수 없는 음향을 삽입해서 잠재의식에 영향을 미치는 기법* 를 자각하면 잠재의식이 힘을 잃는다. 잠재의식을 건드리는 자극에 주의를 집중하면 이제 그 자극은 동일한 결과를 초래하지 못한다. 실제로 주의집중은 잠재의식이 영향을 미치지 못하게 막는다.

이렇기 때문에 사람들에게 특정 매체가 그들의 행동에 영향을 미칠지 여부를 묻는 방법은 대체로 쓸모가 없다. 무의식적 수준, 정서적 수준에서 작동하는 것들에 대해서 이성적으로 생각하도록 강요한다면 항상 틀린 대답을 얻을 뿐이다.

이 문제를 소비자학에서 자세히 다루면서 필립 그레이브스 *Philip*

*Graves*는 이렇게 지적한다.

"아이러니하게도, 마케팅의 토대가 되는 소비자 조사가 무의식을 고려하지 못하는데도 마케팅은 무의식에 영향을 미친다. 그리고 마케팅 효과를 높이기 위해서는 실제로 그렇게 해야만 한다. 많은 구매 경험으로 미루어 볼 때 소비자가 진열된 그 수많은 제품을 비교하는 것은 비실용적이거나 불가능하다. 효율적으로 행동하기 위해 소비자는 무의식에 의지해서 결정을 내린다."

그레이브스는 통제된 실험에서 무의식적으로 지각된 변수들의 영향을 입증한 예를 수도 없이 소개했다. 1990년에 후각 및 미각치료 연구재단 *The Smell and Taste Foundation*은 나이키 신발을 가지고 실험을 했다. 똑같은 신발 두 켤레를 똑같은 방 두 곳에 놓았다. 다른 점은 단 하나였다. 한 방에서는 기분 좋은 꽃향기가 났고, 다른 방에서는 아무 냄새도 나지 않았다. 실험 결과, 향기로운 방에서 신발을 접한 사람들 중에서 그 신발이 좋다고 말한 사람이 무려 84%였다. 그리고 그들은 평균 10달러를 더 지불하고라도 기꺼이 그 신발을 사겠다고 대답했다. 자신이 그 신발을 좋아한 이유가 꽃향기 때문이라는 것을 그들은 믿으려 하지 않겠지만 실제로는 그런 것 같다.

신제품에 대한 철저한 시장조사에도 불구하고 그 제품들의 80%는 실패하지만 정반대의 예도 있다. 에너지 드링크 레드불에 대해 조사자들은 '이런 형편없는 결과를 얻은 제품은 처음'이라는 결론을 내렸다. 겉모양, 맛, 입에 닿는 느낌 모두 역겹다는 평을 얻었다. 레드불이 몸과 마음을 활성화할 것이며 참을 만한 맛이라는 주장은 어느 누구도 설득하지 못했다. 그런데 2006년까지 레드불은 30억 개가 넘게 팔렸다.

미국의 시장조사 산업의 규모는 110억 달러다. 하지만 그들이 내놓는 데이터는 모두 틀린 것으로 이해해야 한다. 데이터를 모조리 없애야 한다거나, 예측을 잘 할 수 없으니 쓸모없다는 의미가 아니라 적절하게 이용할 필요가 있다는 뜻이다. 대중에게 질문을 하는 것은 한없이 복잡한 인간 행동에 관한 모형을 만들어내려는 한 가지 방법일 뿐이다. 모든 모형이 틀린다는 조지 박스 *George Box*의 말에서 당위를 찾지만 몇 가지는 쓸모가 있다. 생각을 묻는 것은 무가치한 조사 방식이 아니다. 단지 그것 하나만으로는 현실적이지 않거나 예측성이 낮다는 말이다. 답변을 요구하여 얻어낸 데이터는 태도 조사, 즉 사람들이 무슨 생각을 하는지를 알아내는 데 유용하다. 사람의 생각을 관찰할 수는 없으니 생각을 탐구하기 위해서는 신중하게 질문하는 방법밖에 없다.

하버드대학에서 개발한 암묵적 연상 검사 *Implicit Association Test*는 태도를 탐구하는 방법인데 인간의 의식적 태도가 무의식적 태도와 일치하지 않을 수 있음을 상기시킨다. 이 검사는 피험자의 신념에 대해 질문한 후 그가 특정 연상에 반응하는 시간을 재서 의식적 생각과 무의식적 연상 간의 차이를 알아내도록 도와준다. 이 방법을 이용하는 이유는 뇌가 이미 연합했던 것들 간의 연상을 다른 연상보다 더 빨리 처리한다는 것을 우리가 이제는 알고 있기 때문이다.

하지만 태도는 실제 행동보다는 행동하려는 의향을 예측하는 용도로만 이용될 수 있다. 게다가 개개인의 성향이 필연적으로 집단 행동을 추론해내는 것도 아니다. 그렇다면 어떻게 해야 행동을 설득하는 숨은 요인을 알아낼 수 있을까?

필자는 시장조사를 삼각검증법으로 간주해야 한다고 생각한다. 한 가지 측면만 봐서는 진실을 알아내기 어렵지만 여러 측면을 조합하면 그 일이 가능할지도 모른다. 조사자에게 직접 대답하는 개인 소비자들에게 의존하지 말고 구매 결정이 행해지는 맥락을 관찰하는 시장조사를 바탕으로 인터뷰를 해야 한다.

에스노그라피 *Ethnography*는 소비자가 드러내지 않은 욕구에 전적으로 초점을 맞추는 조사 방법이다. 일종의 관찰법으로, 주장된 답변 데이터에 내재하는 결함에 구속되지 않는다. 그리고 '한 시스템의 여러 속성을 반드시 서로 독립적으로 정확히 이해할 수 있는 것은 아니다'라는 생각을 기반으로 한다. 따라서 맥락의 중요성을 인정한다. 하지만 한 가지 제한 요인이 있다. 바로 관찰자 효과인데, 사람들은 누군가가 자신의 행동을 관찰하면 행동을 바꾼다는 사실이다.

전통적으로 광고는 사전 테스트를 통해 그 효과가 측정된다. 사전 테스트는 대개 소비자에게 광고 카피를 노출한 후 인터뷰하고 조사하는 형태를 취한다. 모든 주장된 데이터가 그렇듯이, 이 방법에도 결함이 있다. 따라서 보완조사가 필요하다. 기능적자기공명영상 *fMRI*과 전기피부반응 같은 생리적 반응 검사를 통해 그 광고의 정서적 효과를 측정하는 형태의 보완조사가 이상적이다. 광고가 정서에 미치는 영향은 의식적으로 인지되지 않을 수도 있기 때문이다.

밀워드브라운 _Millward Brown_의 LINK, 즉 사전광고효과측정 테스트는 모든 사전테스트에 필요한 기본 조건을 규정한다. LINK는 광고의 영향을 알아내는 모든 조사에 응용될 수 있으며, 기본 조건이란, 선택된 조사법은 광고가 어떻게 작동하는지에 대한 견고한 모형을 토대로 해야만 한다는 것이다. 인간 행동을 이해하고 싶다면 반드시 다음과 같이 해야만 한다고 그레이브스 _Philip Graves_는 주장했다.

• 실제 행동을 관찰하라 : 주장된 태도와 의향은 행동과는 상관이 없기 때문이다.

• 실제 행동을 몰래 관찰하라 : 자신이 관찰되고 있음을 알자마자 그들의 행동이 달라지기 때문이다.

• 실제 행동을 상황(맥락) 속에서 관찰하라 : 상황은 행동을 촉발하는 절대적인 동인이기 때문이다.

• 손실요인을 감안하며 관찰하라 : 포커스그룹 속의 개인이 어떤 제품을 구매하겠다고 대답한다고 해서 그가 손실기피 성향을 자제하면서까지 그 제품을 구매하지는 않는다. 따라서 개인이 어떤 행동을 하겠다는 대답에 대한 기회비용은 없다.

합리적인 메시지는 영향력이 없다

수십 년 간의 연구에 따르면, 합리적인 메시지는 행동 변화에 별다른 영향을 끼치지 않는다. 영향력을 발휘하는 것은 정서적 반응이다. 배스대학의 로버트 히스 *Robert Heath*교수는 다음과 같은 것을 알아냈다.

"정서적 내용이 많이 포함된 광고물은 브랜드에 대한 대중의 감정을 고조시킨다. 거기에 실제 메시지가 존재하지 않을 때도 그러했다. 이에 반해, 감정에 호소하는 내용이 적은 광고물은 브랜드에 대한 대중의 호감에 영향을 미치지 않는다. 그 광고물에 뉴스와 정보가 많이 포함되어 있어도 그러했다. 따라서 광고를 할 때 긍정적 결과를 가져오는 것은 당신의 말이 아니라 그 말을 하는 방식이다."

이와 같은 사실을 다룬 독창적인 논문 『틀린 모형과 함께한 50년』에서 폴 펠드윅 *Paul Feldwick*은 더 나아가 이렇게 지적한다.

"약 30초 동안 허튼 소리를 해도 재미 있으면 사람들은 그 브랜드를 선택한다. 그리고 기꺼이 35% 더 비싸게 구매하는 상황으로 이어진다. 하지만 우리는 그런 사실에 약간 불편해하는 것 같다. 누구든지 속으로는 자신이 실제로 제품에 근거한 합리적인 이유로 그 제품을 골랐다고 믿고 싶어 하기 때문이다."

이 증거를 찾기 위해 우리는 영국의 광고대행사협회 IPA *Institute of Practitioners in Advertising*데이터뱅크의 메타분석에 의지한다. IPA는 IPA 광고효과상을 주최한다. 이 상은 광고의 창의성보다는 비즈니스 성과를 기준으로 수상작을 선정한다. IPA 메타분석은, 가장 효과적인 광고물은 합리적인 메시지가 아주 적거나 아예 없는 광고물이라고 결론을 내렸다.

이 지점에서 메타인지 오류가 작동한다. 이것은 자신이 무슨 생각을 하는지에 대해 생각할 때 끝없이 일어나는 오류를 말한다. 사람의 뇌는 자신이 합리적이라고 생각하기를 좋아한다. 그래서 자신의 행동에 대해 자기 자신에게 합리적으로 설명한다. 따라서 우리는 메시지 전달 수단으로서의 광고 모형을 만들었고, 제품 소개가 그 창의적인 작업의 핵심 요소라고 계속 믿는다.

하지만 우리의 뇌는 실제로 그렇게 합리적이지 않다. 노벨상 수상자 대니얼 카너먼 _Daniel Kahneman_ 은 대표작 『생각에 관한 생각』에서 인간의 사고과정을 탐구하는 신생 과학을 소개한다. 그는 의식을 시스템 1과 시스템 2로 나눈다. 시스템 1은 신속하게 자동으로 작동하면서 휴리스틱 _Heuristics 시간이나 정보 부족으로 합리적 판단이 불가능하거나 체계적이고 합리적인 판단이 불필요한 상황에서 신속하게 이용하는 어림짐작 기술_ 을 이용해 결정과 사고를 이끈다. 시스템 2는 우리가 수학 문제를 풀 때 이용하는 선형적인 사고과정으로, 논리적이며 느리게 작동한다.

대니얼의 이론은 메시지 전달 수단으로서의 광고 모형에 직접 도전한다. 런던에서 행해진 대담에서 그는 이렇게 말했다. "당신은 대부분의 시간 동안 시스템 2에게는 말을 걸지 않아요. 이걸 인정해야 합니다. 당신은 시스템 1에게 말하고 있습니다. 시스템 1이 상황을 떠맡지요. 당신이 바꾸고 싶어 하는 것이 바로 그겁니다."

합리성에 대한 끝없는 메타인지 오류 탓에 광고는 보통 시스템 2

를 설득하려고 애쓰는 행위로 간주된다. 하지만 시스템 2는 구매 결정에 거의 관여하지 않는다. 그리고 우리는 시스템 1을 설득하지 못한다. 그것은 학습하거나 판단하는 시스템이 아니기 때문이다. 시스템 1은 무의식적 연상과 관계가 있으며 자동적이다. 바로 이렇기 때문에 시장조사의 예측력에 몇 가지 문제가 생긴다. 시장조사 상황은 시스템 2를 작동시키지만 구매 결정은 주로 시스템 1이 내린다.

마케팅으로서의 시장조사

예전에는 시장조사를 했고, 그런 다음에 그 정보를 토대로 마케팅을 실행했다. 이제는 시장조사가 마케팅이 될 수 있으며, 마케팅이 시장조사가 될 수 있다. 사람들이 무슨 생각을 하는지를 알아내는 한 가지 새로운 방법이 있다. 맞춤형 조사나 집단 조사 대신에 어떤 브랜드를 이미 선택했거나 그것에 관심이 있는 사람들을 페이스북 같은 디지털 플랫폼에서 리서치하는 것이다. 페이스북이 갖는 공적인 특성 때문에 이와 같은 리서치는 마케팅 역할까지 기대할 수 있다. 어떤 브랜드에 열광하는 기존 고객들에게 신제품 출시에 관한 티저 광고를 내보내는 것이 그 예다. 100만 명의 페이스북 팬에게 수행되는 시장조사는 마케팅이다.

대체로 브랜드 커뮤니케이션을 이렇게 단계적으로 실행하는 것이 가장 적절해 보인다. 특정 브랜드로부터 광고를 직접 받기로 선별된 사람들은 그 광고가 방송되기 전에 그 브랜드의 새로운 소식을 빠짐없이 먼저 접하게 된다. 그리고 그들이 소식을 듣기 전에 그 기업의 전 직원 개개인, 실제로 브랜드 홍보대사들은 그 광고를 이미 알고 있어야 한다. 이런 인사이드아웃 커뮤니케이션이 점차 중요해지고 있다. 그 각각의 직원이 소셜미디어 나팔을 한 개씩 갖고 있기 때문이다.

소셜미디어는 사적인 것을 공적인 것으로 만드는 경향이 있어서 부서간에 소통하지 않고 내부 이익만을 담보하려는 사일로 효과에도 영향을 미친다. 그러므로 브랜드 내부의 부서들이 별개라는 생각을 버리고 전체 부서—시장조사, 마케팅, 고객관계관리, 고객서비스—를 브랜드 커뮤니케이션의 요소로 간주해야 한다.

어떻게 보면 브랜드들은 사실상 선택의 여지가 전혀 없다. 소비자는, 브랜드는 어디에서든 동일한 브랜드 실체가 작동하고 있다고 이해한다. 즉 소비자들은 브랜드에 대하여, 어떤 일련의 브랜드 요소들의 구조적인 응집과 이해를 기대하는 것이다. 그들이 브랜드를 만나는 곳이 어디든 개의치 않는다.

요즘은 불만을 품은 소비자 한 명이 기업에 엄청난 충격을 가할 수도 있다. 이런 일은 몇 년 전에는 불가능했지만 지금은 소셜미디어의 규모와 공공성 때문에 가능하게 되었다. 이와 똑같이, 브랜드와 기업 입장에서도 부정적인 문제를 공개적으로 해결할 기회를 갖게 되었다. 오히려 이런 기회를 활용하여 사업상 손해를 입지 않고 오히려 신뢰를 쌓을 수도 있다.

고객서비스는 마케팅이다

뮤지션 데이브 캐롤 *Dave Carroll*이 유나이티드항공을 이용 중, 중간 기착지에서 그의 기타가 파손되었다. 캐롤은 고객서비스 채널을 통해 문제를 해결하고자 했다. 그러나 9개월 동안 문제가 해결되지 않자 그는 사고에 관한 노래, '유나이티드항공은 기타를 박살내요'를 만들었다. 이 노래를 부른 동영상은 유튜브에서 조회수 1,200만 회를 돌파했다. 동영상을 올린 첫날에만 15만 명 이상이 보았다. 그러자 고객솔루션 담당 임원이 즉시 캐롤에게 전화를 걸어 사과하고 손해를 보상하겠다고 했다. 그리고 직원 교육을 위해 항공사 내부에서 그 동영상을 사용하게 해달라고 부탁했다. 유나이티드항공은 이 사고를 통하여 고객서비스 정책을 바꾸고 싶다고 말했다고 한다.

어떤 면에서는 기업 내부에 고객서비스 담당 직원이 있다는 게 이상하다. 왜냐하면 한 기업의 총체적 역할은 고객을 섬기는 것이기 때문이다. 보통 고객서비스는 실질적으로 문제 해결이다. 캐롤의 전화는 항공사의 각 부서를 끝없이 돌고 돌았고, 직원마다 책임질 수 없다거나 보상이 불가능하다고 말했다고 한다. 광고잡지 애드버타이징 에이지 *Advertising Age*의 편집자 켄 휘튼 *Ken Wheaton*은 이렇게 지적한다.

"당신은 고객의 불만을 1라운드에서 올바른 방식으로 해결해야 한다. 그 이야기가 해피엔딩을 맞는 것은 언제나 좋다. 하지만 기업이 고객들에 의해 올바로 행동하라고 공개적으로 모욕을 당해서는 안 된다."

고객서비스에서 주요 문제는 고객서비스 직원이다. 그들은 결코 자기 이름이나 직접 연락할 방법을 알려주지 않는다. 고객은 각 부서를 끝없이 돌고 돌며 수화기를 붙잡고 한없이 기다린다. 그리고 화가 머리끝까지 치밀고 그들이 해줄 수 있는 게 하나도 없다는 것을 알게 될 때 결국 전화를 끊는다. 사람들은 쉽게 살고 싶어 한다. 인간은 전기와 비슷해서 저항이 가장 작은 통로를 따라간다. 콜센터에서 최저 임금을 받으며 일하는 직원들은 브랜드를 대표하지도 못하고 브랜드에 헌신하지도 못한다. 그래서 그들은 고객에게 변명을 하고 그를 다른 부서로 보내고 전화를 끊는다. 다수의 콜센터가 전화 통화량에 따라 보너스를 지급한다. 그러므로 자신에게 해결할 힘이 없는 문제에 대해 계속 이야기한다면 그 직원은 실제로 금전적 대가를 치러야 한다.

소셜미디어가 가속화하고 있는 것 중 하나가 기업 방화벽의 붕괴다. 자포스 *Zappos*의 CEO 토니 셰이 *Tony Hsieh*는 트위터에 이런 글을 올린 적이 있다.

<u>직원들이 자유롭게 트윗을 하지 못할 거라고 당신이 생각한다면 문제는 한 직원이나 리더십에 있다. 트위터 정책이 문제가 아니다.</u>

좋은 생각이지만 회사 규모가 작고 당신이 처음부터 개방적으로 행동했다면 그렇게 되기가 훨씬 쉽다. 대기업은 그 구조와 법무팀과 타성 때문에 개방적인 태도를 갖기가 어렵다. 하지만 그곳에는 엄청난 기회가 존재한다.

최근까지는 소비자의 불만이 한 개인의 영향권 안에 갇혀 있었다. 그 공간은 한정적이었지만 소셜미디어가 모든 사람에게 발언권을 부여했다. 하지만 소셜미디어에 오른 발언은 보통 우연히 접하게 된다. 소셜미디어가 공개적으로 작동하기 때문이다. 그러므로 기업이 갈 수 있는 방향은 두 가지다.

1. 기업은 변화를 일으키지 못하는 개인처럼 계속 행동한다. 그리고 데이브 캐롤이 그랬듯이 개인이 시간과 노력과 창의성을 얼마나 효율적으로 활용해서 자신의 좌절을 세상에 알리는지, 그리고 세상 사람들이 그런 메시지에 얼마나 열렬히 호응하는지를 목격한다.

2. 고객서비스가 기업의 가장 중요한 일이라고 결정한다. 장기적인 이익을 얻는 유일한 방법은 고객을 행복하게 해주는 것이다. 그러니 그 일을 공개적으로 해야한다. 개인이 기업 방화벽이나 무료 상담전화를 뚫고 싸우게 만들어서는 안된다. 소셜미디어를 계속 모니터링하면서 기업은 자기가 파는 제품이나 서비스에 대해 불만을 토로하는 사람들을 찾아나서야 한다. 그리고 그 불만이 정당하다면, 그들을 행복하게 해주기 위해 해야 할 일을 해야 한다.

2번의 결과는 고객서비스가 마케팅이 된다. 고객 문제의 공개적 해결은 곧 기업이 문제에 접근했음을 강력하게 증언하는 결과를 낳는다. 고객서비스로 행복을 얻은 고객은 소셜미디어 곳곳에서 칭송한다. 하나로 연결된 이 시대에는 행복한 고객 한 명이 광고가 된다. 페이스북 상에서는 특히 그렇다. 마크 저커버그는 이렇게 말했다.

"페이스북은 친구가 지금 하고 있는 것에 대해 당신이 그 정황을 알고 있음으로 해서 모든 것이 더욱 소중하게 된다는 것을 전제로 한다. 광고도 마찬가지다. 광고주는 세상에서 가장 창의적인 광고를 만들 수 있다. 하지만 친구들이 코카콜라를 정말로 좋아한다는 것을 알고 있다면 그것은 코카콜라에 대해 당신이 얻을 수 있는 가장 훌륭한 보증이다."

브랜드는 무슨 맛일까

사람들은 왜 코카콜라를 즐겨 마실까? 『상식 밖의 경제학』에서 댄 애리얼리 *Dan Ariely* 교수는 수용하기 어려운 진실, 즉 인간은 합리적인 존재가 아니라는 것을 설명한다. 우리는 비합리적으로 보이는 결정을 번번이 내린다. 그 이유는 인간의 뇌가 원래 그렇게 생겼기 때문이다. 기준점 *Anchoring 맨 처음에 제시된 자극이 각인되어 차후의 판단의 기준점 역할을 하는 현상* 과 점화 *Priming 선행 자극이 후행 자극의 처리에 영향을 미치는 현상*, 감정과 맥락이 모두 상호작용하면서 우리의 의사결정 방식을 바꾼다. 이 모든 것이 의식의 바깥에서 작동하면서 행동에 영향을 미친다.

애리얼리 교수는 경험을 변경하는 기대의 힘을 강조한다. 그리고 그 유명한 코카콜라/펩시콜라 블라인드 테스트의 복제 실험을 소개한다. 실험에서는 피험자들에게 fMRI를 시행해서 그들의 뇌가 두 가지 콜라를 맛보는 경험을 어떻게 처리하는지를 기록했다.

원래의 블라인드 테스트에서는 펩시가 주로 이긴다. 하지만 브랜드가 드러나면 사람들은 '진정한 맛', 즉 코카콜라를 선호한다. 그 이유는 브랜드가 붙은 설탕물을 소비하는 경험은 그냥 설탕물만 마시는 경험과 다르기 때문이다. 즉 코카콜라 브랜드는 뇌의 정서 영역과 기억 속에 존재하는 다양한 연상을 활성화한다. 이것이 그 소비 경험에 영향을 미친다. 코카콜라를 마실 때 당신은 부분적으로 그 브랜드를 맛보고 있다는 뜻이다.

2011년 크리스마스 시즌에 코카콜라는 클래식코크 대신 한정판 북극곰 콜라 캔을 출시했다. 빨강보다 흰색을 주로 사용한 캔이었다. 사람들은 이것을 다이어트 코크로 오해했다. 흰색 때문이었다. 소비자 혼란을 이유로 코카콜라는 흰색 캔을 철수했다. 하지만 실제 이유는 단순한 혼란 그 이상의 뭔가가 있었기 때문이었다. 소비자들은 흰색 캔에 들어있는 코크는 맛이 다르다고 느꼈다. 모든 감각 경험이 그렇듯이, 맛 경험도 마음속에서 일어난다. 따라서 그것은 조합된 화학물질보다 훨씬 더 복잡하다. 그 경험은 수많은 것들이 교차하는 지점에서 일어난다. 거기에는 화학물질과 당신의 혀가 당연히 포함된다. 하지만 기대(당신이 이 맛을 아주 좋아할 거라는 누군가의 말), 가치에 대한 생각(이 와인은 아주 비싸), 당신이 있는 장소(기준점/점화), 그 맛과 연합된 기억들도 포함된다.

코카콜라 경영진은 콜라 맛을 바꾸었다는 것을 부인했지만, 콜라 캔의 드라마틱한 변화만으로도 맛을 바꿀 수 있다는 것이 경험적으로 검증되었다고 할 수 있다. 그 제품과 연관된 주요 단서를 몇 개 바꾸는 것은 브랜드 효과를 왜곡하고 그 맛에 대한 사람들의 경험을 바꿀 수 있는 것이다.

물리적 설득(고개를 끄덕여라)

고개를 끄덕여보라. 계속 끄덕여라. 재미있을 것이다. 끄덕이는 것을 잊을 때까지 계속 끄덕여라.

말콤 글래드웰 *Malcolm Gladwell*은 『티핑포인트』에서 한 가지 연구를 소개한다. 연구자는 헤드폰 회사의 시장조사라면서 학생들을 모집했다. 그리고 학생들에게 헤드폰을 지급하고 음악과 수업료 인상에 관한 연설을 듣는 동안 특정 동작을 행하라고 요구했다. 학생들 중 3분의 1에게는 고개를 끄덕이라고 했고, 3분의 1에게는 고개를 좌우로 흔들라고 했다. 그리고 나머지 3분의 1은 통제집단으로서 아무 동작도 하지 말라고 했다.

음악과 연설을 들은 후 학생들에게 몇 가지 질문을 했다. 수업료 인상 연설이 그들을 얼마나 설득했는지를 측정하기 위해서였다. 아무 동작도 하지 않은 통제집단은 그 연설에 설득되지 않았다. 표면상으로는 고개를 좌우로 흔들었던 학생들은 수업료 인상에 강력하게 반대했다. 고개를 끄덕인 학생들에게 연설은 설득력이 강했다. 그들은 수업료 인상을 인정했다. 고개를 끄덕이는 단순한 행위만으로도 자신의 주머니에서 돈을 꺼내갈 정책에 찬성하도록 만들기에 충분했다. 연구진은 이렇게 결론을 내린다.

<u>텔레비전 광고물이 시각적 영상을 통해 시청자가 고개를 위아래로 반복해서 움직이게 만든다면(예, 튀는 공) 광고 효과가 가장 클 것이다.</u>

이것은 우리의 눈동자가 움직임을 따라가는 방식과 부분적으로 관

계가 있다. 곡선 운동을 응시할 때 우리는 그 휘어진 선을 따라가면서 머리를 살짝 움직이는 경향이 있다. 아직 알려지지 않은 몇 가지 이유 때문에 직선 운동보다는 곡선 운동이 우리의 어텐션을 더 많이 사로잡는다.

튀는 공 한 개가 설득력이 있다면 25만 개의 위력은 어느 정도일까? 2006년에 소니와 광고에이전시 팰런 *Fallon*은 브랜드 커뮤니케이션 영역에서 작은 르네상스를 열었다. 스폿광고 볼 *Balls*덕분이었다. 이 광고를 만든 후안 카브랄 *Juan Cabral*은 2000년대 중반에 런던 광고계에서 종적을 감추었다. 그저 증발하듯 아르헨티나로 돌아가서, 그의 표현에 따르면, '아름다운 영상'을 만들기 위해서였다. 팰런은 세계적인 기업을 고객으로 얻었고, 전 세계를 감동시키는 광고를 만들기를 원했다. 당시 팰런의 광고 기획 책임자이자 영국 광고계에서 가장 총명한 지성으로 꼽히는 로렌스 그린 *Laurence Green*이 그 아이디어가 어떻게 나왔는지를 이야기한다.

후안 카브랄이 이렇게 제안했죠. "수천 개의 탱탱볼을 언덕 아래로 던지고 그걸 찍읍시다." 우리는 그에게 이 허술하고 변변찮은 아이디어를 적당한 대본으로 바꿔 가지고 오라고 했어요. 2주후에 대본을 가지고 왔습니다. "수천 개의 탱탱볼을 언덕 아래로 던지고 그것을 찍는다." (물론, 그가 옳았다) 그렇게 해서 소니와 팰런과 심지어 광고의 운명까지 바뀌었죠.

색색가지 탱탱볼 25만 개가 슬로모션으로 부드럽게 튀어 오르고 호세 곤잘레스 *Jose Gonzalez* 스웨덴의 가수 의 하트비트 *Heartbeats*가 어쿠스틱 기타 반주와 함께 흘러나온다.('호세곤잘레스의 Heartbeats'로 검색해보라) 이 아름다운 광고 영상 덕분에 소니의 LCD TV 브라비아 *Bravia*는 베스트셀러가 되었고 소니는 흑자로 돌아섰고 회생했다. 이 광고는 광고 역사상 가장 많은 사랑과 상을 받은 광고물 중 하나가 되었다.

　하지만 지금, 필자는 후안 카브랄이 끄덕거림의 설득력을 염두에 두었다는 말을 하고 있는 게 아니다. 후안은 데이비드 레터맨의 1996년도 묘기를 염두에 두었을지 모른다. 데이비드는 5만 개의 컬러 고무공을 샌프란시스코 언덕 밑으로 던졌다. 필자가 하려는 말은 고개를 끄덕이는 동작이 사람들을 설득해서 그 광고를 좋아하게 만들고, 새 TV가 필요할 때 소니를 좋아하게 만들고, 광고상을 주도록 만들었을지도 모른다는 것이다. 구매자들이 이 사실을 알아차리지 못했음에도 불구하고 그렇다.

03. 광고는 불가사의하게 작동한다

현대 커뮤니케이션 이론들

광고는 어떻게 작동하는가? 겉보기에 광고는 아주 단순하다. 매스미디어를 이용해서 팔고자하는 제품을 알리는 것이다. 보통 몇 가지 특정한 편익에 초점을 맞춘다. 창의적인 방법으로 메시지를 전달해서 많은 사람의 어텐션을 끌고 광고비를 상쇄하고도 이득이 남을 수 있을 만큼 많은 사람들이 제품을 구입하도록 설득한다.

하지만 인간이 생각하고 결정하고 행동하는 방식에 대해 알면 알수록, 우리는 생각하고, 결정하고, 행동하는 방식이 우리가 모르는 과정으로부터 상당 부분 비롯된다는 것을 깨닫는다. '어텐션'은 완전히 파악하기가 까다롭다. 광고캠페인은 단기간에 흑자를 내는 경우가 드물지만 광고 효과는 수십 년 동안 지속될 수 있다. 광고의 작동방식에 대한 보편적인 모형이라는 개념은 잘못된 것이다. 옥수수 캔구매과 자동차 구매를 유발하는 동인은 서로 엄청나게 다르다. 두 구매 결정의 성격이 엄청나게 다르기 때문이다.

　광고가 어떻게 작동하는가에 대해 현재 선호되는 두 가지 모형은 완전히 정반대라는 점이 특이하다. 결과적으로 이 두 모형은 기업이 어떻게 행동하는가에 대한 본보기를 제공한다. 한 가지는 참여 모형이다. 이 모형은 소비자와 더 밀접한 관계를 맺는 브랜드, 소비자를 대화에 초대하고 콘텐츠와 경험을 추가로 전달하는 브랜드, 소비자가 결연을 맺을 수 있는 어떤 것을 상징하는 브랜드가 가장 성공할 것이라고 주장한다. 어텐션을 갈망하는 오늘날의 세계에서 이 주장은 특히 맞는 말이다. 참여는 어텐션 획득과 관계가 있다.

　다른 한 편에서는 판이한 주장을 펼친다. 로버트 히스 *Robert Heath*는 '낮은 주의집중'이 행동의 강력한 동인임을 확실하게 입증했다. 그의 견해는 문화비평가 마셜 맥루한 *Marshall McLuhan*의 주장을 반복한다. 맥루한은 이렇게 말했다.

　"의식적인 주의집중을 노리는 광고는 모두 코믹하다. 광고는 의식적인 소비를 겨냥하지 않는다. 광고는 최면을 걸기 위해 잠재의식을 노리는 환각제로 계획된다."

　많은 어텐션을 얻으려는 지나친 노력은 의심을 산다고 히스는 말한다. 우리가 무의식적으로 선호하여 집어 드는 브랜드가 훨씬 강력하다. 그의 주장에 따르면, 우리가 암묵적으로 학습하는 지각과 개념들이 그 브랜드와 연합된 요소로 저장된다. 그리고 암묵기억 *Implicit Memory*이 외현기억 *Explicit Memory*보다 더 오래 존속한다. 암묵적 학습은 자동으로 일어난다. 때문에 어떤 광고를 경험할 때마다 주의집중과는 상관없이 우리는 암묵적으로 학습하고 있다. 그러므로 참여 모형을 따르는 브랜드는 의식의 변두리에 주로 존재하는 브랜드보다 성공 가능성이 더 적을 것이다. 맥루한에 이어 히스는 광고가 소비자의 마음속으로 더 쉽게 파고들기 위해 어텐션을 간섭해서는 결코 안 된다고 주장한다.

어떻게 하면 이 두 가지 모형을 조화시킬 수 있을까?

히스 주장의 토대가 되는 생각은 새로운 것이 아니다. 그것은 60년대 문화 비평가 밴스 패커드 *Vance Packard*의 『숨어있는 설득자들 *The Hidden Persuaders*』를 되풀이한다. 그리고 히스의 분석을 지지하는 자료가 상당히 많다. 사람들이 어린 시절에 들은 CM송을 기억하지만 세부 사항을 명확하게 기억하지는 못하기 때문에 그의 주장은 직관적으로 타당한 듯하다. 그렇기는 하나. 가치를 전달하고 소비자와 지속적으로 관계를 맺는 브랜드는 호감을 얻을 것이라는 주장도 직관적으로 타당한 듯하다. 전통적으로 호감은 당연히 구매 의향으로 귀결된다고 여겨졌다. 이렇기 때문에 직관 하나만으로는 결코 충분하지 않다. 좋아하지 않는 기업의 제품을 사고 싶어 하는 사람이 누가 있겠는가?

양자택일은 해결책이 아니다. 우리는 두 모형을 조화시킬 필요도 없다. 판이한 방식으로 작동하고 판이한 대상과 맥락에 알맞은 판이한 모형들이 존재한다. 광고에 대한 수많은 서로 다른 모형이 유효

하다. 그리고 브랜드 커뮤니케이션 플래닝은 그 모형들 간의 차이를 이해해야만 한다. 이 생각 역시 새로운 것이 아니다. (뒤에서 다루겠지만 '새로운' 생각이란 존재하지 않는다) 광고를 전부 설명할 수 있는 단일 이론이나 이론 모음은 없다. 광고는 그 이론들의 수만큼 다양한 방식으로 작동하기 때문이다. 하나의 종합 이론을 찾으려는 것은 쓸데없는 짓이다.

어떤 브랜드는 '참여형 광고'를 개발해서 이익을 얻는다. 어떤 브랜드는 '낮은 참여 전략'을 고수해서 이익을 얻는다. 따라서 문제는 어느 전략을 언제 사용하는가이다. 이것은 소비자와 그들의 욕구에 따라 달라진다. 미디어 전략가 벤 쿤즈 *Ben Kunz*의 주장에 따르면, 참여 전략은 다양한 욕구를 지닌 소비자들에게 더 효과적이다. 반면에 방송 광고는 비슷한 욕구를 지닌 일반 대중에게 더 적절하다. 쿤즈는 개인별 맞춤 전략을 추가한다. 이 전략은 소수의 잠재고객에게 아웃바운드 *Outbound 제품에 대해 소비자에게 직접 홍보* 메시지를 전달하는 것이다. 그리고 조사 유도 전략도 추가한다. 이 전략에서는 많은 소비자가, 주로 더 높은 가격 때문에, 그 제품을 조사하도록 유도한다. 표 3.1을 보라.

각 문제마다 올바른 전략 또는 전략들의 혼합이 필요하다. 이 점을 기억하는 것이 중요하다. 한 가지 전략으로 모든 문제를 해결할 수는 없다. 이것은 많은 기업에게 주어진 난제이다. 기업들은 자기네 제품이 최상의 해결책이라고 너무 자주 확신한다.

표 3.1 : 정보 생태계 *Source : Kunz / Media Associates*

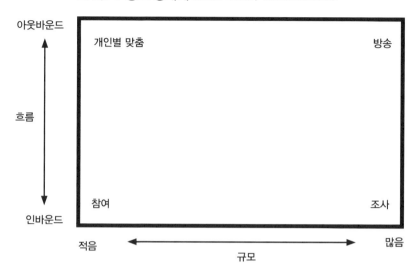

진실의 순간

모든 것은 언제 이익을 가져오는가? 개인의 관점에서 보면, 한 가지 브랜드는 한 가지 기억으로 여겨질 수도 있다. 그 브랜드 경험이 전부 쌓여서 개인의 마음속에 한 개의 엔그램(계속 발전하는 구체적인 한 가지 패턴)이 된다. 우연히 마주친 새로운 브랜드 단서가 이 브랜드그램을 활성화하고 그 추가 단서는 브랜드그램과 결합해서 새로운 브랜드 경험을 일으킨다. 구매 순간에, 즉 그 제품 자체의 단서가 브랜드그램과 결합할 때에, 이 마지막 경험이 결국 구매 결정을 촉발한다. P&G는 이를 '첫 번째 진실의 순간'이라고 했다. 소비자가 슈퍼마켓 진열대 위의 상품을 보는 최초의 3초에서 7초의 시간을 말한다. 월스트리트저널은 거대기업 P&G가 전통광고에 수십 억 달러를 지출하면서도 이 순간(첫 번째 진실의 순간)을 가장 중요한 마케팅 기회 중 하나라고 여긴다고 했다. 하지만 이 말은 요점을 이해하지 못한 것이다. 지금까지 내보낸 모든 브랜드 커뮤니케이션 전체가 이익을 가져오느냐 마느냐가 이 순간에 결정된다는 말이 적당하다. 그러므로 이 마지막 경험은 그 순간에 채워야 할 욕구를 고려한다는 특징이 있다.

어떤 욕구를 채울 필요가 있을 때 소비자는 제품의 구매를 결정하는가? 소비자들은 다양한 욕구를 채우기 위해 다양한 브랜드를 필요로 한다. 구매 행동의 절대다수는 구매 깔때기 이론에 전혀 들어맞지 않는다. 구매는 충동적으로 이루어진다. 슈퍼마켓에서 쇼핑하면서 수없이 많은 옥수수 캔 브랜드와 마주칠 때 우리는 그냥 한 브랜드를 선택한다. 왜냐하면 브랜드가 그렇게 많이 중요하지는 않고, 그래야 일이 쉽기 때문이다. 사람들은 쇼핑을 할 때마다 무의미한 주의집중을 피하기 위해 휴리스틱으로 사용해서 브랜드를 쉽고 빠르게 결정을 내린다. 주요 경쟁 상품들이 기능상 별 차이가 없으므로, 혹은 그렇다고 생각하므로 우리에게는 결정을 돕는, 한 브랜드에 대한 약간의 선호만 필요하다.

다른 종류의 구매는 브랜드가 채워줄 다른 종류의 욕구를 갖고 있다. 가전제품이나 자동차처럼 고객 관여도가 높은 구매는 구매 사이클이 더욱 길다. 브랜드가 동시에 채워주는 합리적 욕구와 정서적 욕구들이 항상 존재한다. 소비자 참여 광고는 소비자가 브랜드와 더 강한 결연을 맺도록, 그 브랜드에 대해 더 좋은 감정을 갖도록 도와준다. 그런 광고는 구매 이전에나 이후에나 소비자를 안심시킬 수 있다. 소비자의 욕구와 행동 동인은 가변적이다. 주의집중과 인지과정의 몇 가지 양상을 살펴봄으로써 소비자와 브랜드, 그리고 그 둘이 어떻게 상호작용하는지를 더 잘 이해할 수 있다.

이성의 윤활유

감정이나 이성, 둘 중 하나가 아니라 , 항상 그 둘 다 관계가 있다. 나심 탈레브 *Nasim Taleb* 가 쓴 『행운에 속지 마라』는 역사상 가장 똑똑한 책 중에 하나로 소개되었다. 이 책은, 과소평가되는 무작위성의 엄청난 역할을 탐구하고 있다. 탈레브는 인식론의 확률적 한계를 알아내고자 했다. 그의 논지는 이렇다.

우리는 상황이 어떻게 돌아가는지를 안다고 생각한다. 왜냐하면 우리의 뇌는 원인과 결과를 좋아하고, 따라서 우리는 관찰한 것들에 결정론적 모형 *Deterministic model 확률변수를 포함하지 않는 모형* 을 적용하기 때문이다. 이로 인해 우리는 실수를 저지르고 엄청난 충격을 가할 아주 드문 사건으로 돈을 날릴 여지가 생긴다.

탈레브는 정통 경제학이 쓸모가 없다고 배척한다. 그 학문이 갈수록 머리가 텅 비어가는 이성적 인간에게 의지하기 때문이란다. 불행하게도 우리는 이항대립 *Binary opposition 두 가지 대립적 요소가 짝을 이루는 것* 에

이성적으로 집착한다. 그래서 감정이 구매 결정에 어떤 역할을 한다는 것을 깨닫자, 커뮤니케이션 속에 이성적 설득과 감정적 설득이라는 이항대립을 수립했다. 우리는 몇 가지는 감정적으로 결정하고 몇 가지는 이성적으로 결정하는 게 아닐까?

피니어스 게이지 *Phineas Gage*에게 감사할 일이다. 그가 겪은 사고의 결과에서 감정적 결정과 이성적 결정에 대한 어떤 통찰을 얻을 수 있었다. 그는 사고로 편도체를 다쳤는데, 편도체는 대뇌 변연계에 속하는 아몬드 모양의 구조물인데 정서 반응에 관여한다. 감정에 접근하지 못하면 사람들은 더 이상 결정을 내리지 못한다. 우리는 자신이 이성적 존재라고 생각하고 싶어 한다. 하지만 감정이라는 휴리스틱이 도와주지 않으면 우리는 어떤 것도 결정하지 못한다. 따라서 이성과 감정이 따로 존재하면서 우리를 각각 다른 방향으로 잡아끄는 게 아니다. 감정은 이성의 윤활유다. 감정이 없으면 우리는 사고하지 못한다. 신체표지 가설 *Somatic Marker Hypothesis*로 알려진 새로운 의사결정 이론이 이것을 훌륭하게 설명한다.

현실에서 의사결정은 보통 특정 상황에서 할 수 있는 다양한 행동의 가치에 대한 평가를 포함한다. 그리고 그 평가는 인지과정과 정서과정을 통해 이루어진다. 하지만 상황은 복잡하고 상충하는 수많은 대안 중에서 결정을 요구하곤 한다. 매우 불확실하고 모호한 상태에서 결정을 내려야 하는 것이다. 이러한 상황에서 인지과정은 과부하가 걸리고 정보에 근거해서 결정을 내리기가 불가능할지도 모른다.

이 상황(그리고 그 밖의 상황)에서 신체적 반응이 결정 과정을 도와줄 수 있다. 강화 자극들이 그 상황과 연합된 생리적, 정서적 반응을 유도한다. 이렇게 특정 상황과 연합된 신체 반응이 신체지표로 저장된다.

이 설명에 따르면, 커뮤니케이션의 역할은 단순히 브랜드와 연합된 신체지표를 확립하거나 강화하는 것일 수도 있다. 그럼으로써 소비자가 어떤 치약을 구입할지를 결정해야 할 때 신체지표가 얼른 작동해서 결정을 쉽게 해주고 마비와 공황발작을 예방한다. 브랜드는 편향적인 인지과정을 이용해, 결정을 내려야 할 필요를 없애줌으로써 우리가 더 쉽게 살아가게 해준다.

선택의 역설

우리는 선택할 게 너무 많아서 그 모든 것에 어텐션을 기울이지는 못한다. 슈퍼마켓 선반을 살펴보자. 모든 카테고리마다 나란히 진열된 비슷비슷한 수많은 물건을 보면 갈피를 못 잡고 한숨을 쉬게 된다.

더 많은 선택지 = 더 많은 브랜드 = 더 많은 광고!

선택은 자유와 동일시된다. 그리고 자유는 우리의 행복추구권을 보장하는 필수 조건이다. 더 많은 선택지는 더 많은 자유를 의미하고, 더 많은 자유는 더 많은 행복을 의미한다고 우리는 말한다. 다만 문제는 일이 그렇게 돌아가지 않을 뿐이다.

배리 슈워츠 *Barry Schwartz*는 『선택의 역설』에서 너무 많은 선택지는 대체로 우리를 불행하게 한다고 지적한다. 그러기 때문에 고도로 발달한 자본주의 사회는 전반적으로 덜 행복하다. 그 사회는 개인의 자율성을 허락하고, 따라서 기회가 있을 때마다 선택을 강요한다.

그의 통찰은 대단히 흥미롭다. 왜냐하면 맞는다고 생각되는 것이 실제로는 틀리기 때문이다. 자유라는 개념은 서구 문화의 토대를 이룬다. 통념과 반대로, 사람들은 선택을 하고 결정을 내리는 것을 무척 좋아한다고 생각하지만 실제로는 끔찍하게 싫어한다.

어려운 결정—현저하게 더 좋은 선택지가 없는 결정—을 피하기 위해서라면 사람들은 무엇이든 할 것이다. 컬럼비아대학과 스탠포드대학에서 공동 수행한 연구는 소비자 행동을 유발하는 상충되는 동인을 보여준다.

대규모 식료품점에서 6종류의 잼과 24종류의 잼을 맛볼 수 있는 시식대를 만들었다. 24종류의 잼이 진열된 곳에 사람들이 더 많이 몰렸다. '저 잼들 중에는 틀림없이 내게 딱 맞는 잼이 있을 거야' 하는 생각을 갖고 몰려갔던 사람들은 어려운 결정을 피할 수가 없었다. '고를 게 너무 많아. 나는 잼에 이렇게 까다로운 사람이 아니야' 하고 생각했다는 것이 판매결과에서 나타났다. 잼 24종류 판매대의 판매량은 6종류 판매대 판매량의 10분의 1에 불과했다.

선택지 개수가 급격히 증가하면 구매 경향이 감소한다. 선택지가 많은 결정은 불안과 마비, 후회 예상 그 밖의 여러 가지 부정적 반응을 야기한다. 그런 결정은 결정 과정에 투입되는 노력을 증가시키고, 결국 당신이 무엇을 선택하든 그것에서 얻는 즐거움을 감소시킬 수 있다. 『선택의 역설』은 이 부정적인 심리적 반응을 자세히 탐구하며 그것을 피하는 전략을 제시한다. 그 전략이란 근본적으로 기대를 낮추고 최선의 결정보다는 꽤 괜찮은 결정을 내리려고 노력하는 것이다.

하지만 우리는 이 문제를 해결하게 도와주는 또 한 가지 방법을 개발했다. 적어도 슈퍼마켓에서는 도움이 된다. 바로 브랜드다. 광고속에서는 어떤 브랜드가 존재하고 그것이 얼마나 효과적인지, 그 브랜드가 무엇을 위해 존재하는지에 대한 설명에 많은 시간을 소비한다. 브랜드는 기업에 유익하다. 그것은 구매 빈도를 높여주고 가격 프리미엄을 붙일 수 있게 해주고 로열티를 받아온다. 그리고 브랜드는 정당한 경쟁상 이점이며 한 기업의 무형자산 가치에 상당히 기여한다. 앞에서 이미 살펴본 내용이다.

하지만 브랜드가 소비자를 위해서 어떤 기능을 하는가? 개인에게 어떤 가치를 제공하는가? 브랜드가 제공하는 가치는 소비자의 비합리적인 구매 행동을 끝없이 유도하고 마침내 더 많은 매출과 이익을 내게 함으로써 기업의 주주에게 더 큰 이익을 돌려준다.

브랜드의 기능은 경제가 발전하면서 함께 발전했다. 초기 자본주의 사회에서 산업화는 광대한 지역에 제품을 유통시키는 대기업을 양산했다. 지금도 그렇지만 브랜드는 신뢰마크처럼 기능했다. 이 마크는 소비자가 제조업체의 물건을 구매할 때 기대하는 것을 얻을 수 있음을 보장한다.

하지만 고도 자본주의 사회에서는 거의 모든 카테고리의 제품들이 기능면에서 동등하다. 때문에 사소한 구매 결정도 매번 어렵기만 하다. 현저하게 더 좋은 선택지가 없다. 이것은 슈퍼마켓을 불편한 공간으로 만든다. 리서치 인터내셔널 *Research International*의 보고에 따르면, 적극적으로 구매 결정을 내릴 때 소비자의 46%가 선반 앞에서 평균 3개의 제품을 만지작거리며 3분 이상 머문다. 슈퍼마켓 선반에 놓인 전체 카테고리의 브랜드 개수는 지난 20년 동안 엄청나게 증가했다. 식품마케팅연구소 *Food Marketing Institute*의 조사 결과, 일반 슈퍼마켓에서 약 44,000개의 상품이 당신의 어텐션을 간청한다. 사람들은 박식하고 현명한 소비자가 되려고 애쓰지만 5인 가족이 주 1회 쇼핑에 사야할 전체 식료품 개수에 3분을 곱해 보라. 엄청난 시간이 필요하고 인지 과부하를 피할 수 없다. 게다가 슈워츠가 지적했듯이, 선택지가 많을수록 단일 구매에 수반되는 기회비용이 증가한다.

이때 브랜드가 소비자를 구해준다. 그것은 휴리스틱처럼 작용한다. 브랜드는 결정을 내릴 필요를 없애주고, 합리적이고 경제적인 인간인 척해야 한다는 압박감을 없애주고, 잼을 사고 싶을 때마다 혼돈에 빠지지 않게 해준다. 결국 이것은 습관적인 구매 행동으로 이어질 수 있다. 소비자는 몽유병 환자처럼 슈퍼마켓을 돌아다니며 전에 샀던 브랜드를 사고 또 산다.

"오늘은 새로운 걸 사세요" 세인즈버리

소비자는 전에 샀던 브랜드를 사고 또 산다. 영국의 슈퍼마켓 체인 세인즈버리의 광고캠페인을 성공시킨 것이 바로 이 통찰이었다. 2004년, 세인즈버리가 장기적인 매출 감소에 직면하자 광고대행사 AMV BBDO는 소비자들을 몽유병 쇼핑에서 깨우기로 했다. 그리고 이제는 하나의 푸드 브랜드가 된 제이미 올리버 *Jamie Oliver*를 모델로 기용해서 소비자에게 "오늘은 새로운 걸 사보세요"라고 권했다. 매장에 비치된 레시피 카드, 특별히 훈련된 15,000명의 직원들, 판매시점 관리체계, 이 모두가 새로운 걸 사보시라고 청하자 제이미 올리버의 권유는 단순한 권유를 뛰어넘었다. IPA광고효과상을 받은 이 광고 덕분에 6년 동안 25억 달러의 추가 매출을 일으켰다.

사람들은 특정 카테고리에서 시장 주도 브랜드를 선택하지 않는다 하더라도 그 브랜드를 기준으로 삼는다. 그 주도 브랜드와 비교해서 모종의 결정을 내린다. 우리는 절대적 결정을 내리는 것에 대단히 서툴다. 그리고 고를 수 있는 선택지들과 비교해서 상대적 결정을 내리는 경향이 있다. 그러므로 감정이 이성의 윤활유이듯, 브랜드는 상업의 윤활유다.

변화 맹시맹시와 메타인지 오류

어텐션은 우리에게 무엇을 보라고 지시하지만 우리는 자신이 그것을 실제로 보고 있다고 믿기가 대단히 어렵다는 것을 안다.

주의력 착각은 주의체계 작동 방식의 특징을 잘 보여준다. '보이지 않는 고릴라' 실험은 '무주의 맹시'를 효과적으로 입증한다. 무주의 맹시란 다른 것에 집중하느라고 바로 눈앞에 있는 어떤 것을 알아채지 못하는 현상을 말한다. 신경과학자 대니얼 사이먼스 *Daniel Simons*와 크리스토퍼 차브리스 *Christopher Chabris*가 설계한 이 실험은 동영상 하나와 몇 가지 지시사항으로 행해진다.

피험자에게 농구 동영상을 보면서 두 팀 중 한 팀의 패스 횟수를 세라고 지시한다. 동영상이 끝나자 피험자에게 선수들 외에 다른 이상한 것을 보았느냐고 묻는다. 대부분의 피험자가 못 봤다고 대답한다. 그러자 연구자는 그 동영상을 다시 틀어준다. 동영상이 절반쯤 돌아가자 피험자들은 깜짝 놀란다. 고릴라 옷을 입은 한 남자가 걸어 들어오더니 가슴을 몇 번 치고 다시 걸어 나갔다. 하지만 피험자들은 패스 횟수를 세는 것에 주의를 집중했고, 따라서 고릴라를 보지 못했다. 그 이유는 피험자의 뇌가 횟수 세기 과제로부터 어텐션을 빼앗아가는 것들을 적극적으로 억압했기 때문이다. 그의 시선이 고릴라를 향하지 않았기 때문이 아니다. 이것을 아는 게 중요하다. 시선 추적 연구는 피험자들이 고릴라를 똑바로 보고 있음에도 그것을 알아차리지 못했음을 입증한다.

'보이지 않는 고릴라'는 정신 현상이다. 눈과 연관된 현상이 아니다. 두 신경과학자의 말을 전하자면, 정말로 보기 위해서는 반드시 어텐션을 기울여야만 한다. 이 말은 광고 노출횟수라는 개념에 흥미로운 난제를 제시한다. 4장에서 다루겠지만, 노출횟수는 단지 볼 기회를 제공할 뿐이다. 당연히, 그것은 놓칠 기회이기도 하다. 사람들이 어텐션을 기울이지 않는다면 말이다.

이것과 연관된 지각 현상이 '변화 맹시'다. 이것은 어텐션이 다른 곳을 향하고 있기 때문에 어떤 장면에 존재하는 변화를 알아채지 못하는 현상이다. 기본적인 '변화 맹시 실험'에는 문짝이 한 개 필요하다. 한 사람이 캠퍼스에서 학생에게 길을 묻는다. 학생이 길을 알려주는 동안, 일꾼들이 문짝을 들고 질문자와 학생 사이를 지나간다. 바로 이때, 질문자가 다른 사람으로 교체된다. 놀랍게도, 길을 알려준 학생들은 대개 질문자가 교체된 것을 대체로 알아차리지 못한다.

지각은 바로 이렇게 작동한다. 중요하지 않은 정보를 걸러내는 행위를 통해 시각적 자료가 의미를 갖게 된다. 이 실험에서 학생의 어텐션은 길을 알려주는 것에 집중된다. 학생들이 그 변화를 알아채지 못하는 것이 놀랍다고 우리가 생각하는 이유는 메타인지 오류 때문이다. 이것을 '변화 맹시맹시 Change blindness blindness'라고 부른다.

간섭이나 단속성 운동 *Saccade 시각 대상을 중심와에서 포착하기 위해 행해지는 빠른 안구운동*, 이동 촬영 장면 같은 것들이 지각을 방해할 때 우리는 시야에서 일어나는 중요한 변화를 거의 알아채지 못한다. 하지만 우리는 자신이 알아차릴 거라고 생각한다. 알아차리지 못하는 증거를 보여줄 때조차 그렇다. 그 이유는 그 현상들이 자신이 보는 방식에 대한 믿음과 어긋나기 때문이다.

우리는 두 눈이 눈앞의 실제 장면을 뇌 속으로 곧장 쏘아 보낸다고 믿는다. 자신이 지각하는 방식을 그렇게 지각하기 때문이다. 하지만 실제로는 그렇지 않다. 우리는 시야의 정중앙에 존재하는 사물만 자세히 본다. 이것을 중심와시각이라고 한다. 중심와는 망막의 중앙을 가리킨다. 어떤 대상에 초점을 맞출 때에만 우리는 그것을 자세히 본다. 그리고 어텐션을 기울이지 않으면 그것을 알아차리지 못한다.

우리가 어텐션을 빠른 속도로 전환할 때 지각에 작은 문제들이 생긴다. 멈춘 시계 착각이 한 예다. 아날로그 시계를 빠르게 여기저기 훑어보다 보면 사람들은 초침이 잠깐 멈춘다고 종종 착각한다. 이 현상은 우리가 대상을 지각하는 한 가지 방식이다. 우리의 뇌는 현실을 매끄럽게 연속된 장면으로 만들려고 애쓴다. 시선을 빠르게 움직여서 주의를 전환하면 시각 정보가 단절되고, 그것을 얼버무릴 필요가 생긴다. 그래서 뇌가 그 단절된 틈을 메운다. 초침이 멈추었다고 지각하는 것이다. 정신이라는 메트릭스에서 일어나는 한 가지 작은 문제다. 우리의 어텐션은 우리가 바라보는 주변 세상을 바꾼다.

게다가 특이함과 친숙함 둘 다 어텐션을 사로잡을 수 있다. 이것 때문에 일이 더 복잡해진다. 우리의 예상을 깨는 것들은 우선적으로 어텐션을 끈다. 상품 포장에는 새로운 것과 개선된 것이 이해할 수 없을 정도로 남용된다. 그것들이 소비자의 어텐션 체계를 혼란시킨다는 것을 제조업체가 알고 있기 때문이다. 이런 이유로 소비재 기업들은 새로운 형태와 성분, 디자인을 끝없이 도입한다. 신제품 뉴스는 주의(어텐션)를 끌어온다. 또한 이런 이유로 많은 광고에이전시들이 예상 깨기, 골칫거리 되기, 남들이 오른쪽으로 갈 때 왼쪽으로 가기를 옹호한다. 1990년대 영국의 거대 광고에이전시 HHCL *Howell Henry Chaldecott Lury*의 공동 창업자 알렉스 찰데콧 *Alex Chaldecott*은 이렇게 말했다.

"HHCL은 관습에 끊임없이 도전해야 한다는 것을 가르쳤습니다. 그렇지 않으면 특이한 것을 창조하지 못할 테니까요."

모든 사람이 현 상태에 도전하고 있는 것 같다. 그들은 특이함을 통해 어텐션을 끌고 싶어 하기 때문이다. 하지만 그로 인해 무엇이 현상을 유지시켜 주는지가 궁금해진다.

친숙함은 선호함을 이끌어낸다. 자극 처리에 필요한 인지적 노력을 줄여주기 때문이다. 이것이 단순노출효과다. 사람들은 어떤 것이 단순히 자신에게 친숙하다는 이유만으로 그것을 선호하는 경향이 있다. 어떤 자극에 더 빈번하게 노출되면 사람들은 대체로 그 자극과 관련하여 더 적게 생각하고 더 직관적으로 결정을 내린다. 일부 광고는 분명히 이 메커니즘을 토대로 작동한다.

우리의 어텐션 할당 방식과 그것이 구매 결정에 영향을 미치는 방식의 복잡성과 다양한 양상 때문에 광고는 불가사의한 방식으로 작동한다. 몇 가지 살펴보자.

예상 깨기

예상 깨기는 많은 정서 반응의 중심을 차지하는 듯하다. 대부분의 조크에는 핵심적으로 예상 깨기가 존재한다.

언어의 사용역 불일치는 예상되는 규범으로부터 인지된 일탈을 보여주기 때문에 코믹하다. 예상을 강조하면 조크는 일단의 형식적 표준이 만들어낸 작품(예상을 강화한 후 곧이어 예상을 깨는 기발한 한 마디)으로 바뀔 수 있다. 그 조크의 내용에 전혀 어텐션을 기울이지 않아도 그것이 가능하다.

일탈 역시 어텐션을 끈다. 아기 또는 어린이들은 어른보다 새롭거나 놀랍거나 색다른 것을 더 오래 응시하는 경향이 있다. 이 현상은 아기들이 예상 밖이라고 지각한 것에 더 많은 어텐션을 기울인다는 것을 암시한다. 인간의 인지는 직접 또는 간접 경험을 토대로 세상이 어떻게 돌아가는지에 대해 반드시 예상을 수립한다. 이것은 인지의 근본적인 일면이다. 관련 연구에 따르면, 예상을 위반하면 온갖 종류의 인지적, 정서적 사건을 일으킨다. 그 중 하나가 기억이 크게 활성화되는 것이다. 우리의 뇌가 세상에 대한 모형을 일부 재건하고 있을 때 기억이 고도로 활성되는 것은 당연하다. 그렇기 때문에 코믹한 광고는 매우 효과적이다. 조크가 어텐션을 사로잡고 동시에 감정을 끌어내기 때문이다. 마술도 마찬가지다.

마술 트릭이 통하는 이유는 인간의 주의집중 및 인지과정이 쉽게 혼돈에 빠질 수 있기 때문이다. 뛰어난 마술사는 사람들의 정신 고유 속성을 역으로 이용해서 사람들을 속여 넘긴다.

마술사는 사람들의 주의집중 과정을 조작해서 마술 트릭이 노출될 수도 있는 곳으로부터 어텐션을 돌려 전혀 다른 곳을 보게 만든다. 이것을 미스디렉션 *Misdirection*이라고 한다. 광고도 주의 포착 및 조작으로 이해될 수 있다. 그 어원이 말해주듯이, 광고는 스포트라이트 내에 있는 요소는 강조하고 주변부의 요소는 억압하기 때문이다.

호기심을 관리하라

호기심은 정서 반응으로서 탐구하려는 동기를 일으킨다. 고양이를 비롯하여 많은 동물에게 호기심은 본능이다. 호기심이 처음부터 내재된 인지적 메커니즘이라는 의미다. 호기심은 그 자체로 강력한 커뮤니케이션 도구다. 누군가의 호기심을 자극할 수 있다면 그로 하여금 자연스럽게 뭔가를 하게 할 수 있다. 행동을 바꿔서 대중 혹은 개인을 기업이나 기업의 브랜드 쪽으로 이동시킬 수 있다는 뜻이다.

사람들이 자신의 지식 속에 약간의 틈새가 있음을 알아차리게 만듦으로써 그들의 호기심을 자극할 수 있다. 어떻게 하면 될까? 먼저, 참여할 만한 뭔가를 충분히 보여줘야 하고, 그들 스스로 채워야겠다고 생각할 만한 틈새를 남겨둬야 한다. 해답을 전부 제공하면 사람들은 할 게 하나도 없다.

뉴욕의 광고에이전시 캠프파이어 *Campfire*는 유명 기업들의 대체현실게임*ARGs*광고에 참여했다. 그중 하나가 아우디의 절도 기술 *Auid's art of the Heist*캠페인이다. 아우디 매장에서 자동차가 도난을 당한다.

이어서 차를 찾으려고 수많은 사람들이 허구와 현실을 넘나들며 탐정 게임을 벌인다. 블레어 윗치 *The Blair Witch Project 허구를 실화처럼 꾸며서 크게 성공한 페이크 다큐멘터리 영화* 도 만들었다. 캠프파이어는 정보 공유 광고의 성공 비결은 호기심 관리라고 말한다. '여러 채널을 통해 정보를 뿌려라. 그러면 커뮤니티가 생겨나서 그 정보를 수집하고 공유할 것이다.' 이 원리를 토대로 하는 기법이 트랜스미디어 스토리텔링 *Transmedia Storytelling* 이다. 이것은 수많은 비선형적 미디어 채널 곳곳에서 스토리를 전개한다.

CASE STUDY 영화 클로버필드, 트랜스미디어 스토리텔링 기법

트랜스미디어 스토리텔링은 JJ 에이브럼스 *JJ Abrams*가 영화, 클로버필드 *Cloverfield 유튜브용 괴물영화* 를 홍보하기 위해 적극 수용했던 기법이다. 예고편은 이 영상이 우연히 발견된 캠코더 녹화 자료라는 것을 자막으로 알린다. 실제로 무슨 내용인지, 제목이 무엇인지를 정확하게 알려주지 않는 방법만으로 이 영화는 개봉 6개월 전부터 미디어와 소비자의 엄청난 어텐션을 끌어모았다. 예고편이 주요 뉴스가 되었고 마케팅을 일변시킨 영상으로 소개되었다. 클로버필드는 약 2,500만 달러의 예산으로 제작되었다. 특이한 마케팅 덕분에 그 영화는 개봉 첫 주말에 4,000만 달러를 벌었고, 총 1억 7,000천만 달러가 넘는 수익을 올렸다.

바이럴은 존재하는 것이 아니라 우연히 일어나는 것

광고주들은 때때로 바이럴 영상을 요구한다. 이때 누군가가 나서서 이렇게 말해야만 한다. 바이럴은 우연히 일어나는 것이지 존재하는 것이 아니라고. 사람들이 당신의 광고를 퍼뜨린다면 그것은 바이럴이다. 적어도 잠재적 바이럴이다. 대중이 그렇게 하지 않는다면 바이럴이 아니다. 바이럴은 성공의 척도다. 성공 가능성을 높일 수는 있지만 성공을 보장하지는 못한다.

사람들이 어떤 광고 영상을 공유하지 않는다면 문제는 보통 그들이 친구에게 보여줄 만하다고 생각하는 콘텐츠가 그 속에 전혀 없다는 것이다. 사람들은 사회적인 이유로 콘텐츠를 공유한다. 그들은 콘텐츠를 이용해서 소통한다. 바이럴은 대중의 행동이지 콘텐츠의 속성이 아니다. 그렇기 때문에 바이럴이 그렇게 잘 작동하지 않는 것이다. 브랜드는 확산되고 있는 다른 어떤 것-주로 즐거운 콘텐츠나 소셜 화폐-에 편승한다.

이 생각에서 출발하여 필자는 전화번호 안내서비스 118-118 광고와 그 숫자를 새긴 조끼를 제작했었다. 이 광고는 2003년 영국에서 '올해의 광고'로 선정되었다. 수많은 요소를 넣어서 그 광고를 만들었고, 그것들을 대중이 채택해주기를 희망했다. 가장 많이 채택되어 공유된 요소는 상업광고에서 두 모델이 입은 118 조끼였다. 소비자들이 광고 매체가 되었다. 사람들은 조끼를 훔쳤고, (훔쳐가라고 밖에 걸어 놨다) 입었다. 그리고 여전히 입고 있다. 10년 이상 지난 지금도 그 조끼는 영국 전역의 페스티벌에 계속 등장한다. 나는 시드니의 본다이비치에서 이 조끼를 입은 사람을 보았다. 이로써 광고는 팬데믹, 즉 대유행이 된다.

은유적 표현을 명확하게 하기 위해 바이럴이라는 단어를 아예 삭제하자. 전염병학자인 래스 야콥 *Laith Yakob 필자의 친형*은 바이럴이라는 은유적 용어에 문제가 있다고 지적했다. 바이러스와 달리, 아이디어는 인구 구성원들을 통해 확산되지 않는다. 바이럴이라는 단어는 매혹적이고 삭제하기가 어렵다. 바이럴 아이디어를 전문으로 하는 광고에이전시들이 있다. 에볼라커뮤니케이션 *Ebola Communications*이라는 무서운 이름을 가진 우크라이나의 에이전시도 그중 하나다. 이 은유적 단어는 지배 구조를 재차 확인해준다. 그 단어는 모든 사람은 강한 바이러스성을 띤 뭔가를 창조할 필요가 있으며 그 뭔가는 자가 전파된다는 것을 암시한다. 하지만 그것은 사실이 아니다.

뭔가가 '입소문이 난다'는 말은 수많은 사람이 저마다의 이유로 그것을 공유하기로 결정한다는 뜻으로 이해된다. 입소문은 단순히 우리의 메시지를 인구 구성원들을 통해 퍼뜨리는 새로운 방법이 아니다. 그것은 그들이 실제로 끌어당길 때 우리가 밀어붙인다는 뜻이다.

마이크로소프트의 연구자 던컨 와츠 *Duncan Watts*는 네트워크는 콘텐츠의 성격보다 콘텐츠의 확산을 예측할 때 훨씬 더 중요하다고 지적했다. 똑같은 콘텐츠가 네트워크에 따라 성공할 수도 있고 실패할 수도 있다. 어떤 것을 바이럴이라고 말할 때 우리는 콘텐츠 자체에 초점을 맞춘다. 아이디어를 퍼뜨려 달라는 요구를 받은 사람들의 욕구에 초점을 맞추지 않는다. 미디어 이론가 더글러스 러시코프 *Douglas Rushkoff*는 이렇게 말한다.

"사람들은 바이러스를 교환하려고 서로 교류하는 게 아니다. 그들은 서로 교류하기 위한 핑계로써 바이러스를 교환한다."

광고와 비슷하게, 바이럴은 사회적 기능을 갖고 있으며 그 기능은 의례적이면서도 관대하다. 그것은 선물경제 *Gift Economy*내에서 작동한다. 거기에서는 선물의 이동에서 가치가 생겨난다. 게다가 사람들이 콘텐츠를 마음대로 변형하도록 놔둔다면 그것은 공유될 가능성이 더 크다. 그들은 자신이 일부 관여한 콘텐츠를 공유하는 것을 좋아하기 때문이다. 광고인들은 바이럴을 만들어내려고 하지 말고 사람들이 무엇을 퍼뜨리고 싶어 하는지, 그 이유는 무엇인지를 알아내려고 해야 한다.

CASE STUDY 피어스의 비누 광고

예나 지금이나 비누는 전형적인 광고 상품이다. 현대 광고의 아버지로 언급되는 토머스 배럿 *Thomas J. Barrat*은 비누 회사 피어스 *A&F Pears*를 맡아서 비누를 하나의 브랜드로 만들었다. 투명 비누의 발명자이자 배럿이 장인인 앤드류 피어스 *Andrew Pears*는 19세기 중반까지 그것을 별달리 광고하지 않았다. 1865년에 피어스의 연간 광고 예산은 80파운드였다. 그때 24살의 청년이었던 토머스 배럿이 공동 경영자가 되었고 새롭고 활기차게 경영하기 시작했다. 이 이야기는 터너 *ES Turner*의 『놀라운 광고의 역사』에 자세히 소개된다.

배럿은 이렇게 말했다고 한다. "바보도 비누를 만들 수 있다. 비누를 팔기 위해서는 영리한 사람이 필요하다." 피어스를 맡으면서 그는 광고비를 80파운드에서 10만 파운드로 늘렸다. 피어스 비누를 비누 카테고리 내의 기본 품목으로 확립하기 위해서였다. 그는 우리가 낮은 주의집중과 모방 행동 등에서 살펴본 수많은 개념을 적절히 이용했다. 배럿의 광고 정책을 한 마디로 요약하면 완벽한 단순성이었다. 한 광고물이 그것을 잘 보여준다. '비누의 스펠링은? 당연히 P-E-A-R-S', '비누'와 '피어스'는 대중의 마음속에 아주 깊숙이, 단단히 연결되어서 두 단어 중 하나만 생각하기가 불가능해졌다.

아무도 광고를 읽지 않는다는 말은 헛소리다. 광고는 읽으라고 있는 게 아니라 흡수하라고 있는 것이다. 배럿은 시각적 광고에 만족하지 못했다. 그는 온 국민이 '피어스 비누'라고 말하게 만들어줄 기발한 문구가 꼭 필요하다고 생각했다. 매일 사용하는 가장 흔한 문구를 내놓기 위해 직원들이 모였다. 누군가가 이 문구를 제안했다. '굿모닝!'

어텐션을 사고 파는 시장

광고계 종사자들은 차용된 흥미 *Borrowed Interest 주의를 끌기 위해 제품이나 서비스를 그것과 무관한 이미지나 사건과 의도적으로 연합하는 기법* 를 전통적으로 탐탁지 않게 여겼다. 광고에서, 조크에 20초를 쓰고 물건 판매에 남은 10초를 쓴다는 것은 좋은 생각이 아니었다. 이 단순한 판단은 아래의 가정에 근거한 것이다.

　차용된 흥미는 당신이 제공하는 제품이나 서비스 속에 진정한 가치는 존재하지 않는다는 것을 의미할 뿐이다. 적어도 광고에이전시 직원들은 그것을 찾아내지 못했거나, 아니면 다른 광고에이전시 직원들에게 깊은 인상을 줄 수도 있는 창의적인 포트폴리오에 더 관심이 많았다.

　이 생각은 문제가 있다. 이것은 광고의 역할이 제품이나 서비스의 차별화된 이점을 표현하는 것이라고 가정한다. 그런 이점은 당신이 그 제품이나 서비스를 구매하고 싶도록 만든다. 그리고 그 생각은 광고가 단지 판매 기술일 뿐이라고 가정한다. 하지만 그렇지 않다. 적어도 이제는 아니다.

　어떤 제품의 가치에 대한 특별한 약속은 한동안도 지속되지 못한다. 소비자들이 진실이라고 지각하는 그러한 약속은 끝없는 반복 때문에 신뢰를 잃기 시작했다. 시장조사업체 닐슨 *Nielsen*의 '광고 신뢰도 조사 *Global Trust in Advertising Survey*'에 따르면, 전통 매체를 통한 광고에 대한 소비자의 신뢰가 장기적으로 감소했다. 전 세계 소비자의 약 절반이 TV 광고(47%), 잡지 광고(47%), 신문 광고(46%)를 신뢰한다고 대답했다. 하지만 그 수치는 비교적 짧은 기간-2009년과 2011년 사이-에 각각 24%, 20%, 25%로 하락했다.

　'차용된 흥미'는 주의(어텐션)를 끌기 위한 건전한 전략이다. 피지 팁스 *PG Tips 영국 차(茶)회사* 는 침팬지에게서 흥미를 차용했고, 캐드버리 *Cadbury's 영국 초콜릿 회사* 는 드럼 치는 고릴라, 버거킹은 왕, 게이코

GEICO 미국 보험회사 는 도마뱀과 원시인에게서 흥미를 차용했다. 이미 존재하는 문화적 가공물-'굿모닝' 같은 표현-을 활용하고 거기에 당신의 제품을 덧붙임으로써 당신은 흥미를 빌려와서 어텐션을 끈다. 비교적 지루한 어떤 것(거의 모든 카테고리의 거의 모든 상품이 이제는 지나치게 친숙하다)을 다른 것과 연결함으로써, 그 자체만으로는 흥미롭지 않은 어떤 것에서 흥미를 창조한다. 당신은 제품 편익을 가치 제안으로 한 단계 승격시킬 수 있다. 하지만 당신의 경쟁자들도 모두 그렇게 할 수 있다. 그런 포지셔닝 기법을 브랜드처럼 소유하기는 불가능하다.

- 광고주는 자사 제품이 매혹적이라고 생각하는 경향이 있다. 어떤 것에 대해 평생 동안 생각한다면 그것이 마음속에서 대단히 중요한 자리를 차지하기 때문이다.

- 광고에이전시 사람들은 그들이 하는 일이 흥미롭다고 생각하는 경향이 있다. 하지만 에이전시에서 당신이 맨 처음에 깨닫는(혹은 깨달아야만 하는)것 중 하나는 광고주가 광고에 대해 생각하는 시간은 극히 적다는 것이다.

- 사람들을 소비자라고 부르는 것은 그들이 항상 물건을 사거나 물건 구매에 대해 생각하며 시간을 보낸다고 오해하게 만든다. 하지만 대중들은 그렇게까지 관심을 갖지는 않는다.

이런 이유로 지금은 상황이 완전히 달라졌다. 이제 우리는 실제로 어텐션을 충분히 구매하지 못한다. 미디어가 지나치게 세분화하였고, 사람들이 아주 영리해져서 우리에게 어텐션을 할당하지 않는다. 어텐션을 구매하는 대신에 어텐션을 획득해야 할 필요성이 갈수록 커진다. 우리는 소비자가 소유한 미디어의 흐름 속으로 들어가야 한다.

예전에는 잠재가치—광고를 보는 대가로 콘텐츠를 무료로 보기—로 인해 브랜드와 소비자 간의 균형 잡힌 교환이 가능했다. 이 모형을 가장 잘 요약한 것이 호머 심슨 *Homer Simpson*의 대사다.

"조용히 해, 광고가 나오잖아. 광고를 안보는 건 TV를 훔치는 거나 마찬가지야!"

하지만 수요자 중심 세상이 되자 이 관계는 무너지기 시작했다. 와이어드 지 *Wired*는 우리가 이제는 주의경제(어텐션경제) 속에서 살고 있다고 주장했다. 인터넷은 살아있는 글로벌 어텐션 시장으로서 어텐션을 획득하는 것들에게 적극적으로 어텐션을 할당한다.

이 어텐션 시장 전역에 어텐션이 어떻게 할당되는지를 알아내는 것은 분석학이 개척해야 할 영역이다. 구글, 수많은 소셜미디어 트래킹 업체, 행동 타케팅 및 재타케팅 업체들과 모든 트래킹 행위는 어텐션의 할당을 파악하고 마침내 예측한다. 이 데이터는 소중하다. 그것은 구글, 페이스북 그리고 대다수 웹사이트의 배후에서 이윤을 창출한다. 그것은 살아있는 집합적 데이터이지 시장조사로 알아낸 브랜드 인지도 점수가 아니다.

디지털 시대의 관용어가 된 문구가 있다.

온라인 서비스를 무료로 이용한다면 당신이 상품이 된다.

우리가 수용해야 하는 변화 중 하나는 개인에게 돌아가는 가치에 대해 고민해야 한다는 것이다. 당신이 어텐션을 제공하고 그 대가로 금전적 가치를 받을 수 있을지 상상해보라.

닷컴 호황기로 돌아가 보자. 올 어드밴티지 *All Advantage*는 광고를 보는 회원에게 돈을 지급함으로써 어텐션의 문제를 해결하고 가치 교환의 균형을 잡으려고 노력했다. 사이트를 홍보하는 회원에게도 돈을 주었다. 이 덕분에 그 회사는 급속히 성장했다. 그러나 올 어드밴티지는 결국 망했다. 돈을 주고 광고를 보게 하는 것은 가치에 대한 올바른 생각이 아님이 입증되었다. 그런 생각은 모바일 서비스 블리크 *Blyk*에도 효과가 없었다. 블리크는 휴대전화로 광고를 보는 대가로 무료 통화와 문자 서비스를 제공했다.

가치를 그런 식으로 생각하는 것은 누군가에게 돈을 주고 친구가 되어 달라고 하는 것과 비슷하게 느껴진다. 이런 방식들로 여전히 어텐션을 살 수 있지만 획득하지는 못한다. 사람들은 자신이 상품으로 팔릴 수 있다는 생각을 좋아하지 않는다.

무어의 법칙은 오늘날 미디어의 변화를 가속화하는 동력이다. 사실 그것은 법칙이라기보다는 컴퓨터 역사의 트렌드에 가깝다. 인텔 창업자 고든 무어 *Gordon Moore*는 1965년도 논문에서 회로판에 집적할 수 있는 트랜지스터 수가 18개월마다 2배씩 증가하고, 그 비용은 절반으로 줄어든다고 썼다. 컴퓨터가 더욱 빨라지고 저렴해지며 메모리 가격도 하락한다는 의미이다.

- 1981년도 1G 메모리 가격 : $300,000
- 2010년도 1G 메모리 가격 : $0.10
- 2014년에 구글은 클라우드 메모리 1G를 $0.026에 제공했다.

이런 추세는 이 세상을 변화시키는 가장 큰 동력이며, 정말이지 기이하다. 그 어느 것도 이렇게 기하급수적으로 변하지 않는다. 자동차가 약 2년마다 2배씩 빨라지고 가격이 반값으로 떨어지지 않는다. 냉장고도 마찬가지다. 컴퓨터, 특히 트랜지스터 외에는 어느 것도 그렇지 않다. 그런데 이제는 미디어가 그렇게 변하고 있다. 미디어가 디지털화한 이후(메모리와 상관관계가 있다)이용 가능한 미디어 대역폭의 용량도 무어의 법칙과 상관관계가 있다.

인터넷 덕분에 미디어 공간은 근본적으로 무한하다. 그리고 소셜미디어 덕분에 콘텐츠의 양은 실질적으로 무한하다. 우리는 과도기에 살고 있다. 이 시기에는 대인커뮤니케이션 네트워크가 상업방송 네트워크를 보충하거나, 어느 정도는 대체할 것이다. 페이스북은 스스로 미디어 브라우저로 변하고 있다. 그곳에서는 주로 콘텐츠를 공유하는 방법을 통해 뭔가를 본다. 온라인상에서 콘텐츠 공유 행위의 절반 이상이 페이스북에서 일어난다.

미디어 콘텐츠는 결합재와 비슷하다. 보는 사람이 아무도 없는 콘텐츠는 아무 가치가 없다. 더 많이 확산될수록, 누적 조회수가 많을수록 가치가 커진다. 필터링 알고리즘 덕분에 공유되지 않는 콘텐츠는 전혀 보이지 않는다. 페이스북의 필터링 알고리즘이 사람들의 페이스북 피드에 무엇을 보여줄지를 결정한다. 미디어학 교수 헨리 젠킨스 *Henry Jenkins*는 이렇게 썼다.

확산되지 않는 것은 죽은 것이다.

필터링 알고리즘은 당신의 친구들이 공유하기로 선택한 콘텐츠를 더 중요하게 여기는 경향이 있다. 그 알고리즘은 끊임없이 개정되지만 그 경향만은 결코 변하지 않는다.

경외로움의 중요성

경외라는 단어는 공경과 두려움을 함께 의미한다. 경외는 신이라는 존재-공경과 두려움을 불러일으키는 어떤 것-를 묘사할 때도 쓰인다. 이런 점에서 경외는 브랜드와 미디어, 아이디어, 대중에게 중요하다. 미디어의 성격이 근본적으로 바뀌었기 때문이다. 모든 사람이 항상 콘텐츠와 문화를 만들어내고 있다. 이것은 새로운 도전을 제시한다. 무한한 공간에서 어떻게 하면 조금이라도 어텐션을 끌수 있을까?

경외가 해결책이다. 적어도 해결책의 일부다. 감정은 확산되고, 경외로운 콘텐츠가 가장 잘 확산될 수 있음이 드러났다. 뉴욕타임스에 따르면, 자기네 신문 웹사이트에서 가장 많이 공유된 기사는 경외감을 불러일으키는 것들이었다고 한다. 규모가 서사적이고 독자가 세상을 다른 식으로 볼 수밖에 없도록 만듦으로써 정신적 진화를 요구하는 기사가 특히 그러했다.

펜실베이니아대학 워튼 경영대학원의 마케팅학 교수 조나 버거 *Jonah Berger* 는 이렇게 말한다.

"보편적으로 감정은 전파된다. 그리고 경외감은 꽤 강력한 감정이다. 나 자신과 세상을 이해하는 방식을 바꿔준 이야기를 읽었다면 나는 그게 무엇을 의미하는지에 대해 다른 사람들에게 말하고 싶다. 그들을 개종시키고 경외감을 공유하고 싶다."

그러니 사람들이 당신의 콘텐츠를 봐주고 공유해주기를 원한다면 경외감을 불러일으키는 콘텐츠를 만들어야 한다.

04. 광고는 모두 스팸일까?

온디맨드 세상에서의
커뮤니케이션 플래닝

> 어텐션은 가장 희귀하고 가장 순수한 형태의 관대함이다.
>
> 시몬 베유, 프랑스 철학자

미디어가 파편화되는 현재의 추세가 확대된다면 광고계의 채널 중심적인 사고는 광고의 종말로 이어질 수 있다. 또한 새로운 브랜드 커뮤니케이션 모형이 등장할 것이다. 전통적으로 미디어업계가 스스로를 묘사하는 단어는 채널이다. 언론은 하나의 채널로서 가장 유능한 플래너와 바이어와 크리에이티브들로 조합된 조직이다. TV는 또 하나의 채널이다. 디지털은 또 다른 채널이 되었지만, 모든 미디어가 디지털이 되는 것은 아니다. 오히려 기능적으로는 디지털은 다른 채널들을 포함한다.

결국 미디어 채널들은 잉여 매체가 될 것이다. 그리고 사람들과 콘텐츠의 관계, 그리고 사람들이 콘텐츠를 소비하는 방식에 대한 이해를 바탕으로 새로운 매체가 생겨나야 할 것이다. 그러면 미디어 플래

닝 *Media Planning 효율적 구매를 전제로 메시지를 효과적으로 전달하기 위해 매체의 지면 및*

*시간을 구매하는 일련의 계획*이 감소하게 된다. 온디맨드 세상에서는 콘텐츠를 언제, 어디에서 접할지를 지시하는 것이 불가능해지기 때문이다. 하지만 소비자에게 접근하고 그들을 위해 해결책을 개발하기 위해 전략적인 커뮤니케이션 플래닝이 절대적으로 중요해질 것이다.

미디어 채널의 급속한 증가는 충분히 입증되었고 감소할 조짐이 보이지 않는다. 지금 우리가 살고 있는 사회에서는 거의 모든 것에 대해 전달 매체로서의 그 잠재력을 탐구할 수 있다. 그리고 혼잡하지 않은 소통 공간을 찾아서 브랜드는 전통적인 전달 매체 그 너머로 더 멀리 나아가고 있다.

디지털 기술은 우리가 미디어라고 알고 있는 것의 성격을 바꾸었다. 인터넷은 원래부터 양방향 전달이 가능하다. 수신자는 누구든지 송신자가 될 수 있다. 인터넷은 우리가 예전에 알았던 미디어와는 근본적으로 다른 방식으로 작동한다. 그것은 메시지를 내보내는 단순히 새로운 채널이 아니라 고정된 형태가 없고 무한한 공간을 지닌 채널들의 집단이다. 이 집단은 계속 성장 중이다. 전달할 수 있는 것은 무엇이든지 비트 *Bit*로 바뀔 수 있다.

전통적인 미디어 플래닝은 디지털 이전 시대의 산물이다. 그것의 주요 목표는 낭비를 최소화하고 가장 적은 비용에 가장 효율적으로 메시지를 왜곡 없이 충실하게 전송하고 명시된 표적 청중에게 도달하는 것이다. 이 말은 전통적인 미디어 플래닝의 토대가 되는 가정을 보여준다. 즉 채널은 의미를 적극적으로 전달하지는 않으며 소비자들에게 메시지를 효율적으로 전달하는 것이 궁극적인 목표다.

이 가정은 노출횟수-한 개의 브랜드 메시지를 1회 응시하는 두 눈 동자-에 의지한다. 이것은 어느 채널을 통해 전달되든지 1회의 노출 횟수는 동등하다는 것을 암시한다. 따라서 한 가지 광고캠페인에 대해 채널들 곳곳에서 총시청률 *Gross Ratings Points, GPRs*을 계산할지도 모른다. 이 값은 한 광고캠페인에 포함된 개별 광고들의 시청률을 전부 합해서 얻는다. 이것은 도달률과 평균빈도를 모두 측정한다. 도달률은 한 광고물이 도달한 표적 청중의 비율이며, 평균빈도는 그들이 그 광고물을 본 평균횟수를 말한다. 표적 청중의 50%가 어떤 광고를 평균 3회 보았다면 그 광고캠페인의 강도는 150 GPRs이다.

모든 노출횟수가 동등하다는 생각은 명백히 틀렸다. 그것은 사람들이 미디어를 실제로 어떻게 소비하는지에 주의를 기울이지 않기 때문이다. 미디어 플래닝의 목표가 단순히 효율적인 광고 전달이라면 그것은 소프트웨어가 복제할 수 있는 기능이다. 실제로 프로그래 매틱 미디어 바잉 *Programmatic Media Buying, 프로그래밍된 소프트웨어가 광고 인벤 토리를 수시로 실시간 입찰해서 구매하고 표적 청중을 정확히 찾아 광고를 노출시키고 집행된 데이터를 자동 분석해서 광고캠페인을 최적화하는 자동 시스템* 이 미국에서 이미 광고계의 마음을 사로잡았다. 이런 소프트웨어는 수많은 네트워크와 그 밖의 프로그래매틱 광고 중개업체들을 통해 1초 동안에도 몇 번씩 디지털 광고 인벤토리를 적극적으로 입찰하고 배정한다.

DSP *Demand Side Platform 광고 인벤토리 구매자가 자신의 광고캠페인 목표에 딱 알맞*

은 인벤토리를 구매하고 광고를 내보내고 효과를 측정할 수 있도록 해주는 플랫폼 같은 구조물 덕분에 미디어에이전시는 데이터를 추가함으로써 광고를 내보낼 인벤토리의 가치를 매매할 수 있다. 그 데이터는 유저의 이전 행동을 기반으로 하며, 따라서 관련성과 정확성이 높아진다.

안타깝게도, 너무도 많은 기술이 개입되기 때문에 사고 팔리는 수십 억 개의 어텐션 조각에 무슨 일이 일어나고 있는지를 제대로 아는 사람은 아무도 없다. 디지털 미디어에 지출되는 비용이 미국에서만 500억 달러에 육박하자 마케터들은 웹 곳곳을 돌아다니는 어텐션 조각을 추적한다.

IAB *Interactive Advertising Bureau*는 표준 단위를 만들어 내서 디지털 미디어를 웹 전역에서 사용할 수 있게 해준 디지털광고협회다. 이 기관은 전체 웹 트래픽의 약 36%가 가짜, 즉 바이러스에 감염되어 사이트를 방문하도록 프로그래밍된 컴퓨터들의 산물로 여겨진다고 말한다. 이 말은 소프트웨어가 다른 소프트웨어들로부터 어텐션 흉내를 내는 어텐션을 구매하기 위해 150억 달러 이상 지출한다는 뜻이다. 시장조사업체 컴스코어 *Comscore*에 따르면, 온라인 광고의 31%는 보는 사람이 없다. 광고가 보이지 않기 때문이다. 그 광고들은 웹사이트에서 유저가 볼 수 없는 공간에 놓여있다.

2013년에 미국에서 내보낸(서버 한 곳에서 웹페이지 한 곳으로 보낸) 디지털 광고물의 개수는 총 5조 3,000억 개였다. 디지털 광고가 매일 약 145억 개씩 뜬다는 의미이다. 엄청난 양이다. 우리가 다루는 숫자는 갈수록 추상적인 개념이 되고, 우리는 이 광고들이 사람들에게 그리고 서로에게 어떤 영향을 미칠지를 전혀 알지 못한다. 그리고 이 모든 것이 애초에 노출횟수를 돈으로 교환한 교묘한 책략 탓에 가능해진 것이다.

노출횟수의 허울뿐인 교환 가능성은 의심을 샀고, 그 허울을 간파한 후 질적 연구 *Qualitative Research 수치로 표현할 수 없는 의미나 통찰, 가치 등 질적 측면을 탐구하는 방법론* 가 커뮤니케이션 플래닝에 포함되었다. 그럼으로써 플래너들은 브랜드가 등장하는 미디어 환경의 질을 이해하게 되었다. 하지만 우리는 브랜드와 소비자가 정면으로 만난다는 생각에서 벗어날 필요가 있다.

미디어 플래닝에 쓰이는 군사 용어―표적, 전략, 추적―는 그 기반이 되는 가정을 암시한다. 브랜드는 소비자와 전쟁 중이다. 전통 매체 바깥에서 각종 매체가 급증하는 현상은 뜻밖의 장소에 매복하고 있다가 소비자를 공격하는 행위(게릴라 마케팅)와 종종 비슷했다. 광고에이전시 W&K *Wieden+Kenney*의 전직 광고전략 책임자 러셀 데이비스 *Russell Davies*는 비전통적인 전달 매체의 급증을 가리키는 용어를 새로 만들었다. 바로 어번스팸 *Urban Spam*이다. 필자의 생각에는 이 정의를 확장해도 좋을 것 같다. 우리는 모든 광고를 스팸이라고 부를 수 있다.

광고 우편물을 보면서 내가 그것을 열어 볼지 말지를 결정하는 것은 그걸 요청했는지 여부라고 생각했다. 요청했다면 그 광고물은 환영을 받는다. 하지만 요청하지 않았는데 날아온 상업 광고물은 정크메일이나 스팸이다. 스팸은 짜증을 유발하고 고객들에 의해 걸러진다. 이것이 세스 고딘 *Seth Godin*의 퍼미션 마케팅 *Permission Marketing*의 핵심이다.

통합 마케팅 커뮤니케이션 *IMC Integrated Marketing Communications*은 전통적인 미디어 플래닝 모형을 한 단계 넘어섰다. 이것은 모든 마케팅 메시지를 전략적으로 통일하고 모든 커뮤니케이션 기법을 활용하라고 조언한다. 이렇게 기호와 전략을 통합하는 방법은 훌륭하지만 더 이상은 적절하지 않다. 그것은 한정된 어텐션을 사로잡기 위해 갈수록 증가하는 간섭과 관련된 문제를 해결하지 못하기 때문이다.

세스 고딘은 광고 시장이 점점 더 혼잡해짐에 따라 소비자를 간섭하기 더욱 더 어려워질 거라고 했다. 그의 지적처럼, 이 문제에 대해 브랜드는 간섭에 지출하는 비용을 늘리는 것으로 반응해왔다. 확대 전쟁을 벌이는 것이다. 간섭 마케팅은 요청하지 않고 원하지 않는 수신자를 대상으로 하는 대량의 상업 광고 행위다. 바로 스팸의 정의다.

다양한 채널들이 디지털화함에 따라 일부 소비자들은 스팸의 정의를 광고에까지 확대할 것이고 테크놀로지를 이용해 그것을 차단할 수 있다. 광고차단 프로그램 사용량이 증가하고 있다. 광고차단 방지업체 페이지페어 *PageFair*에 따르면, 인터넷 유저 5명 중 1명꼴로 광고차단 프로그램을 사용한다. 이로 인해 웹사이트들은 돈이 되지 않는 유저에게 많은 돈을 들이게 된다.

　"전쟁이 계속되자 광고를 허락할 사람들의 수가 갈수록 줄어들고, 그들을 표적
으로 삼기 위해 광고는 더 심하게 공격하고 더 많이 간섭합니다. 그러면 그 사람
들이 점차 짜증을 내며 광고차단 프로그램을 찾습니다. 악순환이죠."

　페이지페어의 CEO 닐 오코너 *Neil O'Connor*의 말이다.

　이 경향은 디지털비디오녹화기 *DVR*가 등장하면서 텔레비전에서
이미 뚜렷해지기 시작했다. 시장조사업체 포레스터 리서치 *Forrester
Research*에 따르면, DVR 유저들은 광고의 92%를 건너뛴다. 소비자
들은 자신이 원하는 콘텐츠를 어떻게 소비할지를 갈수록 잘 통제한
다. 그들이 광고를 적극적으로 걸러내지 않더라도, 잡다한 광고와
끝없이 전쟁 중인 사람들의 인지과정은 광고를 걸러낼지도 모른다.
최첨단 나노기술이 지배하는 충격적인 미래사회를 그린 닐 스티븐
슨 *Neil Stephenson*의 소설 『다이아몬드 시대』의 다음 내용은 이미 아주
친숙하다.

　이런 종류의 광고판에 끝없이 노출되면 표적 청중이 미디어트론 *Mediatron, LCD
나 PDP 같은 화상표시장치* 을 귀찮아하고 그것에 무심해지게 된다. 그래도 광고주
들은 그 화면을 꺼서 대중을 쉽게 놔두지 않는다. 오히려 군비 경쟁을 벌이듯 대
중이 다른 광고는 전부 무시하고 자신의 광고에만 시선을 집중하게 만들어줄 마
법 같은 이미지를 찾아내려고 애썼다. 자신의 미디어트론을 다른 광고주들의 것
보다 훨씬 더 크게 만드는 노골적인 전략이 순식간에 널리 퍼졌다. 모든 미디어
트론이 높이가 30미터에 이를 정도로 엄청나게 커졌다. 일단 상황이 그렇게 되

자 아직 그 한계선까지 밀어붙이지 못했던 유일한 전략은 테크놀로지로 속임수를 쓰는 것이었다. 고통스러울 정도로 눈부신 섬광, 장면의 급전환, 어텐션을 충분히 기울이지 않는 것 같은 시청자들에게 별안간 달려드는 3D 유령 시뮬레이션이 그런 속임수들이었다.

급격한 변화의 시기에는 이런 광고 모형을 의심해야 한다. 그런 시기에 코카콜라의 최고운영책임자 스티브 헤이어 *Steve Heyer*가 이렇게 주장했다. 그리고 노출횟수라는 환상에 대해서 묻고 답했다.

"오늘날의 마케팅 및 미디어 환경에서는 순진하고 어리석은 자들만이 실재와 영향을 혼동한다."

"우리에게 도달률과 평균빈도가 필요한가? 그렇지 않다. 우리에게는 우리를 표적 청중과 연결시켜줄 아이디어가 필요하다."

간섭 마케팅의 시대는 서서히 종말을 맞고 있다. 디지털 역량을 갖춘 소비자들은 가치가 모호하거나 거래가 불투명하고 그들에게 콘텐츠 구매나 광고 시청에 대한 선택권이 주어지지 않는다면 그 가치를 의심할 것이다. 대중을 겨냥한 간섭 광고의 급증이 이런 상황을 초래했다. 그 결과, 소비자들은 이제 상업 광고를 적극적으로 거절하거나 적어도 자신이 그렇게 한다고 믿는다.

인터넷을 이용하면서 사람들은 모든 전달 매체를 인터넷과 비교해서 생각하게 되었다. 연구에 따르면, 우연히 마주치는 스팸과 팝업 광고가 많을수록 소비자들은 모든 형태의 광고-온라인 배너광고, 이벤트 알림 광고, 심지어 라디오 및 TV 광고-에 더 크게 분노한다.

각 채널의 개별적 성격을 통해 그 채널을 이해하는 방법은 이제는 별로 쓸모가 없다. 전통적으로 마케터들은 각 채널을 별개의 것으로 생각했다. 이런 이유 때문에 미디어에이전시는 종종 미디어 구매 부서들로 이루어진다. 각 채널에 몰리는 어텐션을 구매하는 일이 점차 복잡해지자 그렇게 되었다.

디지털 채널의 등장으로 콘텐츠는 한 채널에서 다른 채널로 자유롭게 흐를 수 있다. 한 예로, 시청각 콘텐츠는 텔레비전이나 컴퓨터 스크린, 개인용 미디어 플레이어 등 수많은 방식으로 소비될 수 있다. 청각적 콘텐츠는 팟캐스트로 방송되거나 스트리밍되거나 다운로드 될 수 있다. 태블릿은 그렇게 흘러온 콘텐츠가 프린터로 흘러갈 수 있게 해준다.

우리가 콘텐츠와 스크린을 기반으로 미디어를 소비함에 따라 표준 채널들을 구분 짓는 경계선이 사라지고 있다. 새로운 세상의 특징은 플랫폼에 구애받지 않고 콘텐츠와 미디어를 경험하는 유동성이라고 IBM은 주장한다. 그런 유동성을 제공하는 콘텐츠는 소비자들이 직접 끌어당긴다. 방송 미디어에서처럼 소비자에게 억지로 밀어붙이지 못한다.

소비자의 어텐션을 간섭하는 몇 가지 방법은 항상 존재할 것이다. 스위치 끄기가 불가능한 옥외 광고판 같은 포맷을 사용하는 것이 한 예다. 하지만 어텐션을 간섭한다는 사고는 근본적으로 문제가 있다. 이는 브랜드를 소비자와의 소모전에 가두기 때문이다. 필립스 *Philips*

는 광고 빨리감기 기능을 무력화하는 기술로 특허를 받았고, 호퍼 DVR *Hopper DVR*제품에 포함된 유사 기술이 나오면서 분쟁을 벌이고 있다. 이런 특허 개발과 분쟁은 어텐션을 간섭하는 것이 효과적이라는 생각을 암시할 수 있기에 소비자들로 하여금 브랜드를 향한 분노와 반감을 일으킬 수 있다. 이는 희망했던 결과가 결코 아니다.

그런 사고는 또한 디지털 플랫폼이 새로운 종류의 미디어 소비자를 만들어냈다는 사실도 고려하지 못한다. 그들은 한 채널에만 어텐션을 제공하는 일은 없다. 서로 다른 수많은 채널에 어텐션을 조금씩 지속적으로 제공한다. 이는 미디어 구매 부서들을 중심으로 돌아가는 미디어에이전시에게 큰 영향을 미친다. 그리고 더 나아가 노출횟수라는 개념을 약화시킨다. 노출횟수는 1차원적인 측정법이다. TV 채널이나 인쇄 매체 구매자들은 멀티미디어 패키지의 가치를 적절히 평가하지 못하게 된다. 이 일편단심(홈페이지가 없는 TV 채널이 얼마나 많은가?)에서 벗어난 미디어 소유주들은 멀티미디어 패키지를 들고 고객에게 직접 다가가고 있다. 따라서 애드버타이징에이지가 경고했듯이, 미디어에이전시는 조력자가 아니라 방해자가 될 위험에 처했다. 이렇기 때문에 그들은 한 편에서는 알고리즘적 접근법을 옹호하고 다른 편에서는 브랜디드 콘텐츠 *Branded Content 영화나 음악 등 엔터테인먼트를 경험하게 하면서 브랜드 가치를 알리는 콘텐츠* 를 개발 중이다. 이것은 또한 흥미로운 새로운 기회를 제시한다. 연결세대 *Connected Generation*는 그 어느 시대보다 더 많은 미디어를 소비하는 세대다. 그들은 자극이 없는 것이 불편한 한 마디로 침묵을 견디지 못하는 지경에 이르렀다. 그들은 그물을 던져 미디어를 낚는다. 즉 수많은 채널을 동시에 탐색하고 그것들 사이를 돌아다닌다. 정보와 균형감각, 정서적 만족을 보충하기 위해서다. 브랜드는 이 드라마틱한 소비 변화에 대응해야만 한다.

이제 브랜드는 권력을 지닌 소비자들에게 메시지를 강요하지 못한다. 이제는 어텐션을 필요한 만큼 충분히 구매하기가 불가능해졌다. 그렇다면 구매 행동을 유발하고 충성도를 높이고 가격 프리미엄을 붙이고 유지하기 위해 브랜드는 어떻게 해야 할까?

전통적인 광고 모형의 문제는 소비자를 향한 메시지 전달에 초점을 맞춘다는 것이다.(표 4.1) 그 과정의 중심에 소비자를 놓는다는 주장에도 불구하고, 이 모형은 근본적으로 거래에서 브랜드의 욕구만 고려한다. 특정 브랜드와 상호작용할 가능성이 있는 소비자들이 그 브랜드를 접하는 다양한 순간을 최대한 활용해서 그들에게 영향을 미치는 방법을 찾아내고자 하는 것이 소비자 프로파일링이다.

이런 경향은 마케팅 업체가 통제할 수 있는 것은 메시지 전달뿐이며 소비자의 수용 여부는 통제하지 못한다는 사실에서 비롯된 듯하다. 소비자의 관점에서 보면, 불공평한 가치 교환은 일어나지 않는다. 마케팅 메시지를 소비하는 개인은 시간과 인지, 즉 어텐션의 형태로 가치를 넘겨준다.(표 4.2)

표 4.1 : 전통적인 광고 모형

표 4. 2 : 전통적인 광고의 가치 교환

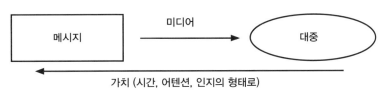

가치 (시간, 어텐션, 인지의 형태로)

이것은 사소해 보일지 모르지만 대단히 중요하다. 가치는 상대적 희소성에서 생겨나며, 어텐션은 21세기에 가장 희소한 자원이다. 따라서 가치가 상당히 많다. 사람들이 이것을 점점 더 분명히 알아차리고 있다. 세계적인 홍보업체 에델만 *Edelman*의 조사에 따르면, 사람들은 브랜드와의 관계를 일방적이고 가치가 한정된 관계로 본다.

예전에는 소비하고 있는 콘텐츠의 비용을 지불하거나 충당하는 것으로만 가치 교환이 이루어졌다. 하지만 이제는 고를 수 있는 콘텐츠가 수없이 많고 간섭을 차단하는 능력이 생겼으며 광고주가 제공한 콘텐츠를 테크놀로지를 이용해 분해할 수 있다. 이제 소비자들은 예전의 가치 교환에 의문을 품는다. 그러므로 연결 시대에 커뮤니케이션은, 메시지는 물론이고 가치도 전달해야 한다. 그럼으로써 가치 교환이 균형을 이루고, 브랜드와의 상호작용이 공평해진다. 가치는 브랜드 행동을 표현할 필요가 있으며 일관된 행동을 통해 브랜드의 가치를 전달해야 한다. 이것을 부가가치 커뮤니케이션 *Value Add Communication*이라고 칭하자. 이런 광고는 가치를 전달하므로 소비자는 피하지 않을 것이며 분노가 아니라 브랜드에 대한 공감을 일으킬 것이다. 이는 스팸이 아니다. 물론 간섭 광고는 여전히 사용될 것이다. 당연하다. 하지만 고객과 잠재고객들에게 그 밖의 브랜드 요소나 행동을 소개하기 위해 간섭 광고가 사용된다.

　브랜드는 고객이나 팬들과의 교류를 갈망한다고 종종 주장한다. 교류는 서로를 강화하고, 양측 모두에게 가치를 제공하고 역동적이며, 양방향 상호작용을 통해 시간이 갈수록 서로의 욕구에 반응한다.(표 4.3)

표 4. 3 : 광고에 대한 균형잡힌 가치 교환

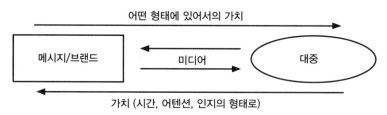

　가치를 전달하는 방법은 수없이 많으며, 많은 브랜드가 이미 가치를 전달하기 시작했다. 브랜드 유틸리티 *Brand Utility 브랜드가 제공하는 유용하고 편리한 기능* 를 전달하는 것이 더욱 확실할지도 모른다. 하지만 가치의 많은 것을 전달하는 수단은 엔터테인먼트와 참여 경험들이다.

이것들은 별개의 경제재이며, 따라서 부가가치를 지닌 재화의 역할을 한다.

링스 *Lynx*는 미국에서는 액스 *Axe*로 알려진 남성 그루밍 브랜드다. 초기에 소비자가 참여하고 싶어 하는 콘텐츠를 전달하는 광고를 옹호했다. 게임킬러 *Gamekillers*는 MTV 프로그램으로 론칭되었고, 콘텐츠 주도 웹사이트를 통해 지원된 링스의 광고캠페인이었다. 리얼리티 쇼이자 이성 유혹에 관한 지침이기도 한 게임킬러는 링스의 약속을 전통 광고와는 판이한 방식으로 서술했다. 이와 같은 콘텐츠 플랫폼은 전통적인 광고도 만들어낼 수 있다. 브랜드는 창의성을 촉진함으로써 가치를 전달하기도 한다. 휴렛팩커드 *HP Hewlett Packard*와 레드불 *Red Bull*은 떠오르는 아티스트들을 위해 플랫폼을 제공한다.

CASE STUDY   HP의 하이프 갤러리 마케팅

HP의 하이프 *HYPE*갤러리는 온라인 및 오프라인에서 열린 디지털 아트 전시회였다. 한때 세계에서 가장 잘 나가는 벤처회사였던 HP는 거대기업이 되었고, 주로 대규모 공급업체처럼 보였다. 그들은 프린터를 팔고 세상에서 가장 비싼 액체(프린터 잉크)를 판다. 2012년도 비교 자료를 보면, HP 60 칼라잉크 카트리지가 리터당 5,654 달러였던 데 비해 샤넬 No.5는 리터당 3,180달러였다.

HP는 이 거대기업을 극도로 불신하는, 젊고 독창적인 대중의 호감을 얻고 싶어 했다. 그래서 HP가 영리만 추구하지는 않는다는 믿음을 심어주려고 애쓰는 광고 대신, 런던의 브릭레인에 하이프 갤러리를 열었다. 출품작이 갖춰야 할 조건은 단 하나였다. 작품의 어딘가에 문자 H와 P가 있어야 한다는 것이었다. 아티스트가 업로드한 작품은 인쇄되고 투영되어 오프라인 갤러리에 전시되고 광고로 쓰일 예정이었다. 145개국에서 450만 명이 온라인 갤러리를 방문했다. 이 광고는 칸국제광고제에서 황금사자상을 두 개 받았으며 '올해의 클라이언트'라는 영애도 안겨주었다.

이 광고를 계기로 칸국제광고제는 혁신적인 광고에 수여하는 티타늄 *Titanium* 부문을 신설했다. HP는 이 아이디어를 발전시켜서 2014년에 파워업 캠페인을 제작했다. 뉴욕에서 열린 파워업 페스티벌은 학문 분야 전역에 영향을 미치는 예술과 창의성을 축하했다.

CASE STUDY 레드불의 아트 콘테스트

레드불은 장기간 운영되는 플랫폼을 몇 개 만들어서 사람들의 창의성을 격려하고 축하해왔다. 캔아트 *The Art of Can* 전시회는 하이프 갤러리와 비슷하다. 레드불 캔으로 만든 작품들을 심사하는 이 아트 콘테스트는 매년 10일간 열린다. 수상작들은 세계 곳곳에서, 그리고 온라인에서 전시된다. 레드불 뮤직아카데미 *Red Bull Music Academy* 역시 장기간 운영되는 프로그램으로 신예 뮤지션들이 교수의 개인지도를 받을 수 있도록 지원한다. 뮤직아카데미는 콘텐츠를 만들고 워크숍과 라이브 이벤트를 열고 페스티벌 무대를 설계하며 라디오 방송국과 온라인 매거진과 뉴스레터를 운영한다. 이것은 일종의 오픈소스 마케팅이다. 이 기법에서 소비자는 협력자가 된다. 그들의 창의성은 촉진되고, 이어서 광고나 콘텐츠로 바뀐다. 브랜드는 신뢰도를 유리하게 이용할 수 있으며, 이 프로젝트가 없으면 사라졌을 예술작품에 명예를 부여한다. 소비자가 창조한 밈 *Meme 모방을 통해 습득되는 문화요소*은 고예산 광고보다 종종 더 많이 시청된다. 이렇듯 소비자를 참여시켜 자사에 유리한 콘텐츠를 제작하거나 공동 제작하는 브랜드들은 원하는 목표를 이루는 케이스가 많다.

인텔의 크리에이터 프로젝트 역시 오랫동안 운영 중인 창의성 촉진 플랫폼이다. 이 플랫폼 개발에 참여한 바이스 *Vice*는 의식 있는 대안 미디어 기업이다. 크리에이터 프로젝트는 테크놀로지를 혁신적으로 이용하는 아티스트를 후원하며 2010년 이래 세계 전역의 도시에서 프로젝트를 열고 있다. 수많은 콘텐츠가 생산되었고, 기업 '인텔'은 인텔 프로세서의 속도에 대해 더 이상은 걱정하지 않는 세대와 연결시켰다.

브랜드는 소비자가 갈망하는 콘텐츠의 성격을 알아내야 한다. 그리고 그들이 그 콘텐츠에 어떤 방법으로 접근하기를 원하는지도 알아야 한다. 오래된 가치 교환 모형을 살짝 수정해서 브랜드들은 소비자가 광고를 기꺼이 소비하려고 한다면 그들에게 제3자 콘텐츠를 무료로 또는 할인해서 제공할 수 있다. 그럼으로써 그 모형을 더욱 명확하게 만들고 소비자의 통제에 맡긴다. 이 모형은 살롱 *Salon*과 훌루 *Hulu*같은 온라인 동영상 서비스 사이트에서 번창하고 있다. 그곳에서 소비자들은 보고 싶은 광고를 고를 수 있다.

전통적인 미디어 모형에서 보면, 미디어 업체는 콘텐츠를 이용해 대중을 만들어내고 광고를 판매한다. 브랜드가 소비자와 직접 교류하고 대중을 끌어들이는 콘텐츠를 개발하면서, 이러한 부가가치 지향적인 커뮤니케이션은 전통적인 채널에서의 이탈로 이어졌다. 브랜드의 목표는 소비자와 해당 브랜드를 구분하는 경계를 없애서 소비자가 자신을 그 브랜드 소유자이자 생산자라고 느끼게 만드는 것이다. 실제로 소비자들은 항상 브랜드 소유자이자 생산자였다.

커뮤니케이션 플래닝이 전진하기 위해서는 질문이 남는다. 문화와 소비자에게 알맞은 가치를 전달하면서 기업의 상업적 목표와 커뮤니케이션 목표를 달성하는 방법은 무엇일까?

광고를 위한 변명

자본주의라는 윤활유. 상품 소비와 연관된 정서적 가치 창조하기. 브랜드를 배치하고 조종하는 능력. 사람들이 브랜드를 이용해 자신과 서로를 이해하도록 돕기. 이것들은 현대 문화에 꼭 필요한 기능이다. 예술과 문화가 존재하는 한, 그것을 돕기 위해 후원이 필요하다. 과거에는 주로 왕족과 귀족이 후원자가 되곤 했다. 이타적이면서도 이미지 관리 차원의 이기적인 목적이 있었다. 그들의 후원 덕분에 예술이 창조되고 일반 대중을 위한 행사가 치러질 수 있었다. 이 상업적 관계는 문화적으로 정의되었고(이것은 단순한 상업적 거래가 결코 아니었다)후원자가 작품이나 행사에 미치는 영향은 관례에 의해 동일하게 미리 규정되었다. 이와 같은 후원은 어떤 것에 단순히 당신의 이름을 붙이는 것보다 더욱 미묘하고 교묘한 방법이었다. 후원자가 후원하는 방식에는 그의 취향과 교양과 품위−단지 그의 돈이 아니라−가 고스란히 드러났다.

　오늘날에는 브랜드가 이를 후원한다. 하지만 브랜드는 그들이 드러내야 하는 것이 단지 돈이 아니라는 점을 종종 잊는다. 오늘날은 문화의 거의 모든 영역에서 후원자는 왕족이 아니라 브랜드다. 경제가 불안한 시기에 문화 전반에서 미술관을 열고 작가와 예술가가 작품 활동을 할 수 있게 돕고 당신이 좋아하는 웹사이트나 앱이 운영되게 해주는 것은 브랜드 스폰서십이다. 연구자 다나 보이드의 말처럼, 현대 상업 사회에서 품절은 무의미하다. 물론 이 사회는 구매를 강권한다. 그리고 세상에는 문제가 많고 물건이 너무 많다. 그 많은 물건의 한 구석에는 브랜드가 붙어 있다. 하지만 광고는, 법과 은행업처럼, 바퀴가 계속 굴러가게 해주는 어떤 것이다.

　광고에 대한 신뢰가 감소했다면, 2008년 세계 금융위기 이후 법과 은행업에 대한 신뢰는 추락했다. 광고는 조작된 것이라는 인식도 있지만 광고의 작동 방식은 대체로 뻔히 보인다. 그리고 광고는 목표가 분명하다. 어느 광고에이전시가 멕시코 마약테러집단을 위해 일했다는 죄목으로 수십억 달러의 벌금을 낸 적은 없다.

　광고업계의 일은 기업들이 어떻게 행동해야 하는지 방향성을 제시하는 것이다. 갈수록 더욱 그럴 것이다. 이것은 미디어 환경에서 일어나고 있는 변화들의 한 가지 기능이다. 소비자의 욕구 변화에 근거한 수많은 작은 변화는, 월마트 *Wal-Mart*같은 대기업에 의해 시작될 경우, 상당한 영향을 미칠 수 있다. 그 세계 최대 유통업체에 납품하는 문제를 논의할 때 유기농 요거트 브랜드 스토니필드 *Stonyfield*의 CEO는 이렇게 말했다. "세상이 돌아가는 방식을 바꾸고 싶다면 당신의 경제적 파워를 결집할 필요가 있다." 월마트가 미국 전역에서 낭비되는 물 운송비용을 줄이기로 결심하자 비농축 세탁세제는 거의 하룻밤새 자취를 감추었다. 광고업계는 소비자와 문화와 커뮤니케이션에 대한 통찰을 최대한 활용해서 광고주가 돈을 벌 수 있도록 조언할 의무가 있다.

우리가 지출하는 1달러는 우리가 살고 싶은 사회를 만드는 한 표와 같다. 다큐멘터리 영화 '푸드 주식회사 *Food, Inc*'가 지적했듯이, 기업은 오직 소비자 수요에 반응해서만 행동을 바꾼다. 광고는 기업이 소비자 수요를 변화시키고 이용하도록 돕는 일이다. 사실 어떻게 보면 그것이 광고의 존재 이유다. 광고업계로서는 스스로 자기를 혐오하고 비열한 광고를 만드는 것보다 슬프고 해로운 것은 없다. 광고는 아주 나쁜 것이라는 생각을 광고하는 것을 중단해야 한다는 신디 갤럽 *Cindy Gallop*말을 새길 필요가 있다. 더 좋은 광고를 만들기 위해 노력하고 만들어야 한다. 지금이 적기다. 지난 50년간 고수했던 가설들이 무너지고 있기 때문이다. 주주 가치라는 유일신에 의문을 품기 때문이다. 광고계는 기업들이 어텐션을 획득하도록 도움으로써 기업과 소비자를 위한 가치를 창조할 수 있다.

BMP *Boase Massimi Pollitt*는 런던의 유명 광고에이전시로서 1970년대 초에 어카운트 플래닝 *Account Planning*, 즉 광고 전략 수립을 창안했던 곳 중 하나다. BMP의 공동 창립자 마틴 보스 *Martin Boase*는 이렇게 말한다.

"당신이 누군가의 거실에 자청해서 들어설 예정이라면 당신에게는 그에게 소리치거나 그를 따분하게 하거나 그의 지적 수준을 모욕하지 않을 의무가 있다. 다른 한편, 당신이 매력적인 손님이어서 그를 즐겁게 해주거나 흥미로운 이야기를 들려준다면 그는 당신을 조금 좋아할지도 모른다. 그러면 그는 당신의 브랜드를 구매하는 쪽으로 마음이 약간 기울 것이다."

여기서 더 나아가 필자는 광고가 세상 속에서 선을 위한 힘이 될 수 있다고 믿고 싶다. 오래 전 광고계에 들어갈 때 필자는 나의 작업이 그 믿음을 지향한다면 광고를 더 좋아하게 될 거라고 생각했다. 골칫거리 또는 문화를 좀먹는 해충으로 간주되는 일을 생업으로 삼고 싶어 할 사람이 누가 있겠는가? 하나의 산업으로서 광고는 여전히 기회가 많다. 그리고 클라이언트들이 세상에 유익한 영향을 미칠 수 있도록 상업적 해결책을 제공할 책임이 있다.

필자는 빌 힉스와 조지 칼린 *Bill Hicks, George Carlin 정치와 문화, 종교를 신랄하게 풍자한 코미디언들* 을 무척 좋아하지만, 마케터들은 모조리 자살해야 한다는 빌 힉스의 주장에 동의하지 않는다.

데이비드 오길비 *David Ogilvy*의 말을 인용해보자.

"광고는 사악한 것을 광고할 때에만 사악할 뿐이다."

테크놀로지나 툴처럼, 광고는 사람들이 뭔가를 하기 위해 사용하는 도구다.

05. 틈새 공간

콘텐츠, 미디어, 광고의 차이가 사라진다

콘텐츠와 미디어, 이 두 단어는 묘하다. 한 쌍의 반의어로서 현대 산업은 그 주위를 돌면서 그것들이 문화에 투입하는 에너지를 섭취한다. 콘텐츠와 미디어는 상대방이 없으면 존재하지 못한다. 광고계에서 매우 특정한 의미로 쓰일 때조차 두 단어 모두 상대방에 의해 정의된다.

미디어는 콘텐츠를 전달하는 매개체다.

콘텐츠는 매개되는 대상이다.

미디어가 없으면 콘텐츠는 존재하지 않는다.

콘텐츠가 없으면 미디어는 존재하지 않는다.

겉보기에 콘텐츠는 인터넷의 제왕이다. 하지만 이 말은 사람들은 아무 것도 없는 것보다는 뭔가 있는 것을 더 좋아한다는 뜻일 뿐이다. 보다 진지하게 말한다면, 사람들은 아이디어를 좋아한다. 우리

인간은 아이디어를 떠올리고 보유하는 능력으로 자신을 정의한다. (호모사피엔스 *Homo Sapiens*는 문자 그대로 매우 현명한 *Sapien*인간을 뜻한다) 하지만 아이디어라는 단어는 또 다른 의미론적 문제를 일으킨다. 이렇게나 많은 의미를 가진 철학 용어도 없을 것이다.

빅아이디어 또는 플라톤의 이데아 *idea*처럼 거대하거나 철학적인 것 말고도 그저 사람들의 머릿속에 들어 있는 것, 상호 소통의 결과로 생겨난 것에 대해 말해보자. 머릿속에 뭔가 들어 있고, 그것을 사람들의 머릿속에 집어넣고 싶다. 시간과 공간을 넘어 그렇게 하기 위한 한 가지 도구가 콘텐츠/미디어다. 수많은 사람들의 머릿속에 동시에 무언가를 집어넣는 것이 가능하다. 이야기는 그것을 수행하는 가장 전통적인 수단이다. 이야기가 살아남은 이유는 그것이 즐거움을 주고 유용하기 때문이며 경우에 따라서 두 가지 모두를 갖추고 있다.

세상을 만드는 미디어

원래 미디어의 역할은 세상을 기록하는 것이 전부였다. 우리는 자신이 포착한 것을 시공간 속에 그대로 저장했다가 다른 사람에게 보여주기를 원했다. 아날로그 미디어는 세상을 충실하게 재창조하려고 하면서 진폭과 주파수를 다양하게 바꿔서 우리의 감각에 닿는 자극을 새로 만들어낸다. 그것은 매체의 속성에 따라 그 자극을 조절하여 정보를 전달한다.

아날로그 미디어로 소리를 녹음할 때는 빠르게 변하는 기압이 마이크의 진동판을 두드린다. 그러면 마이크는 그 기압차를 인식해서 그것에 해당하는 전기적 신호로 변환한다. 이 전기 신호가 아날로그 사운드다.

이와 달리 디지털 미디어는 모든 데이터를 숫자 1과 0, 이진법의 형태로 바꾼다. 이 1과 0은 별개의 온, 오프 상태로서 컴퓨터는 그것을 재컴파일해서 감각 세계를 재표현한다. 결국 실제 세계와 미디어, 진품과 복제품의 관계는 일방향이 아니라는 것이 분명해졌다. 한 가지 미디어는 한 가지 매개체, 생각을 퍼뜨리는 한 가지 도구다. 그리고 우리가 아이디어라고 부르는 이 복잡한 것들은 세상을 기록하는 일에나 세상을 변화시키는 일에나 똑같이 유능하다.

디지털이라고 불리는 이 아이디어가 마케팅 산업을 서서히 침범해왔다. 손가락을 뜻하는 라틴어 *Digit*에서 유래한 디지털은 엄청난 발전을 거듭해왔다. 디지털은, 누구든지 이용할 수 있는 콘텐츠 제작 및 유통 플랫폼들 덕분에 문화 전역으로 파문처럼 번지고 있는 엄청난 변화를 나타낸다. 처음에 디지털은 별개의 것으로 생각되었다. 즉 한 개 분야, 한 개 부서, 마케팅계의 나머지 부분과 그저 나란히 존재하는 어떤 것으로 간주되었다. 하지만 지금은 그렇지 않다.

변화는 모니터 밖으로까지 번지기 시작하면서 우리가 기업체를 만나고 서로를 만나는 방식에 영향을 미치고, 예상을 바꾸고 우리의 소통방식과 사고방식까지 바꾼다. 아날로그와 함께 시작되어서 디지털에 잠식되고 있는 마케팅 산업의 극성은 완전히 뒤바뀔 필요가 있다. 현실 세계에서 가장 큰 변화를 일으키고 있는 주체가 디지털이기 때문이다.

테크놀로지가 미래를 내비친다

언어는 끊임없이 진화하고 문화적 변화에 의해 가끔씩 파괴된다. 언어 속에도, 지금까지 무엇이 중요했는지 또는 앞으로 무엇이 중요할지를 알려주는 주는 화석과 단층이 존재한다. 커뮤니케이션 산업 내에서 언어는, 우리가 일하고 있는 환경에서 일어나는 드라마틱한 변화에 반응하여 급속도로 진화 중이다.

그 한 가지 예가 직책이다. 광고에이전시 내에서는 지난 몇 년 동안 새로운 역할들이 생겨났다. 콘텐츠전략가, 소셜미디어 관련 직책, 크리에이티브 테크놀로지스트, 사용자경험 디자이너, 개발자, 최고 테크놀로지전략가 등이다. 이들은 테크놀로지의 영향으로 한결 강화된 소비자를 이해하고 연결하려는 점차 커져가는 요구들을 해결도록 돕는다.

테크놀로지라는 단어도 변하고 있다. 그 단어는 그리스어 테크놀로기아 *Tekhnologia 예술을 체계적으로 다루는 기술* 에서 유래했다. 이것은 앎 *Knowing*과 행동 *Doing*, 둘 다 필요로 한다. 첨단 테크놀로지에 열광했던 유명 소설가 더글러스 애덤스 *Douglas Adams*는 그 단어 속에 존재하는 오늘날의 불안을 정확하게 파악했다.

"테크놀로지는 아직 작동하지 않고 있는 어떤 것을 가리키는 단어다."

테크놀로지는 문서 작성이나 텔레비전 같은 보편화한 기술을 뜻하지 않는다. 우리가 아직 제대로 이해하지 못한 최신 기술을 가리킨다. 애덤스는 그 이유를 이렇게 지적했다.

"당신이 태어났을 때 세상에 존재하는 것은 무엇이든지 자연스럽고 정상이다. 당신의 나이 15살에서 35살 사이에 발명된 것은 무엇이든지 새롭고 흥미롭고 혁신적이다. 아마도 당신은 그 안에서 직업을 찾을 것이다. 당신이 35살이 된 이후에 발명된 것은 무엇이든지 자연의 질서를 거스른다고 생각한다."

커뮤니케이션 산업에서 자연의 질서를 가장 잘 반영하는 것이 칸 국제광고제일 것이다. 최고의 광고물에 황금사자상이 수여되고 희망하는 미래를 은근히 내비친다. 테크놀로지가 수상작의 근간을 이루는 비율이 갈수록 높아지고 있다.

버락 오바마의 대선 캠페인이 2008년도 티타늄 부문에서 그랑프리를 받았다. 티타늄 부분은 새로운 방향을 제시하는 혁신적인 아이디어를 축하하기 위해 신설된 것으로 오바마 대선 캠페인은 소셜미디어와 다양한 전문가 및 아마추어의 참여로 제작이 가능했던 광고였다. 2013년에는 바바리안그룹 *Barbarian Group*이 만든 신더 *Cinder*가 이노베이션 부문에서 수상했다. 신더는 디지털 크리에이티브 제작에 활용할 수 있는 플랫폼이다. 겟인노블뱅크 *Getin Noble Bank*는 은행 잔고를 보여주는 디지털 디스플레이가 장착된 현금 카드로 이노베이션 상을 받았다. 칸국제광고제는 하나의 광고제일 뿐이지만 이 수상작들은 예술과 카피는 물론이고 아두이노 *Arduino 가장 대표적인 오픈소스 하드웨어* 와 코드 *Code*를 이용해서 제작된다.

사이버 부문 수상작 중 하나는 피아트 *Fiat*의 '에코 드라이브'이다. 저장된 주행 관련 데이터를 시각화해서 효율적으로 운전하게 도와주는 웹애플리케이션이다. 다른 하나는 퀸즐랜드관광청의 '세상에서 가장 좋은 직업'이다. 이것은 섬을 관리해 줄 사람을 구한다고 광고함으로써 그레이트배리어리프 제도를 세상에 크게 홍보했다. 이 구직광고를 보고 홈페이지에 몰려든 사람들은 자기소개 동영상 지원서를 제출해야 했다. 이 아이디어는 전 세계적으로 2억 달러 이상의 홍보 효과를 거둔 것으로 평가된다.

가장 강력한 영향을 미치는 것은 아마도 영상 부문일 것이다. 라디오 및 인쇄 부문과 달리, 이 부문은 더 이상 콘텐츠와 플랫폼을 혼합하지 않는다. 2007년, 영상 부문은 응모 대상을 스크린 밖으로 확장했다. 그 결과 2008년, TV 송출 이력도 없는 광고가 그랑프리를 받았다. 필립스의 신제품 홈 시네마용 21:9 LCD TV를 광고하기 위한 영상 '회전목마'가 그것이다. 이 영상은 시간이 정지된 폭발 사건 현장을 천천히 이동하며 구석구석 보여주었다. 당시에는 이 광고가 충격적이었지만 이제는 표준이 되었다.

2014년에는 양발로 트럭을 디딘 채 일자로 다리를 찢은 장 끌로드 반담을 사이에 두고 볼보 트럭 두 대가 안정적으로 달리는 에픽스플리트 *Epic Split*가 영상 부문과 사이버 부문에서 대상을 받았다. 그리고

PR 및 프로모 앤 액티베이션 *Promo & Activation*, 직접광고, 통합 부분에서 금상을, 티타늄과 미디어 부문에서 은상을 받았다. 이는 디지털이 채널들 간의 경계를 얼마나 파괴했는지를 여실히 보여준다. 이 광고는 웹용으로 제작되었고 웹에서 어텐션을 확보했을 것으로 보인다. 웹에서는 묘사도 더는 직선적이지 않으며, 테크놀로지도 새로운 방식으로 소통하도록 돕고 있다.

전달 매체는 결코 메시지가 아니다

디지털은 매체들 간의 경계를 허무는 것 그 이상이다. 콘텐츠 유통 플랫폼으로부터 콘텐츠를 분리시킨 것이다. 광고라고 부르는 것을 생각해보자. 전통적인 형태의 광고는 하나의 역사적 사건이다. 이용 가능한 매체의 성격과 상대적 희소성이 광고물의 성격을 구체화했다. 텔레비전으로 광고 영상을 내보내고, 어텐션을 얻기 위해 지불해야 하는 금액은 비싸다. 그래서 30초 단위로 어텐션을 구매하고, 그 조각들을 광고물이라고 부른다. 매체의 성격이 광고의 형태와 길이를 규정했다. 그리고 타임 스케줄과 소비 규칙이 광고 수용 양상, 즉 소비자가 광고를 보고 들을 때 갖게 될 태도와 기분을 규정했다.

광고는 전달 매체가 몇 개 없었던 세상에서 성장했다. 따라서 우리는 밀도와 압축이 주요 커뮤니케이션 스킬이라는 생각에 익숙해졌다. 한 개의 브랜드나 광고는 한 개의 아이디어를 가장 높은 밀도로 표현한 것, 한 플래너가 꼭 필요한 모든 것을 최소 공간 속에 압축해

넣는 작업이었다. 가장 인상적인 태그 라인은 그 의미를 되새겨주고 가장 인상적인 구절 속에 가장 많은 것을 표현하려고 한다. 이런 이유 때문에 광고는 오랫동안 말장난, 즉 언어유희를 즐겼다. 애매한 발음을 활용하면 동시에 두 가지를 말할 수 있고 그것을 해석할 때 사람들이 만족감을 느끼기 때문이다.

하지만 광고라는 단어가 아드베테레에서 유래했으며, 따라서 광고는 기업에 어텐션이 집중되도록 해주는 도구라는 것을 기억할 필요가 있다. 우리는 표현과 목적을 융합해왔다. 최근까지 미디어는 서로 다른 수많은 것들의 집합체였다. 하지만 텔레비전은 명확히 그렇게 정의되지는 않는다. 그것은 적어도 두 가지, 즉 콘텐츠와 플랫폼으로 이루어진 사회문화적 구성체다. 책과 잡지와 라디오는 동일한 방식으로 작동한다. 책은 종이에 인쇄된 단어 다발로서 문화적으로 정의된 비슷한 생각들을 모아놓은 것이다. 디지털 방식이 도입되기 전까지는 플랫폼에서 콘텐츠를 분리할 수 없었다. 하지만 이제는 디지털 콘텐츠는 따로 분리될 수 있다.

아이패드를 보았을 때, 필자는 그 물건이 단순한 유통 플랫폼과 콘텐츠가 아니며 세 번째 요소가 존재한다는 것을 깨달았다. 그것은 소비 플랫폼으로서 콘텐츠 소비를 매개하는 물건이었다. 소비 플랫폼은 예전에는 유통 플랫폼과 하나로 묶였지만 이제는 그럴 필요가 없다.

엑스박스360, 노트북이나 스크린, 프로젝터, 아이패드로 넷플릭스 *Netflix 미국의 유료 동영상 서비스*에서 오렌지 이즈 더 뉴 블랙 *Orange is the New Black 미국 드라마* 을 보고 있다면, 당신은 TV를 보는 것인가? 그렇다면 그게 왜 TV를 보는 것인가? 그렇지 않다면 왜 TV를 보는 것이 아닌가? 킨들 *Kindle*이나 아이패드로 데이브 이거스 *Dave Eggers*의 『서클』을 읽고 있다면, 당신은 책을 읽는 것인가? 그렇다면 그게 왜 책을 읽는 것인가? 그렇지 않다면 왜 책을 읽는 것이 아닌가? 킨들은 책이 아니다. 하지만 모든 책이다. 또는 모든 책이 될 수 있다. *2014년에 아마존은 월 9.99달러에 전자책을 무제한 이용할 수 있는 서비스를 시작했다* 킨들이라는 단어는 이제는 그렇게 적절하지가 않다. 킨들의 콘텐츠는 하나로 묶여 있지만 따로 따로 분리되기 때문이다.

사람들은 유통 플랫폼을 갖고 있다. 아날로그 미디어에서 유통 플랫폼은 폐쇄형 네트워크였다. 서적 유통업체, 잡지 유통업체, 유선 방송, 위성 방송, 휴대폰 네트워크가 그렇다. 디지털 미디어에서는 단지 IP네트워크만 필요할 뿐이며 당신은 어느 곳에든 접근할 수 있다. 그런 다음에 사람들은 콘텐츠를 갖는다. 디지털 콘텐츠는 어떤 형태든 취할 수 있다. 문서, 음성, 동영상, 체험, 게임 등등.

이제 사람들은 소비 플랫폼을 갖는다. 이것은 기본적으로 스크린이다. 디지털 미디어는 유통 플랫폼으로부터 콘텐츠를 분리시키고 모든 것을 1과 0으로 변환한다. 이 말은 모든 미디어가 확실하게 디지털화하면 모든 미디어가 플랫폼에 종속되지 않을 거라는 뜻이다. 콘텐츠는 예전에 우리가 채널이라고 생각했던 것들 전역을 자유롭

게 흐르고, 시스템의 다양한 부분들은 다른 부분에 거의 실시간으로
변화를 초래할 수 있다.

콘텐츠 공화국

우리가 정보고속도로라고 불렀던 것이 상용화된 후 지금까지 산업
전역에서 후렴구처럼 반복되는 문장이 있다. 개발 및 비즈니스 모형
을 제시하고 계속 전진하는 법을 알려주는 우리 시대의 만트라이자
화두이며 아포리즘으로, 전통 미디어 업체들과 테크놀로지 업체들
이 규칙적으로 읊어대는 그 문장이 있다.

콘텐츠가 왕이다! Content is king!

웹에는 왕족 지위를 노리는 다양한 도전자들이 존재한다. 콘텍스
트 *context 사용자와 다른 사용자, 시스템, 웹애플리케이션 간의 상호작용에 영향을 미치는
상황들에 대한 정보* 는 왕좌 자체에 도전한다. 테크놀로지, 유저인터페이
스, 링킹 *Linking 여러 개의 프로그램을 연결해서 큰 프로그램으로 만드는 작업*, RSS
*Rich Site Summary, Really Simple Syndication 웹사이트의 정보를 사용자에게 보다 쉽게 제
공하기 위해 만들어진 콘텐츠 유통 포맷*, XML *Extensible Markup Language, 웹페이지
를 제작하는 마크업 언어 HTML을 개선해서 만든 언어* 은 전부 여왕으로 추대되었
다. 커뮤니티와 연결성 둘 다 왕관을 요구할 자격이 점점 더 충분
해 보인다.

니콜라스 네그로폰테 *Nicholas Negroponte*는 저서『디지털이다』에서 연
결이 콘텐츠보다 중요하다고 주장하며 '네트워크의 진정한 가치는

정보보다는 커뮤니티에 있다'고 말했다.

왕의 권리와 권력이 명확하지는 않지만, 필자는 그 문장이 다음과 같은 의미를 갖는다고 생각한다. 웹에서 가장 중요한 것은 콘텐츠다. 그리고 당신이 뛰어난 콘텐츠를 갖고 있다면 그것을 팔거나 그 주변에 광고를 몇 개 띄움으로써 돈을 벌 수 있을 것이다. 이것은 물론 사실이 아니며 완전히 거짓도 아니다. 세상은 원래 많은 것들이 섞여서 돌아간다.

예전에는 콘텐츠 유료화에 대해 두 가지 기본 모형이 있었다. 첫째, 사람들은 콘텐츠를 구입한다. 둘째, 광고주는 콘텐츠를 구입하고 그 대가로 그것이 끌어들인 어텐션을 간섭한다. 온라인에서 콘텐츠 유료화를 어렵게 만드는 매우 구체적인 난제가 몇 가지 있다. 그로 인해 콘텐츠 산업은 이미 분열되기 시작했다. 디지털 콘텐츠는 낮은 대역폭과 저장용량을 필요로 한다. 어떤 것이 일단 디지털화하면 그것은 완벽하게, 그리고 무료로 복사되고 재유통될 수 있다. 이것은 새로운 콘텐츠 모형을 제시하는데, 거기서는 아무도 돈을 내지 않는다. 개인 간 *P2P*전송이기 때문이다.

소비자가 온라인에서 뭔가를 무료로 쓰는 것에 익숙해졌다면 그것에 돈을 내기를 원치 않는다는 것이 만고의 진리였다. 그러나 아이튠즈는 성공했고, 그 진리가 틀렸음을 입증했다. 더 나아가 콘텐츠를 통제하는 방법은 강력한 디지털저작권관리 *Digital Rights Management* *디지털 콘텐츠의 불법 사용을 원천적으로 막는 기술과 서비스* 가 아니라 콘텐츠를 아주 싼 값에 간단히 구매하도록 해주는 것임을 증명했다. 그러나 아이튠즈는 해적행위를 막지 못한다. 미국레코드협회와 미국영화협회의 변호사들도 해적행위를 근절하지 못한다. 이것은 콘텐츠 생태계가 웹을 떠도는 무료 콘텐츠까지 통합할 것이라는 뜻이다.

하지만 이 문제를 처리할 방법은 많다. 유튜브는 직접 광고의 대안들을 실험했다. 그들은 무료 교육 사이트 칸아카데미 *Khan Academy* 같은 협력기관들이 다운로드 요금을 청구할 수 있도록 실험 계획을 발표했다. 약 1달러에 당신은 고품질 콘텐츠를 얻을 수 있고, 그 기관들이 원하면 저작권자는 라이센싱 계약을 맺을 수 있었다. 이제 사람들이 이곳에서 무엇을 구입하는지에 대해 생각해보자. 사람들은 콘텐츠를 구입하는 게 아니다. 정확히 말하면, 일련의 허락과 그 콘텐츠를 재사용하기 위한 편리한 방법을 구입하는 것에 가깝다. 이것은 분명히 미충족 욕구이며, 충족되지 않은 부분은 비시넷 *vixy.net*같은 웹 기반 공급업체들이 채워준다.

이 실험은 전통적인 모형에서 벗어난 사고를 보여준다. 당신이 콘텐츠를 팔지 않으면 소비자들은 무엇을 사는 걸까? 무엇이 콘텐츠를 더 유용하게 만드는 걸까?

블룸버그 *Bloomberg*정보서비스는 정보를 판다. 구글에서 15분 정도 검색하면 공짜로 얻을 수 있는 정보들이다. 블룸버그는 콘텐츠 그 자체는 팔지 않는다. 추가로 소요되는 시간을 판다. 사람들은 자신이 원하면 라디오에서 흘러나오는 노래를 녹음할 수 있었지만 CD를 샀다. 그게 더 편리했기 때문이다. 이어서 MP3가 성공했다. 상대적으로 품질이 형편없었음에도 그것이 더 편리했다.

상황과 소비자 욕구에 기반을 둔 수없이 다양한 유료화 모형이 생겨날 여지가 있다. 훌루와 스포티파이 *Spotify 음악 스트리밍 서비스* 는 여러 방식을 교배한 프리미엄 방식을 채택했고 광고의 후원을 받는다. 정보이용료를 내면 광고를 줄이거나 없앨 수 있다. 소비자는 일부 뮤지션과 게임 개발업자들이 제공하는 콘텐츠를 자신이 원하는 금액을 내고 다운로드할 수 있다.

소비자들에게 무엇을 원하는지를 직접 묻는 것은, 이미 말했듯이, 별로 도움이 되지 않는다. 사람들은 자신이 무엇을 원하는지를 제대로 알지 못하며, 무엇을 원할지를 예상하는 것에도 아주 서툴다. 액센츄어 *Accenture 글로벌 컨설팅 기업* 의 조사에 따르면, 소비자의 49%는 차라리 콘텐츠에 돈을 내고 광고를 안 보겠다고 대답했다. 그러니, 어떤 사람은 돈을 낼 것이고 어떤 사람은 내지 않을 것이다. 미디어의 경제 상황이 항상 변하기 때문에 새로운 비즈니스 모형이 계속 폭발적으로 생겨날 것이다. 미디어 운동가 크리스 모리스 *Chris Morris*는 영국 지하디스트들에 대한 블랙 코미디 영화『네 마리 사자』를 크라우드소싱할 계획을 공표했다. 이것은 제작발표이자 떠들썩한 홍보, 문화 해킹인 동시에 제작비 요청이었다.

이 사례는 또 하나의 모형을 제안한다. 크라우드펀딩으로 다수의 팬들이 낸 적은 금액을 모아서 제작비를 마련하는 방법이다. 티셔츠 쇼핑몰 스레들리스 *Threadless*는 거의 아무 위험 부담 없이 티셔츠를 제작 판매한다. 티셔츠를 만들기 전에 소비자의 관심을 측정함으로써 콘텐츠 생산자는 대중 속으로 깊이 들어가서 대기업은 결코 제작하지 않을 틈새 콘텐츠에 대중이 소액을 지원할지 여부를 알아낼 수 있다. 많은 사랑을 받았으나 결국 종영된 드라마 베로니카 마스 *Veronica Mars*의 제작진이 거기에서 힌트를 얻었다. 그들은 2013년에 크라우드펀딩 플랫폼을 이용해서 이 드라마의 영화제작을 위해 570만 달러를 모았다.

문화 생산의 경제력이 계속 분산됨에 따라, 많은 콘텐츠 소비자가 생산자로 변해감에 따라 콘텐츠 유료화는 다시 무료화의 위협을 받게 되었다. 돈을 목적으로 하지 않는 사람들과 경쟁하는 것은 경제적인 면에서 매우 불리하다. 대중의 미디어들 사이에서 콘텐츠는 왕이 아니다. 공화국이다.

콘텐츠를 생산하는 또 다른 분야가 당연히 존재한다. 그 분야는 콘텐츠 유료화 모형에 대해 별로 걱정하지 않는 듯하다. 왜냐하면 그것이 하나의 모형이기 때문이다. 바로 광고다. 브랜드는 콘텐츠에 돈을 내는 콘텐츠를 제작한다. 그러나 대부분의 광고는 콘텐츠처럼 보이지 않는다. 그래서 브랜디드 콘텐츠라는 용어가 있다. 광고는 환영받지 못하는 것으로 여겨지기 때문이다. 광고는 물건 판매와 관계가 있다. 그리고 콘텐츠는 사람들이 자발적으로 그것에 시간을 소비하려고 하는 것과 관계가 있다.

그러므로 광고인들은 광고가 무엇이 되기를 원하는지를 철저히 고찰해볼 필요가 있다. 우리는 다른 사람들의 콘텐츠에 계속 돈을 낼 수도 있고, 아니면 광고계에서 가장 중요시했던 것을 바꾸기 시작할 수도 있다. 예산의 80%를 어텐션 구매에, 10%를 콘텐츠 제작에 쓰던 전통을 바꿔서 그 80%를 콘텐츠에 배정한다면 우리는 어떤 종류의 콘텐츠를 창조할 수 있을까? 그렇긴 하지만, 가치가 있고 대중을 유혹하는 콘텐츠를 창조하는 것은, 모든 미디어 업체가 말하듯이, 간단한 일이 결코 아니다.

누적이익

던컨 와츠 *Duncan Watts*는 마이크로소프트의 연구자이자 『여섯 단계』와 『상식의 배반』의 저자다. 그는 '폐쇄 사회 실험'을 통해 사람들이 무엇을 좋아하는지를 결정할 때 사회적 영향이 개인적 선호만큼 중요할 뿐 아니라 무엇을 좋아할지를 예측하는 것을 실제로 불가능하게 만드는 추가 요인이 있음을 입증했다.

<u>사람들은 다른 사람들이 좋아하는 것을 대체로 좋아하고, 그때 인기에서의 차이는 '누적 이익,' 즉 '부익부' 효과의 영향을 받는다.</u>

어떤 물건이 적절한 시점에 다른 물건다 조금 더 인기가 있으면 그 물건은 갈수록 인기가 많아질 거라는 뜻이다. 그 결과, 아주 작은 임의의 차이가 점차 커져서 동일한 경쟁 제품들 사이에서 장기적으로 엄청난 차이를 일으킬 수 있다. 어느 면에서는 카오스 이론의 유명

한 나비효과와 비슷한 현상이다.

그렇기 때문에 영화사와 음반 업체들은 무엇이 블록버스터가 될지를 예측하기가 불가능하다는 것을 알고 있다. 이것은 문화 생산 벤처캐피탈 모형으로 이어졌다. 이 모형에 따르면, 영화사와 음반 업체는 9개는 본전치기하거나 손해를 보겠지만 1개는 그 손실을 벌충할 만큼 성공할 것이라는 가설에 따라 10개에 투자한다. 이런 이유로 시나리오작가 윌리엄 골드먼 *William Goldman*은 할리우드에 대해 명언을 남겼다. "아무도 모른다."

이 모형은, 특히 온라인에서 브랜드에 대한 생각에도 영향을 미치고 있다. 낚시 바늘을 더 많이 만들어내는 물건일수록 어텐션을 낚을 가능성이 더 커진다.

작가 코리 닥터로 *Cory Doctorow*는 이것을 '민들레처럼 생각하기'라고 부른다.

민들레를 보라. 민들레 한 송이는 해마다 2,000개의 홀씨를 생산하고 산들바람이 불면 그것을 하늘로 무작정 날려 보낸다. 홀씨가 어디로 향하는지, 내려앉을 때 환대를 받을지에 대해서는 전혀 신경 쓰지 않는다. 민들레는 모든 홀씨 하나하나가 재생산될 기회를 얻기만을 바랄 뿐이다. 인터넷 시대에 민들레와 예술가는 공통점이 많다. 물론 지금은 복사 무제한, 한계비용 제로의 시대다. 산들바람 속의 민들레처럼, 당신이 당신의 작품을 인터넷 속으로 날려 보낸다면 그 네트워크 자체가 복사 비용을 해결할 것이다.

실제로 무엇이 유행하는지는 중요하지 않다는 점에 주목한 것이 흥미롭다. 사람들이 무엇을 좋아하는지는 다른 사람들이 무엇을 좋아한다고 그들이 생각하는지에 달려있다. 그리고 다양한 특정 문화적 신호가 무엇이 유행하는지를 우리에게 알려준다. 그렇기 때문에 빌보드와 뉴욕타임스 베스트셀러 목록 같은 차트들과 오스카 같은 상 자체가 소비를 증가시키는 엄청난 동력이다. 이런 이유로 영화사는 막대한 돈을 들여서 오스카 상 수상을 홍보하고, 비양심적인 일부 창작자와 프로모터들은 한 차트에, 비록 잠깐만이라도, 오르기 위해 무슨 짓이든 하는 것이다. 한 예로, 리절트소스 *ResultSource*는 돈을 받고 책을 베스트셀러 목록에 올리는 일에 특화된 마케팅 업체다.

콘텐츠가 해결책은 아니다

필자가 이 책을 쓰기 시작한 이래 콘텐츠 마케팅은 광고계에서 찬양하는 대의 같은 것이 되었다. 광고인들의 대화는 늘 그것으로 시작되었다. 2007년경 이후부터 우리는 줄곧 디지털의 영향에 관해 이야기했기 때문이다. 하지만 2013년이 되어서야 그것은 실제로 영향력을 발휘했다. 디지털은 처음에는 광고 산업을 위협하는 것으로 간주되었다. 그러나 필자는 오히려 우리가 대중에게 브랜드 아이디어를 새로운 형태로 제시할 새로운 방법을 찾으려고 고심할 때 디지털이 혁명을 일으킬 것이라고 생각했다.

우리는 디지털이 비즈니스 모형에 어떤 영향을 미칠지, 그런 상황에서 콘텐츠가 온라인에서 어떻게 작동할지, 광고가 얼마나 들어맞을지에 대해 숙고했다. 그리고 미디어에 투입되던 돈을 콘텐츠 제작에 투자해서 사람들이 보고 싶어 하는 콘텐츠를 만드는 것이 좋을 수도 있다고 제안했다.

그 후 모든 것이 실시간으로 신속하게 갖추어졌고, 순식간에 모든 사람이 뉴스룸을 소유하고 퍼블리셔가 되었다. 그 엄청난 속도를 제외하면 이것은 새로운 기법이 아니다. 기네스북은 맥주에 대한 브랜드 콘텐츠로서 펍에서 일어나는 논쟁을 매듭짓는다. 미슐렌 가이드는 타이어 회사를 위한 브랜드 콘텐츠로서 사람들에게 차를 몰고 더 먼 곳으로 가라고 부추긴다. 스폿광고가 출현하기 이전에 방송된 텔레비전 프로그램은 모두 브랜디드 콘텐츠다.

조금 피곤하더라도 당신이 뉴스룸의 속도를 유지하려고 애쓴다면 콘텐츠는 굉장한 힘을 발휘한다. 하지만 우리는 광고가 모든 문제의 해결책이라는 가정에서, 콘텐츠가 해결책이라는 가정으로 단지 옮겨갔을 뿐이다. 필자는 이것이 걱정스럽다.

어텐션을 획득하는 콘텐츠를 제작하려는 것은 좋은 생각이다. 하지만 그로 인해 우리는 모든 사람이 만들어 내놓는 유치한 콘텐츠부터 전문적인 콘텐츠까지 품질이 제각각인 수많은 콘텐츠와 어텐션을 놓고 경쟁하게 된다. 이 콘텐츠의 대부분은 어텐션을 끄는 것이 목적이다. 그것이 콘텐츠 품질을 측정하는 유일한 척도이기 때문이다. 날이 갈수록 어텐션이 희귀해진다면 브랜드 콘텐츠 역시 그 과정을 모두 겪어야 하고, 이어서 상업적인 면이 영향을 받는다.

콘텐츠는 창의적인 광고 산업에 실제로 위협을 가한 듯하다. 몇 년 전부터 어텐션을 판매해온 미디어에이전시들 역시 비즈니스 모형에 문제가 생겼기 때문이다. 그리고 그들은 콘텐츠 제작에, 비교적 빨리, 정말로 유능해졌다. 그 콘텐츠는 어텐션을 끌기 위해 고안된 것들이다. 인터넷은 콘텐츠 재생산비와 유통비를 전부 없애줄 것 같았다. 그래서 우리는 민들레처럼 생각하기 시작했고, 수많은 작은 콘텐츠 조각들을 줄곧 날려 보내면서 이 플랫폼에서 진짜 사람들이 참여하는 콘텐츠의 흐름 속에 들어가려고 했다.

오늘날 마케팅 업체들의 가장 큰 난제는 계속 증가하는 수많은 선택지 중에서 무엇을 고려하고 활용해서 비즈니스 목표를 달성할 것인가이다. 그리고 갈수록 다양해지는 미디어/테크놀로지 대중의 욕구에 부응하는 총체적인 해결책을 찾아낼 방법도 알아내야 한다. 대중의 일부는 텔레비전을 보고 일부는 보지 않는다. 마케팅업계는 끊임없이 혁신을 공표했음에도 그들의 몇 가지 측면은 얼마나 완고하고 희한할 정도로 퇴행하는지 놀라울 따름이다. 2014년에 소비재 대기업 레킷벤키저 *Reckitt Benckiser*는 'TV에 치중하는 사고 *思考*'를 피하기 위해 광고에이전시와의 관계를 구조 조정할 필요가 있다고 생각했다.

이것은 그렇게 놀랍지 않다. 어쨌든, 누군가에게 뭔가를 이해시키는 일은, 그의 이익이 그것을 이해하지 않는 것에 달려있다면, 대단히 어렵기 때문이다. 메이저 광고주들이 광고와 무관한 지출(대행수수료)을 적극 줄이려고 애씀에 따라 광고대행사들은 작아지고 있는 파이 한 조각을 놓고 싸우고 있다. 별개의 손익 구조를 가진 에이전시들이 실제로 한 몸이 되어 협력할 가능성은 없는 것 같다. 합병된 지주회사는 그렇게 약속하지만, 합병이 무산된 퍼블리시스 *Publicis*와 옴니콤 *Omnicom*의 예에 비추어 볼 때 그 약속은 점점 더 거짓말처럼 들린다.

대규모 미디어에이전시들의 프로그래매틱 광고에 대한 약속에도 불구하고 그 애드-테크와 미디어 생태계 바깥에 있는 사람들 중에는 배너 광고에 관심을 갖거나 주목하는 사람이 별로 없다. 퍼블리셔들은 클릭 중독에서 벗어나고 브랜디드 콘텐츠를 개발하려고 노력하고 있다. 검색 사이트는 금전적인 측면에서 여전히 가장 중요한 온라인 광고 동력이다. 모바일에서는 특히 그렇다.

소셜미디어는 광고 아이디어를 찾기 위한 전쟁터가 되었다. 그것이 모든 분야에 영향을 미치며, 검색 사이트와 달리 실제 아이디어를 제공할 여지가 있기 때문이다. 광고, 미디어, PR, 디지털, CRM *Customer Relationship Management 고객관계관리*, 이벤트, 그리고 각 분야에 특화된 에이전시들이 소셜미디어에 대해 점유권을 주장해왔다. 소셜미디어는 특이하게도 수평적이다. 그것은 콘텐츠가 어떻게 흐르는지, 소비자들이 브랜드와, 그리고 서로서로 어떻게 소통하는지, 아이디어가 어떻게 확산되는지를 보여준다. 한 기업이 어떤 것을 잘 했거나 잘못했을 때 우리는 다른 곳이 아닌 소셜미디어에서 그들에게,

그리고 서로에게 접근한다.

투자 대비 사회적 수익에 대한 논쟁이 격렬하지만 모든 브랜드가 갑자기 콘텐츠를, 마치 그게 만병통치약인 듯, 생산하고 있는 것 같다. 그 이유는 단순히 광고 산업이 애초에 콘텐츠 조각들을 생산하기 위해 설립되었기 때문이라고 필자는 생각한다. 콘텐츠란 소비자가 소비하겠다고 선택하곤 하는 어떤 것이다. 광고란 한 브랜드가 자신에 대해 말하고 싶어 하는 어떤 것이다. 이 둘은 중첩되기도 하지만 그런 일은 드물다. 그렇다고 해서 TV 광고나 옥외 광고판이나 라디오 광고가 더 이상은 존재하지 않는다는 뜻이 아니다. 그런 광고들은 판매 기술일 뿐이다. 전략이 아니다.

특정 대중, 특히 50세 이상의 대중은 예전과 다름없이 실시간 텔레비전 방송을 엄청나게 소비한다. 옥외 광고판은 그 문화적 영향력 때문에 예전보다 더욱 중요하다. 광고판은 차단할 수도, 건너뛸 수도 없다. 그리고 라디오가 여전히 얼마나 중요한지도 우리는 알고 있다. 뉴욕 바깥 지역에 사는 미국인들에게는 특히 그렇다. 모든 사람이 차를 몰고 모든 것을 향해 모든 곳으로 가기 때문이다.

모든 미디어를 상호운용되는 한 시스템의 요소들로 간주해야 한다. 각 구성 요소는 서로에게 의거해서 거의 실시간으로 작동할 수 있다. 결국에는 모든 요소가 디지털화할 것이다. TV와 인터넷 동영상 등, 우리가 고수하는 정의들은 수없이 분열된 비즈니스 모형을 감안할 때에만, 그리고 미디어의 측면에서만 타당할 것이다. 1980년대 이후에 태어난 세대의 3분의 1은 인터넷으로만 TV를 본다. 넷플릭스는 결국에는 광고가 없어질 것이라고 예측한다.

　당신이 무엇을 만드는지는 상관이 없다. 당신이 그 시스템에 어떤 영향을 미치는지가 중요하다. 요소가 아닌 폭넓은 영향을 그 시스템에 집어넣는 것이 이제 광고가 할 일이다. 그리고 콘텐츠 하나만으로는 그렇게 하는 데 충분하지 않다.

아무리 눈부신 기억과 기록도

CHAPTER 03

어텐션 획득
기술과 과학

06. 행동하라, 대중에게 알려라

콘텐츠가 무한한 세상에서
행동하는 법

콘텐츠만으로는 충분하지 않다면 브랜드는 무엇을 해야 할까?

예전에는 상황을 널리 알리는 행위, 즉 출판하는 행위는 일종의 특권이었다. 그것은 비용이 많이 들었고 어려웠으며 많은 경우 불법이었다. 공식 허가를 받지 않은 인쇄기는 17세기 말까지 영국에서 불법이었다. 말레이시아에서는 지금도 그렇다. 매스미디어 시대가 시작되자 정부와 미디어 산업과 광고 산업만이 대중문화를 창조할 수 있었다. 그래서 그런 대중문화를 경험했을 때 당신은 깊은 인상을 받을 수밖에 없었다.

영화 터미네이터2와 쥐라기공원의 특수 효과에 쓰였던 것과 같은 실리콘그래픽스 *Silicon Graphics*워크스테이션의 능력을 노트북에서도 비슷하게 실행할 수 있게 되었다. 2009년에 우루과이의 한 영화제작자는 500달러로 5분짜리 단편 영화 패닉 어택 *Panic Attack*을 만들어서 유튜브에 올렸다. 로봇 군단이 도시를 파괴하는 내용을 담은 그 영화로 그는 할리우드 제작사의 주목을 끌었다. 이 민들레 홀씨가 그런 일이 가능할 만큼 충분한 어텐션을 끌어온 것에는 당연히 행운도 작용했을 것이다. 하지만 디지털 테크놀로지가 모든 소비자에게 콘텐츠 제작 능력을 부여했다는 사실은 변함이 없다. 그리고 작업은 갈수록 쉬워지고 있다. 미디어 작가 클레이 셔키가 말했듯이, 한때는 산업 전체의 힘을 빌어야 했던 일이(출판업이 대표적) 이제는 블로그 플랫폼에서 버튼을 하나 누르는 것으로 충분하다. 이제 브랜드의 경제력만으로는 이런 독특함을 사들이지 못한다. 모든 사람이 영화를 제작할 수 있고, 모든 사람이 웹페이지를 만들 수 있다. 메시지 전달에 이용되는 테크놀로지에 대한 독점적 접근권이 사라졌다.

콘텐츠 생산자—마케팅 업계에서 전통적으로 광고에이전시가 맡았던 역할—는 이제는 콘텐츠 생산을 독점하지 못한다. 소비자 제작 콘텐츠가 할리우드나 미국 광고계가 제작한 콘텐츠와 품질 면에서 동등하다는 말이 아니다. 동등하기는커녕 어떤 것을 할 수 있느냐와 없느냐의 차이는 무한하다. 하지만 형편없느냐와 훌륭하냐는 단순히 종이 한 장 차이다.

손끝으로 아이무비 *iMovie 영상편집 프로그램*를 다루며 성장한 세대는 영화에 쓰인 신통방통한 기술에 감탄하지 않는다. 인터넷은 유통비를 없앨 수 있는 메커니즘을 제공한다. 마케팅 도구상자의 유일한 도구인 광고, 또는 콘텐츠조차 어텐션 획득에는 충분하지 않다. 이제 광고는 소비자들이 제작하는 무수히 많은 콘텐츠와 경쟁하기 때문이다. 매스미디어는 어텐션 시장에 대중의 미디어를 위한 공간을 만들 수밖에 없었다.

일부 광고에이전시들은 새로운 세상에서 위치 전환을 시도했다. 그들은 광고라는 단어를 피하고 소임을 확장하여 비즈니스 문제의 해결책을 제공하는 아이디어 조달업체가 되려고 했다. 실제로 그들은 그렇게 할 수 있었고, 해야만 했을 것이다. 하지만 광고의 정의를 이렇게까지 확장하려면 새로운 스킬과 새로운 세계관이 필요하다.

예로부터 광고에이전시의 역할은 기술과 카피를 통해 제품이나 기업에 대한 진실을 가장 설득력 있는 방법으로 표현하는 것으로 여겨졌다. 광고에는 브랜드에 대한 정보가 담겨있다.(표 6.1) 한 기업을 가장 눈에 띄게 알려주는 표지로서 브랜드는 그것이 그 기업에 대한 소비자의 개인적 경험을 직접 위반했을 때에만 신뢰를 잃었다. 이미 살펴보았듯이 이제는 더 이상 그렇지 않다. 브랜드의 약속과 누군가가 경험한 광고 간의 불일치는 그 브랜드에 대한 신뢰를 전체적으로 무너뜨린다. 이것이 누적되면서 브랜드 및 광고 전반에 대한 신뢰가 무너졌다.

이런 불일치는 소셜미디어를 통해 균일하게 폭로된다. 기업의 직원 개개인이 커뮤니케이션 부서라는 반투과막의 구멍 역할을 하

표 6.1 : 전통적인 브랜드 플랫폼

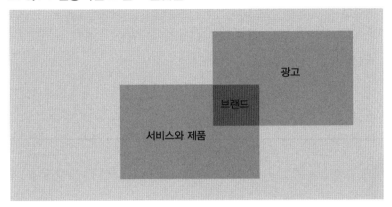

기 때문이며, 브랜드가 끝없는 구매 권유를 넘어서 이야깃거리를 찾으려고 하기 때문이다.

더글러스 러시코프 *Douglas Rushkoff*는 별개의 과제로서의 커뮤니케이션을 포기하라고 한다. 대신 이야기하고 싶은 어떤 올바른 것을 행동으로 옮기는 것이 필요하다고 제안한다. 브랜드는 행동과 그 행동을 전달하는 콘텐츠에 의해 건설될 것이다. 행동은 마케팅 부서와 에이전시의 영원한 임무가 될 것이다. 브랜드는 행동의 본보기가 되어서 그 기업의 행동을 조종해야 한다. 이것은 어텐션을 획득하기 위해 고안된 솔선 행위들을 통해 표현되어야 한다.

기업과 그들의 에이전시가 할 수 있는 것 중에는 개인이 쉽게 복제할 수 없는 것들이 있다. 어텐션 획득에 있어서 그들은 여전히 전략적 이점, 즉 테크놀로지와 규모를 갖고 있다. 콘텐츠가 무한한 세상에서 대규모로 행해지는 행동은 콘텐츠 엔진이 될 수 있다.

세상 속에서 행동하라. 그런 다음에 대중에게 알려라.

테크놀로지는 하나의 매체다

테크놀로지는 언젠가는 아마추어가 실질적으로 지배하게 될 캔버스를 제공한다. 그리고 SF 소설가 아서 C. 클라크 *Arthur C. Clarke*가 지적했듯이, 충분히 진보한 테크놀로지는 마법과 다르지 않다. 테크놀로지는 콘텐츠 잡동사니들을 관통하는 매체를 제공한다. 테크놀로지는 행동으로 말하며, 어텐션을 획득하는 유틸리티와 툴, 서비스, 아이디어를 창조하기 위해 활용될 수 있다.(표 6.2)

표 6. 2 : 통합 브랜드 플랫폼

행동   광고
서비스
브랜드/신념
제품
툴   콘텐츠
대중이 삶을 향상시킨다   경험
정보와 오락을 제공한다   스토리

테크놀로지 기업들은 브랜드와 미디어 소유주에게 그들의 최신 기술이 홍보에 도움을 주고, 따라서 브랜드는 최초 유저로서의 이점을 누릴 수 있다고 선전한다. 펩시의 텐 프로젝트 *Ten Project*가 그 이점을 분명히 보여준다. 이 거대기업은 벤처 펀드를 설립해서 테크놀로지 신생회사들을 후원하고 그들의 최신 기술을 마케팅에 독점적으로 활용했다.

테크놀로지 산업과 커뮤니케이션 산업의 모호한 협력에는 문제점이 있다. 하나의 공통언어가 그들을 갈라놓는다. 동일한 것을 의미해야 하는 단어가 건너편에 있는 산업에게는 완전히 다른 것을 의미할 수 있다.

플랫폼이라는 단어를 생각해보자. 커뮤니케이션 전문가들에게 플랫폼은 모든 메시지와 어울리는 하나의 아이디어나 주제를 의미한다. 하지만 기술자들에게 플랫폼은 제품이나 서비스를 구축할 수 있게 해주는 기반 기술을 의미한다. 이런 식이면 두 산업 간의 협력이 순조롭지 않을 때도 순조로운 것처럼 보일 수 있다. 실제로, 작문과 디자인 훈련을 받은 크리에이티브 디렉터들은 알고리즘과 콘셉트를 검토하라는 요구를 도저히 이해하지 못해 어리둥절해한다. 기호 체계가 하나의 창조적인 물건이 되었기 때문이다.

세계자연기금 *World Wildlife Fund* 은 '사무실에서 종이 인쇄를 자제하여, 나무를 살리자'는 캠페인에 대하여 에이전시에게 설명했다. 광고에이전시 융폰마트 *Jung Von Matt*는 전통적인 광고, 특히 인쇄 광고는 명백하게 해결책이 아님을 금방 깨달았다. 인쇄 광고 대신, 그들은 긴 시간의 작업 끝에 맞춤 파일 포맷의 광고를 개발했다. 그것은 어도비 PDF 포맷과 비슷했고, 인쇄가 아예 불가능했다. 여기에서 테크놀로지는 많은 것을 말해준다. 그 아이디어는 대중이 사용할 수 있는 하나의 도구다. 그 도구 덕분에 그 브랜드 아이디어는 대중에게 쓸모 있는 것이 된다.

브랜드가 테크놀로지와 신상품에 최초의 접근 권리를 누리려면 기업과 에이전시가 공통된 이해를 개발할 필요가 있다. 비즈니스 언어를 크리에이티브 언어로 번역하는 일은 종종 전략가들의 몫이다. 갈수록 추가 번역이 필요하다. 에이전시에 주어진 새로운 역할, 역(逆)멘토링, 하이퍼아일랜드 *Hyperlsland* 디지털 전문학교 같은 기관에 매니지먼트 교육을 요청하는 것이 그 필요성을 보여준다.

광고에이전시와 디지털에이전시의 합병에는 상당한 곤란이 따른다. 데어 *Dare*는 캠페인 지 *Campaign*가 선정한 영국의 2000년대의 디지털에이전시였고, MCBD는 IPA가 선정한 올해의 효율적인 광고에이전시였다. 이 두 에이전시는 2010년에 합병했고 탁월한 결정으로 여겨졌다. 혁신적인 커뮤니케이션 작업에 필요한 지성과 테크놀로지 지성을 통해 광고를 이해하는 새로운 에이전시 모형을 창출했다. 불행하게도 그들은 전진하지 못했고, 변해야 한다는 것은 알았지만 그 방법을 몰랐던, 혹은 무엇으로 변해야 하는지를 몰랐던 사례를 남겼다.

새로 하나가 된 에이전시는 이질적인 두 조직을 관리하기 위해 적절한 절차를 개발하려고 안간힘을 썼다. 그리고 광고주에게 풀 서비스를 실제로 제공할 수 있다는 확신을 주려고 애썼다. 하지만 그들이 가장 고생했던 부분은 모든 합병 기업의 주요 문제 중 하나, 즉 문화 통합이었다. 데어의 광고 전략 책임자 존 오웬 *John Owen*의 회고에 따르면, 그는 이런 종류의 문화 통합은 불가능하다고 믿게 되었다. 왜냐하면 문화에 관한 한, 선택은 둘 중 하나다. 즉 디지털이냐 아니면 광고냐이기 때문이다. 전통적인 광고에이전시가 여전히 얼마나 자주 그렇게 생각하는지, 그리고 그 조직이 디지털에 의해 태어난 에이전시와 얼마나 다른지에 대해 그는 이렇게 설명했다.

"그렇다면 디지털 문화 옆에서 나는 어떻게 할 것인가? 나는 모든 것에 크리에이티브 디렉터의 승인이 필요하다고 주장하지 않을 것이다. 그리고 아이디어 창출 과정에서 크리에이티브 부서의 역할을 다른 부서들의 우위에 두지 않을 것이다. 빠르고 유연하게 작업하기 위해 여러 부서에 권한을 부여해서 다양한 사람들이 리더가 되도록 할 것이다."

이 문화적 부조화는 단지 절차의 문제가 아니다. 그것은 광고의 종말이나 디지털의 영향, 또는 누가 그 아이디어를 소유하는지, 누가 주축 에이전시인지에 대한 무의미하면서 끝없는 논쟁으로 이어진다. 각 에이전시는 각자의 비즈니스 모형을 옹호하고 회의실에서 자기 자리를 굳게 방어한다. 그럼으로써 그 조직은 현재의 환경에 꼭 필요한 통합 마케팅 커뮤니케이션 플래닝으로부터 멀어진다. 마케팅 최고 책임자들을 상대로 한 설문 조사에 따르면, 마케팅 솔루션이 세분화하였기 때문에 통합은 그들이 에이전시에게 원하는 가장 중요한 것이며 에이전시를 선택하거나 해고하는 주요 이유 중 하나다.

사용자경험 디자인 분야는 고객과 제품 또는 서비스와의 상호작용에서 편리성과 즐거움을 향상시킴으로써 고객 만족도와 충성도를 높이려고 한다. 이 작업을 제품 디자인과 전통 마케팅의 간극을 메우는 것으로 여기는 사람들도 있다. 소비자 여정—제품 또는 서비스에 대한 소비자의 단계적 경험—지도 제작은 커뮤니케이션 플래너들이 현대 사회의 복잡성을 다룰 때 채택했던 도구다.

버진아메리카항공은 모든 카테고리를 더욱 직관적으로 사용할 수 있도록 홈페이지를 개편했다. 그들은 골치 아픈 여행 예약 과정을 더 쉽고 빠르게 끝내는 것에 초점을 맞추었다. 여행 예약은 갈수록 복잡해진다. 수많은 옵션과 항공업계의 변화무쌍한 가격 책정 방식 때문이다. 보스턴컨설팅그룹에 따르면, 한 고객이 4일 간의 여행을 조사하고 계획하고 예약하기 위해 인터넷에서 평균 42시간을 소비한다. 놀랍고도 짜증스럽다. 그러므로 더 쉽고 빠른 과정은 엄청난 이익이다. 홈페이지를 개편하면서 모든 과제를 훨씬 더 재밌게 만들자는 모토 덕분에 버진아메리카 브랜드는 훨씬 더 튼튼해졌다.

대규모 행위

브랜드는 권력을 지닌 소비자들을 능가하는 이점을 여전히 하나 갖고 있다. 바로 전달 규모다. 아이러니하게도, 그 규모는 전통적인 방송 매체를 통해 전달될 때 가장 크다. 왜냐하면 인터넷과 달리 소비자는 그 매체에 직접 접근할 수 없기 때문이다.

디지털 채널은 이제 엄청난 범위까지 전달할지도 모른다. 하지만 인터넷 공간이 거의 무한하다는 말은 개개 채널들은 문화적 영향력에서 TV매체보다는 부족함을 뜻한다. 채널의 파편화는 이런 결과도 초래한다. 인터넷 상에서 팬덤을 누리는 어떤 것을 듣도보도 못한 사람이 다수 생길 수 있다는 반직관적인 사실이다.

도리토스 *Doritos, 영국의 과자회사*의 크래시 더 슈퍼볼 *Crash the Super Bowl*은 규모를 이용한 광고의 전형적인 예다. TV로 방송되는 한 해의 가장 큰 스포츠 이벤트에서 소비자들이 자신이 만든 광고 영상을 시청할 기회를 제공함으로써 캠페인 참여를 독려했다. 이 광고캠페인은 7년 동안 진행되었다. 뉴스 사이클이 빨라지고 어텐션의 지속 시간이 감소하는 세상에서 광고의 장기 생존은 그 광고 아이디어가 훌륭하다는 또 하나의 증거다.

개인들은 엄두도 내지 못하는 것도 브랜드는 그 기업의 경제력을 이용하여 쉽게 접근할 수 있다. 코카콜라가 이것을 실험했다. 코카콜라는 록 밴드 마룬파이브*Maroon 5*와 함께 온라인 레코딩 작업을 지원했다. 마룬파이브는 사람들이 실시간으로 보내는 가사와 곡조를 참고해서 작곡하고 녹음했다.

소비자가 권력을 지닌 시대에 브랜드가 해야 할 일은 무엇인가? 브랜드는 소비자는 할 수 없지만 그들은 할 수 있는 것이 무엇인지, 소비자의 인생에 무엇을 어떻게 첨가할 수 있는지를 확인해야 한다. 브랜드와 테크놀로지 전문가들이 동일한 언어를 구사할 수 있다면 테크놀로지가 해결책의 일부일지도 모른다. 하지만 최신 노트북이나 태블릿, 모바일이 제공하지 못하는 뭔가를 소비자에게 제공하는 것도 적절한 대규모 행동을 통해 가능할 것이다.

규모를 활용하면 개인의 능력을 훨씬 뛰어넘는 것을 해낼 수 있다. 규모는 정말로 경외감을 불러일으키는 콘텐츠를 창조한다. 2012년 10월, 에너지 드링크 업체 레드불은 지금껏 가장 훌륭한 마케팅 이벤트 중 하나를 선보였다. 스트라토스 *Stratos*라는 이름의 프로젝트에서 스카이다이버 펠릭스 바움가르트너 *Felix*

Baumgartner) 캡슐을 타고 지상 39킬로미터 상공까지 올라간 후 뛰어내림으로써 자유낙하 세계기록을 깨뜨렸다. 제작까지 7년이 걸린 이 프로젝트는 세상 사람들의 어텐션을 이끌어냈다. 그가 지표면을 향해 시속 1,300 킬로미터가 넘는 속도로 떨어지는 장면이 50개국의 40개 이상의 텔레비전 방송국을 통해 방송되었다. 800만 명이 그 광경을 유튜브에서 라이브로 시청했다. 이 프로젝트는 소셜미디어에서 250만 번 이상 언급되었고, 엄청나게 비싼 제1면 기사로 실렸으며 곧바로 문화 콘텐츠가 되었다. 이것은 역사상 가장 성공적인 마케팅 캠페인으로 간주되었고 레드불 브랜드와 그 기업의 슬로건 '레드불은 날개를 달아줘요'와 단단히 연결되었다. 자유낙하 프로젝트 1주년을 맞아 레드불은 세간에 알려지지 않은 이야기를 담은 두 번째 콘텐츠를 내보냈다.

행복 법칙

스트라토스처럼 그 규모가 장대한 행동은 경외롭다. 하지만 현실에서 평범한 사람을 행복하게 만드는 작은 행동도 매우 효과적으로 어텐션을 끌 수 있다.

CASE STUDY 코카콜라의 뜻밖의 행복

코카콜라는 이 모형을 매우 성공적으로 실천함으로써 '뜻밖의 행복을 주는 콜라 자판기'에 대한 일련의 동영상을 제작했다. 2010년부터 코카콜라는 소셜미디어를 통해 10대에게 접근할 방법을 찾으면서 콘텐츠는 공유되는 것이지 탐구되는 게 아니라는 점을 간파했다. 코카콜라 글로벌 브랜드 매니저가 설명했 듯이, 소비자에게 작은 행복을 선사하고 그들이 친구에게 전달해서 그 행복이 계속 흘러가게 해줄 수 있는 뭔가를 제공하고 싶었다. 이 디지털 광고캠페인 중 에서 가장 크게 성공한 동영상은 세인트존스대학 퀸즈 캠퍼스에서 찍은 것이었 다. 카페에 평범해 보이는 코카콜라 자판기와 카메라가 설치되었다. 아무 것도 모르는 학생들은 콜라 자판기에 돈을 넣었다. 하지만 자판기는 콜라 대신 행복 을 내놓았다. 그 작은 행복은 약 2미터 길이의 샌드위치, 꽃다발, 코카콜라 20 병, 피자 같은 깜짝 선물의 형태로 주어졌다. 예상대로 학생들은 깜짝 놀랐고 즐거워했으며 선물이 푸짐했으므로 함께 나누었다. 그들의 반응은 매력적이었 고 분명히 진짜였다. 그리고 진짜 세상에서 진짜 사람들에게 일어난 진짜 상황 이 디지털 세상 속에서 큰 영향력을 발휘한 것 같았다.

방송 광고비에 비하면 그다지 크지 않은 금액인 약 5만 달러로 제작된 이 동 영상은 도달률이 아주 높아서 유튜브에서 600만 번 이상 조회되었다. 세계 도 처의 시청자들이 이 광고를 보았고 공유했다. 그 동영상은 결국 TV 광고로 쓰 였다. 광고는 보통 TV에서 인터넷으로 옮겨간다.

이 코카콜라 캠페인은 광고의 전통적인 이동 방향을 역행한 것이다. 이 동 영상을 시작으로 유사한 광고가 연달아 제작되었다. 모든 동영상이 성공했으 며 작은 행복을 공유하는 기쁨을 전달했다. 다른 종류의 마케팅 이벤트를 통 해서도 음료수는 공유하기 좋은 물건이라는 것을 잘 표현했다. 그들은 콜라 캔 을 둘로 쪼갤 수 있게 만들어서 절반 크기의 온전한 콜라 캔 한 개를 나눠줄 수 있게 했다.

플랫폼과 제품

너무도 많은 상이한 의미를 지닌 단어로 돌아가 보자. 바로 플랫폼이다. 2014년경, 비즈니스와 테크놀로지가 만나면서 이 단어의 새로운 정의가 등장하기 시작했다. 네트워크 유저들의 상호작용을 원활하게 해주는 규칙들, 기반 구조물로 이해되었던 플랫폼을 에이드리언 호 *Adrian Ho*가 마케팅의 미래로 묘사하며 환영했다. 그는 미니애폴리스에 위치한 새로운 에이전시 모형인 제우스 존스 *Zeus Jones* 의 공동 창업자다. 이 에이전시는 브랜드가 메시지 전달 및 생산자 식별 표지에서 핵심 목표에 초점을 맞춘 경험과 커뮤니티를 창조하는 지침 원리로 발전했다는 생각을 토대로 세워졌다. 그들은 이렇게 말한다.

"플랫폼이 비즈니스의 미래라면 브랜드는 단지 당신이 무엇을 하는지를 서술하는 방법이 아니다. 그것은 우리가 함께 무엇을 할 수 있는지를 서술하는 방법이다."

CASE STUDY 니콘의 동영상 페스티벌

니콘 동영상 페스티벌은 브랜드와 소비자가 함께 작업할 수 있는 플랫폼을 만들기 위해 필자가 시도한 이벤트였다. 니콘은 애쉬튼 커쳐 *Ashton Kutcher*를 모델로 한 TV 광고로 계속 성공하고 있었다. 그때 필자는 광고에이전시 맥칸 *McCann*의 뉴욕 본사에 합류해서 최고테크놀로지전략가 부사장이라는 괴상야

룻한 직함을 가지고(최고디지털책임자라는 보다 평범한 직함은 일부 크리에이티브 디렉터들을 언짢게 할지도 모른다는 우려가 있었다) 그들이 디지털의 영향에 대해 숙고하도록 도왔다. 우리는 새롭게 출시된 니콘 D5000에 대한 설명을 들었다. 그것은 HD급 영상을 찍을 수 있는 최초의 DSLR이었다.

당시 니콘의 CEO는 애쉬튼 커쳐를 무척 좋아했다. 그는 커쳐를 모델로 하는 TV 스폿광고 시리즈에 대해 간단히 설명했고 HD 영상을 찍을 수 있는 신제품을 출시했다고 말했다. 필자는 그에게 광고를 만들지 말고 온라인 동영상 페스티벌을 열 것을 제안했다. HD 영상을 찍을 수 있는 카메라를 특별히 원하는 소비자들은 HD 영상 촬영에 관심이 있을 거라는 획기적인 통찰에 근거한 아이디어였다. 2009년도의 일이었고, 한 유저가 세계 최초로 100만 팔로워를 돌파한 덕분에 트위터가 대중의 의식에 막 각인된 시기였다. 그 유저는 바로 애쉬튼 커쳐였다. 따라서 아이디어가 가지를 뻗기 시작했다. 동영상 페스티벌이 꼭 필요하다고 니콘 CEO를 열심히 설득했다. 그러면서 트위터와 그것이 미디어에 미치는 영향에 입각해서 페스티벌을 기획해야 하며 애쉬튼 커쳐가 광고 속에서 동영상을 찍는 척 하는 게 아니라 실제로 동영상을 제작함으로써 페스티벌을 시작해야 한다고 강조했다.

동영상 페스티벌은 애쉬튼 커쳐의 트윗으로 시작되었다. 그는 자신이 찍은 동영상을 공유하고 사람들에게 '렌즈를 통해 들여다본 하루'라는 주제로 140초짜리 동영상을 올리라고 권했다. 트위터의 글자수 제한을 떠올려주는 이 140초짜리 동영상의 1등 상금은 10만 달러였다. 많은 돈을 걸었으니 품질이 우수한 작품이 많이 응모되기를 희망했다. 소비자들의 반응은 가히 충격적이었다. 우리가 받은 140초짜리 동영상들은 총 48시간을 초과했고, 엄청나게 다양한 아이디어가 쏟아져 들어왔다. 투표를 한 차례 거친 후 심사가 이어졌다. 페스티벌 참가자들은 로그인을 유지한 채 소셜 채널을 통해 자신의 동영상을 열심히 홍보했다. 이것은 소셜 참여 기법의 요점 중 하나로 인정할 만했다. 개인으로 하여금 기업의 브랜드 아이디어를 네트워크 전역에 홍보하고 전파하라고 격려하는 결과를 얻어낸 것이다.

수상자를 선정하고 상을 수여했다. 이쯤에서 이 이야기는 조금 슬퍼진다. 페스티벌을 열기 위해 새로운 영상 포맷과 플랫폼을 구축했고 커뮤니티를 일구었다. 하지만 당시에 우리는 광고에 대한 전통적인 생각, 즉 광고란 시작했다가 끝나는 것이라는 고정관념에 갇혀 있었다. 브랜드와 커뮤니티에게 가치와 소통 기회를 지속적으로 제공하는 플랫폼이라는 개념이 우리에게는 없었다. 그래서 페스티벌이 끝나자 그 사이트는 문을 닫았다.

그러나 뜻밖의 해피엔딩을 맞는다. 이 책을 쓰면서 필자는 그 프로젝트에 대해 검색했고 기사를 몇 개 보았다. 그리고 니콘 프랑스 지사가 그 아이디어를 활용해서 5년이 지난 지금까지 동영상 페스티벌과 플랫폼을 운영하고 있음을 알게 되었다. 그 플랫폼은 참여자들에게 지속적으로 가치를 제공한다.

07. 재조합 문화

인재는 모방하고 천재는 훔친다

> 모든 것은 복제물로 재등장할 운명이다.
> 풍경은 사진으로, 여성은 성적 시나리오로,
> 테러리즘은 패션과 대중매체로,
> 사건은 TV로 다시 등장한다.
> 만물은 이 이상한 운명 덕분에 존재하는 것 같다.
> 이 세계 자체가 단지 다른 세계에 있는 것들의
> 복제물을 광고하기 위해 존재하는 게 아닌가 싶다.
>
> 장 보드리야르, 프랑스 철학자

아이디어는 기존 아이디어들의 새로운 조합물이라고 할 수 있다. 훔치는 것은 천재의 재능이고, 복제하는 것은 창의적이지 못한 자의 예비 행위다. 창의성은 낭만적인 개념으로 제우스의 머리에서 완전한 성인의 모습으로 튀어나온 아테네로서, 그런 만큼 신비로운 것으로서 묘사되기도 한다. 어떤 것에 대해 창의적이라고 말할 때 그 말은 그것이 그 당사자에게 뜻밖의 것, 새로운 것이라는 뜻이지 전례가 없다는 뜻이 아니다.

포스트모더니스트처럼, 우리는 다른 사람들이 창조한 것을 토대로 삼아 한 단계 더 높은 의미를 창조할 수 있다. 원점에서 시작하는 게 아니라 기존 관련물들을 이용하는 것이다. 비트 *Bit*와 비트를 끝없이 혼합하는 디지털 시대에는 리믹스가 우세한 문화 구성물이다. 재조합에 대한 아이디어는 적어도 17세기의 철학자 존 로크

*John Locke*까지 거슬러 올라간다. 그는 인간의 상상력은 지각된 현실을 자르고 붙여서 새로운 구성물을 만드는 것이라고 단정했다. 모든 아이디어는 이렇게 작동한다. 아이디어 검토에는 그 아이디어를 각 요소로 낱낱이 분해하는 작업이 포함된다. 아이디어 창출은 그 과정을 역으로 행하는 것이다. 조나 레러 *Jonah Lehrer*는 『탁월한 결정의 비밀』에서 이렇게 말한다.

"뇌의 관점에서 볼 때 새로운 아이디어란 단지 동시에 갖고 있었던 몇 가지 오래된 아이디어들일 뿐이다."

『탁월한 아이디어는 어디에서 생기는가』에서 스티븐 존슨 *Stephen Johnson*은 주변에 이미 존재하는 잡다한 것들을 이용해 새로운 용도로 쓰일 새로운 물건을 만들어낸 사례들을 탐구했다. 그는 아이디어가 떠오르는 해결 공간을 인접 가능성이라고 부른다. 가장 뻔한 조합물, 가장 뻔한 아이디어, 가장 뻔한 창의적 해결책은 인접 가능 공간과 가장 가까운 곳에 놓여 있다. 그렇기 때문에 동일한 브리프에 대한 첫 번째 반응들이 대체로 아주 비슷한 것이다. 그리고 동일한 문제에 대해 각기 다른 장소에서 각기 다른 사람들이 고심하면서 내놓는 해결책이 대부분 똑같은 것이다. 그들은 의식적으로든 무의식적으로든 비슷비슷한 아이디어들을 복제하고 뒤섞는다.

그렇다면 어떻게 해야 더 좋은 아이디어를 얻을 수 있을까? 더 좋은, 더 특이한, 더 흥미로운, 더 차별화된 아이디어는 인접 공간에서 가장 먼 극지에 존재한다.(표 7.1) 그러므로 그것을 얻으려면 다음과 같이 해야만 한다.

- 영향력을 지닌 극도로 다양한 사람들을 만나라. 그리고 행운에게 길을 맡겨라.
- 뻔한 아이디어들은 맨 먼저 제쳐 놓아라.

표 7. 1 : 좋은 아이디어는 뻔하지 않은 조합물이다 *Source : Genius Steals*

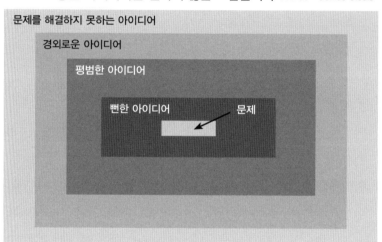

아이디어는 새로운 조합물이다

창의성은 마술이 아니다. 그것은 단지 한 가지 사고방식, 한 가지 과정이며 유용하거나 아름다운 어떤 것을 얻기 위해 기존의 것들을 뻔하지 않은 방법으로 조합하는 기술일 뿐이다.

누군가가 어떤 것에 대해 참으로 창의적이라고 말한다면 그 이유는 보통 그것이 그 사람에게는 결코 뻔하지 않은 방식으로 조합된 것으로 보였기 때문이다. 이질적인 두 가지를 조합하기 위해서는 그 둘을 하나로 묶는 유사성을 찾아내야 한다. 서로 다른 두 아이디어의 연결고리를 찾아내는 것은 벼락같은 통찰, 유레카 순간, '알았다'는 느낌이다.

이런 이유로 아리스토텔레스는 훨씬 더 중요한 것은, 은유를 능숙하게 구사하는 것이라고 생각했다. 왜냐하면 우리는 차이점 속에서 유사점을 발견할 수 있어야 하기 때문이다. 은유는 생각들, 새로운 아이디어들의 핵심이다. 기억할 게 있다. 기억, 즉 엔그램조차 회상될 때마다 재편집되고 재형성된다는 것이다. 그래서 아이디어를 내놓는 기술에 관한 책에서 제임스 웹 영 *James Webb Young*은 아이디어란 낡은 아이디어들을 새롭게 조합한 것이라고 분명히 말했다.

혁신적인 아이디어는 연상에서 비롯된다. 혁신가들의 공통점은 아이디어와 정보들을 특이하게 조합하는 능력을 갖고 있다는 것이다. 그들은 지금까지 어느 누구도 상상하지 못했던 조합을 시도한다. 연구자들은 아이디어 연결 능력을 '연상하기'라고 부른다. 이 연상 능력이 뻔하지 않게 조합하는 능력이 매우 중요하다. 이 능력은 그 리믹스 작업을 행하는 정신이 인접 공간에서 멀리 떨어진 영역에 존재하는 아이디어들에 대해 알고 있다는 것을 의미한다.

존 로크로 다시 돌아가자. 로크는 리믹스 문화의 대부다. 그는 인간지성론을 확립했고, 관념 *idea*이 어디에서 생겨나는지를 이해했다. 근본적으로 그의 이론은 본유관념론에 대한 직접적인 반박이었다. 본유관념론은 인간이 태어날 때 지식이나 관념을 이미 갖고 있다는 주장이다. 로크는 미신에 의지하지 말고 경험론이라는 새로운 과학 원리를 정신에 적용하기를 원했다. 인간 지성의 범위와 한계, 신뢰성을 연구함으로써 더욱 튼튼한 인식론을 개발하고자 했다. 그 결과, 그는 인간의 정신은 백지 상태라고 표현했다.

모든 인간이 백지 상태로 태어난다는 주장은 모든 인간이 평등하다는 정치적 주장과 유사하다. 실제로 로크의 인간지성론은 미국 건국자들의 글과 사고에 깊은 영향을 끼쳤다. 독립선언서의 일부는 로크의 저작에서 몇 구절을 거의 그대로 베낀 것이다.

정신이 백지라면 아이디어는 어디에서 생겨나는가? 우리는 아이디어를 훔친다. 이것을 설명하는 데는 '좋은 아이디어의 기원'에 대한 로널드 버트 *Ronald Burt*의 이론이 도움이 된다. 창의성은 보통 특별한 유전적 재능, 영웅적 행위라는 이미지를 갖고 있다. 하지만 창의성은 수입-수출 게임이다. 창조 게임이 아니다. 창의성은 어떤 것을 그것과 연관된 새로운 구조물, 종종 귀중하게 여겨지는 구조물로 바꾸는 행위다. 즉 '이곳에서 널리 알려진 평범한 아이디어를 사람들이 귀중하게 여기게 될 저곳으로 가져갈 수 있을까' 이것이 관건이다.

로날드 버트의 연구 방식은 존 로크에게까지 거슬러 올라간다. 관념을 더욱 광범위하게 정의했음에도 존 로크는 관념이 어디에서 생겨나는지를 알아내고자 했고 감각 *Sensation*과 반성 *Reflection*에서 생긴다고 대답했다.

간단한 관념—한 예로, 말 *Horse*—은 감각을 통해 직접 경험된다. 이어서 우리는 지성을 이용해 그 단순한 관념들을 조합해서 더욱 복잡하고 추상적인 관념을 만들어낸다. 뿔과 말을 조합해서 유니콘을 만들어내는 식이다. 현실에서 유니콘을 본 적이 없어도 그 일이 가능하다.

모든 관념은 반복되고 첨가된다. 기존의 관념 위에 차곡차곡 쌓이는 것이다. 인간의 상상력은 리믹스 엔진이다. 그리고 뻔하지 않게 리믹스될수록 관념 조각들 간의 장력이 더 크고, 그렇게 조합된 아이디어를 우리는 더 창의적이라고 여긴다. 그렇기 때문에, 버트의 이론을 다시 인용하면, 여러 사회가 교차하는 곳에 살고 있는 사람들은 좋은 아이디어를 얻을 확률이 더 높다. 따라서 다양한 집단과 연결되고 수많은 차이를 접하는 것은 아이디어 도출에 필요하다. 하지만 그것으로는 충분하지 않다.

인간 정신이 백지 상태라는 표현의 전례는 아리스토텔레스의 말에서 찾을 수 있다. 감각 속에 존재하지 않았던 것은 지성 속에도 존재하지 않는다. 수백 년 후 라이프니츠 *Leibniz*는 존 로크의 표현과 관련하여 그 말에 한 마디를 덧붙였다. 지성 그 자체를 제외하고 당신만의 아이디어 엔진은 옆 사람과 똑같은 원천을 취하되 사뭇 다른 것을 내놓을 수 있다. 이 말은 새롭게 재조합된 아이디어는 끝이 없다는 뜻이지만 또한 창의성과 학습과 조합 작업을 연습해야만 한다는 것도 상기시킨다. 아이디어를 재조합하는 한 가지 방법이 예술이다.

위대한 예술가는 훔친다

인간은 거의 언제나 다른 사람들의 행적을 따라가고 그들을 모방하며 살아간다. 하지만 다른 사람들이 걸었던 길을 그대로 따라 걷거나, 성취한 것을 똑같이 얻을 수는 없다. 그러므로 현명한 자는 탁월했던 인물들을 따라 모방해야 한다. 비록 자기 기량이 그들에 미치지 못할지라도 적어도 그들과 비슷한 분위기는 풍기게 된다. *마키아벨리, 군주론*

CASE STUDY **뱅크시의 도둑 전시**

2009년 6월, 그저 뱅크시 *Banksy*로만 알려진 영국의 그라피티 아티스트이자 자칭 아트 테러리스트가 브리스틀에서 정식으로 첫 번째 전시회를 열었다. 그 이전까지 뱅크시는 게릴라가 급습하듯이 미술관에 작품을 전시했다. 고상한 엘리트주의 작품을 조롱하기 위해 자기 작품들을 불법으로 몰래 걸어놓고 사라졌던 것이다. 작품들은 더 큰 과정의 일부다. 작품과 맥락, 몰래 걸어놓는 행위, 이 모든 것이 합쳐져서 뱅크시가 원하는 의미를 창조했다.

2005년 3월에 그는 가짜 수염을 달고 레인코트를 입은 연금 수급자로 변장하고는 뉴욕의 박물관 네 곳에 작품을 기증했다. 각 작품들은 리믹스 작품으로 그 박물관이 소장한 작품에 대한 논평이었다. 뉴욕현대미술관 *MOMA Museum of Modern Art*에 그는 수프 캔 *Soup Can* 그림을 남겼다. 앤디 워홀의 끝없이 복제된 캠벨의 스프 캔 스타일을 따랐지만 영국 유통업체 테스코의 토마토 수프 캔을 그린 것이었다.

2005년 5월에는 대영박물관을 습격해서 뱅크시무스 막시무스 *Banksymus Maximus*가 그렸다는 동굴 벽화를 남겼다. 돌조각에 야생 동물을 뒤쫓고 쇼핑 카트를 밀고 있는 남자를 펜으로 그린 것이었다. 나중에 대영박물관은 이 작품을 영구 소장하기로 결정했고 도난 방지 조치를 취했다.

브리스틀시립박물관 겸 미술관에서 공식적인 전시를 제의했을 때 뱅크시의 대답은 그답게 불손하고 풍자적이었다. 이전에 해왔던 도둑전시와 경쟁하듯이 이 전시회는 비밀리에 준비되었고 그라피티의 감성을 미술관으로 가져갔다.

그라피티는 파운드 아트와 상반된 것으로 간주될 수 있다. 파운드 아트에서 아티스트는 오브제 트루베(사람의 손이 가지 않은 자연 그대로의 미술품)를 그것의 정상적인 환경으로부터 떼어내서 새로운 환경을 만들어준다. 분수가 된 소변기가 한 예다. 그 오브제 트루베는 레디메이드 아트가 된다. 스트리트 아트는 정반대 방식을 취한다. 아티스트는 캔버스를 발견하고 스텐실 기법으로 찍어낸 슬로건과 불법 페인트칠을 통해 세상을 미술관으로 바꾼다.

뱅크시의 작업은 특히 맥락을 역동적으로 이용한다. 그림과도 같은 여러 장소에 '여기는 사진 찍는 곳이 아닙니다'라고 스프레이 페인트로 쓰면서 그는 풍경 전체를 작품에 포함시켰고, 같은 작업을 시도했던 낡은 코닥표지판을 엎어 놓았다. 전시할 미술관 자체가 캔버스가 되는 것은 불가피했을 것이다. 뱅크시의 작품 중 많은 것이 사실상 다른 예술작품 위에 작업한 그라피티였다. 즉 리믹스 작품이었다. 전시회의 제목 '뱅크시 vs 브리스틀미술관'이 그 증거다. 사운드클래시 *Soundclashes 뛰어난 디제이들이 음악적 특기를 겨루는 것* 및 매쉬업 *Mash-Ups 여러 곡을 마구 섞는 것* 대회라는 별명에 걸맞게 뱅크시의 전시회는 브리스틀박물관을 리믹스한 것이었다. 그리고 특히 한 조각품에서 그는 자신의 역할이 우리의 끝없는 재조합 문화의 일부라는 것을 인정했다. 그는 파블로 피카소가 했다는 말을 석판에 새겼다.

<u>하찮은 예술가는 모방하고 위대한 예술가는 훔친다.</u>

그는 거기에 파블로 피카소라고 서명한 다음, 자기 이름을 휘갈겨 쓰고 그 밑에 '뱅크시'라고 새겼다. 뱅크시는 아이디어를 훔쳐서 자기 것으로 만들면서 자신을 위대한 예술가 반열에 올려놓았다. 브리스틀 뱅크시 전시회는 2009년에 세계에서 방문객이 가장 많았던 전시회 30개 중 하나였다. 브리스틀미술관이 그 리스트에 오른 것도 처음이었다. 전시회의 엄청난 성공은 뱅크시의 엄청난 인기로 이어졌음은 물론이다. 이런 결과는 재조합문화가 융성해지는 한 증거이기도 하다.

같지만 다르다

앤디 워홀은 이미지를 반복 나열한 예술작품이라는 아이디어를 상품화했다. 그는 포드의 자동차 제작 모델을 예술 사업에 적용했다. 루 리드와 함께 벨벳언더그라운드 *Velvet Underground*를 결성한 존 케일이 이렇게 말한 적이 있다. "그곳을 공장이라고 부른 데는 다 이유가 있었어요. 거기엔 실크스크린 작품을 생산하는 조립 라인 이 있었거든요."

워홀은 전혀 부끄러워하지 않고 재조합 작업을 했다. 팝아트 운 동은 대중문화의 재전유를 통한 예술의 대중화를 그 기반으로 삼 았다. 팝은 대중 *Popular*의 줄임말이다. 앤디 워홀의 조립 라인은 똑 같은 실크스크린 작품의 변종을 대량으로 끝없이 찍어냈다. 각각 의 작품은 똑같아 보였지만 조금씩 달랐다. 그는 예술을 대량 생산 하면서 1950년대와 1960년대에 불쑥 등장한 매스미디어와 매스 마켓을 그대로 반복했다.

이미지를 반복하고 대량 생산하는 앤디 워홀의 스타일은 사람들 로 하여금 예술가란 창의적이고 신비로운 천재라는 생각에 의문을 품게 만들었다. 창의성의 신성함을 의심하게 된 것이다. 그는 이런 신성모독을 대단히 즐겼으며 작품 제작에 최소로 관여하고 수많 은 조력자들을 두고 있다는 사실을 의기양양하게 자랑했다. 그의 DIY시리즈는 각 숫자에 정해진 색깔을 칠하는 그림 키트에 기반을 둔 것으로 이 대량 생산 아이디어를 더 멀리 끌고 나간 것이었다.

단일 작품 속에서도 앤디 워홀은 다양한 버전과 반복을 시도해 서 엘비스 프레슬리와 마릴린 먼로 같은 유명 인사의 멀티 이미지 작품을 창조했다. 이는 셀프 브랜딩의 거장에게는 불가피한 작업이었을 것이다. 그리고 훨씬 더 유명한 물건들, 즉 캠벨수프의 통조림과 코카콜라 같은 같은 소비재들도 작품화했다. 캔버스를 4등분해서 멀티컬러 이미지를 반복 작업한 이 작품들은 팝아트 운동을 정의하는 창의적인 구조물 중 하나가 되었다. 그 후 그런 형태의 작품이 끝없이 반복되었다.

앤디 워홀 회고전을 홍보하기 위해 테이트모던미술관은 광고에이전시 네이키드 커뮤니케이션 *Naked Communications*, 포크 런던 *Poke London*과 함께 미술관 홈페이지에 워홀라이저 *Warholizer*를 만들었다. 사람들이 올린 자기 사진을 멀티컬러 이미지 작품으로 바꾸어서 테이트모던 홈페이지에 15분 동안 전시할 수 있게 해준 아이디어였다. 참여자에게 15분간의 영예와 데이터 용량을 제공한 것이다.

그것이 2002년의 일이었다. 그 후 콘텐츠 제작 및 편집, 유통 도구들이 드라마틱하게 변했다. 그리고 그 변화는 단순성을 지향한다. 요즘에는 누군가가 워홀의 작품 같은 자화상을 제작하고 온라인에 전시하고자 한다면 그냥 맥북에서 이미지 포토부스 *Photobooth* 애플리케이션을 실행하기만 하면 된다. 그 앱에는 내장카메라 아이사이트 *iSight*로 찍은 사진을 자동으로 멀티컬러 작품으로 바꿔주는 팝아트 효과가 있다. 사진을 찍어 올리면 그만이다.

앤디 워홀의 작품은 복제 작품에 대한 끝없는 복제에 영감을 주었다. 그 영감을 철저히 현대적으로 표현한 예술가가 켄 솔로몬이었다. 그는 '워홀'이라는 키워드에 이어지는 구글 이미지 검색 결과 페이지에 수채물감을 덧칠해서 구글 알고리즘의 순위에 따라 나타나는 워홀의 각기 다른 작품들을 재조합했다. 그 알고리즘 순위는 각 이미지와 연결된 링크 개수에 의해 상당 부분 결정된다.

워홀은 브랜딩 천재였다. 그는 매우 의식적으로 자신을 하나의 예술 브랜드로 바꾸었다. 그가 그렇게 한 이유는 단지 어린 시절에 겪은 불안정감을 진정시키기 위해서가(부분적인 이유일지도 모르지만) 아니었다. 워홀이 예술을 비즈니스로 여겼기 때문이었다. 그는 이렇게 말했다.

"돈을 버는 것은 예술이고 일하는 것은 예술이며 성공적인 비즈니스는 최고의 예술이다."

저서 『앤디 워홀의 철학』에서 그는 브랜딩 포인트를 훨씬 더 명확하게 강조했다. 워홀은 리바이스 청바지에 대한 시기심으로 이런 말을 한 바 있다.

"청바지 같은 특별한 것을 발명할 수 있으면 좋겠어. 뭔가 거대한 대중적인 걸로 기억될 그 뭔가!"

이 고백에는 엘리트를 위한 예술이 아닌 모든 사람을 위한 예술, 아주 멋진 감성이 담겨있다. 하지만 상업적인 기질도 다분하다. 이 말은 '퍼실 *Persil, 세탁세제 브랜드*'만큼 유명해지고 싶다는 빅토리아 베컴 *Victoria Beckham 스파이스걸스의 멤버* 의 말에서 되풀이되었다고 제레미 불모어 *Jeremy Bullmore*가 지적했다. 소비재 브랜드는 그 어떤 유명 인사보다도 유명하다는 방증이다.

모든 대중 예술가들은 예술작품의 가치는 브랜드의 가치와 마찬가지로 전적으로 사회가 결정한다는 것을 알고 있다. 예술작품은 그 작품에 가치가 있다는 점에 우리가 동의하기 때문에 가치가 있을 뿐이다. 이 말은 예술 산업 전체가 매우 간단한 가치 공식을 토대로 돌아간다는 뜻이다. 그 공식은 이렇다. 사람들은 사람들이 주목하는 대상에 더 많은 돈을 지불한다.

다수가 주목하는 것에 더 많은 돈을 지불한다

어떤 예술가와 그의 작품에 대해 들어본 적이 있는 사람이 많을수록 그 작품의 가치는 높아진다. 그러므로 예술 사업에서는 평판이 중요하다. 세간의 호평을 얻은 작품은 유명해지고 대중화되고 유행하고 브랜드를 창조하고 어텐션을 끈다. 필자는 이 메커니즘이 수많은 문화, 특히 광고 문화의 기저를 이룬다고 생각한다. 광고는 예술이 아니다. 광고에이전시는 멋진 예술품을 만드는 사업에 종사하지 않는다. 그들은 창의성을 이용해서 돈을 버는 사업을 하지만 성공한 예술품에는 상업적인 기질이 다분하다. 성공이라는 것이 결국에는 예술가가 자기 작품을 얼마에 팔 수 있느냐에 의해 측정되기 때문이다. 이것은 미학적인 측면에서의 성공은 아닐지도 모른다. 하지만 완벽한 예술작품이 아무도 볼 수 없는 어딘가에 영원히 놓여 있다면 그 작품이 문화에 미치는 영향은 한계가 있다.

일반 대중의 미디어가 주류 미디어를 갈수록 많이 보완하는 세상에서 창의성을 촉발하는 한 가지 요인은 주의 획득, 즉 어텐션이다. 구매한 금액을 초과하는 어텐션 획득이 필요하다. 예술과 마찬가지로, 광고 사업에서도 부분적으로 평판이 중요하다는 뜻이다. 적어도 표적으로 삼은 고객층의 평판이 중요하다.

모던 포스트모더니즘

그 안에는 우리가 포스트모더니즘으로부터 훔쳐낸 것들이 있다. '인재는 모방하고 천재는 훔친다.' 다양한 사람들이 조금씩 다른 말로 그 생각을 표현했다고 전해진다. 모리세이 *Morrissey*는 오스카 와일드가 말했다는 '인재는 빌리고 천재는 훔친다'를 앨범 제목으로 사용했다. 뱅크시가 도용한 피카소 버전이 그 중 가장 유명하지만 그것 또한 엘리엇 *T. S. Eliot*의 말이라고 한다. 엘리엇은 '유능한 시인은 빌리고 위대한 시인은 훔친다'고 말했다.

사실 그들 중 어느 누구도 정확히 그렇게 말한 것 같지는 않다. 하지만 재조합된 아이디어가 그렇듯이, 그 문장은 끝없이 반복되었고 권위자의 말로 둔갑했다. 그 문장은 엘리엇의 비평집 『신성한 숲』에 실린 글에서 나온 듯하다. 엘리자베스 1세 시대의 극작가 필립 매신저에 관한 비평문에서 엘리엇은 그의 작품을 판단하고, 이어 그 판단을 판단하기 위한 근거를 확립하려고 한다. 엘리엇보다 먼저 비평가 알프레드 크룩섕크 *Alfred Cruickshank*는 매신저의 작품이 저급하다고 주장했다. 부분적인 이유는 그의 작품이 다른 이의 작품을 본뜬 것으로 여겨졌기 때문이다. 이 점에 대해 엘리엇은 이렇게 대답한다.

"가장 확실한 판단 기준 가운데 하나는 시인이 어떤 방식으로 빌려왔는가 하는 것이다. 미숙한 시인은 베끼고, 성숙한 시인은 훔친다. 유능한 시인이라면 보통 먼 시대의, 또는 다른 언어를 쓰는, 또는 관심사가 다른 작가에게서 빌려올 것이다."

엘리엇은 그답게 신중하고도 정확하게 문화를 바라보는 포스트모던적 관점의 중요한 한 가지 요소를 포착한다. 그 요소는 우리의 디지털 문화 전역에서 계속 반복되며 모방과 절도를 명확하게 구분한다. 모방은 그 대상을 훼손하고, 절도는 그것을 개선한다. 적어도 다르게 바꾼다는 요점은 다른 어떤 것, 새로운 것이 생겨난다는 것이다.

천재가 훔치면 새로운 완전체 하나가 창조된다. 그것은 그저 어울리지 않게 대충 뜯어 맞춘 브리콜라주 *Bricolage*가 아니다. 덧붙여져서 완전체를 이룬 이질적인 요소들이 서로 소통한다. 시간상으로 멀거나 언어가 다르거나 관심사가 상이한 원천에서 훔쳐내는 것은 요소들 간의 역동적인 장력을 증가시킨다. 하지만 그 원천이 광범위할수록 요소들을 결합하기가 더 어려울 수 있다.

그래서 필자는 아내와 공동 창업한 컨설팅 회사 이름을 지니어스스틸스 *Genius Steals*라고 붙였다. 이 회사는 혁신에 대한 우리의 신념 위에 세워졌다. 고객을 위한 해결책이 필요할 때 우리는 가장 광범위한 원천을 탐구하고 거기서부터 해결책을 만들어나간다. 아무것도 없는 원점에서 시작하지 않는다.

　모방은 모방 대상을 감추고 위장한다. 절도는 그 대상을 취해서 다른 목적을 부여하고 새로운 맥락을 설정한다. 그 대상을 마음껏 가지고 논다. 의미를 구축하기 위해서는 반드시 원천을 알고 있어야 한다. 이런 점에서 절도는 하이퍼텍스트적이며 메타텍스트적이다. 그것은 외부에 있는 수많은 다른 텍스트와 비선형적으로 연결되며 이전에 확립된 의미를 토대로 그 위에 세워진다. 절도는 의미를 증식하지만 모방은 그렇게 하지 못한다.

　포스트모더니즘은 문화를 자의식적 기호들의 창고라고 단정한다. 단어는 그것이 나타내는 개념과 불가분의 관계가 없다는 통찰은 기표 *Signifier 언어로 표시되는 기호* 와 기의 *Signified 기표가 담고 있는 개념* 을 분리시켰다. 의미는 명확하게 지정하기가 불가능하기 때문에 텍스트는 확립된 기표를 지시 대상으로 이용한다.

　포스트모더니즘을 초래한 그 과정들 덕분에 모든 문화는 하나의 뷔페 테이블이다. 뷔페는 셰프가 준비하는 것이라기보다는 먹는 사람이 자신의 끼니로서 이것저것 모아서 만드는 것에 가깝다. 전유는 창의적인 행위다. 모든 것이 포스트모더니즘에서 인용되기 때문에 환상은 우리 시대의 가장 중요한 수사법일지도 모른다.

　포스트모더니즘이 강력한 미디어 문화에 대한 반발, 또는 그것과의 동화 *同化* 라고 생각하는 사람들이 있다. 포스트모더니즘은 자기참조적 아이러니와 대중문화 및 테크놀로지 요소들의 병렬을 통해 문화 형태와 예술 형태의 기반에 의문을 제기한다. 이런 점에서 디지털 문화는 갈수록 포스트모던적이다. 문화적 가공물은 환상, 참조, 인용으로 만들어진다. 엘리엇 자신은 모더니즘 작가였다. 하지만 모더니즘 역시 서로 다른 수많은 관점을 탐구하는 것과 관계가 있었다. 그의 걸작 『황무지』의 원래 제목은 『그는 다른 목소리들로 정찰한다』였다. 재조합은 그런 탐구를 제안한다. 그리고 모더니즘은 인용과 환상, 참조를 광범위하게 사용하는 것과 관계가 있었다. 이것은 표절이라는 영원한 질문을 가져왔다. 즉 그것은 베낀 것인가, 훔친 것인가?

이 문제들에 대해 엘리엇은 조금도 불안하지 않다고 증언했다. 그가 『황무지』에 지나치게 주의 깊게 덧붙인 주석은 모더니즘을 물들인 불안의 증후로 읽혀질 수 있다. 이 각도에서 보면, 포스트모더니즘은 정확히 무엇인가? 불안이 없는 모더니즘이라는 것 외에.

훔치는 행위에 대한 이와 같은 불안 결여는 포스트모더니즘과 오늘날의 사고의 특징이다. 과거에 존재했던 모든 것이 현재의 작업 속에 들어있다. 이 점을 알고 있어야만 예술과 문화, 테크놀로지, 혁신을 포스트모던적 시각에서 이해할 수 있다. 이 세상을 바꾸고 있는 테크놀로지들은 내부의 수많은 요소의 끝없는 반복 및 재조합과 외부에서 얻은 영감을 토대로 건설된다. 아이튠즈, 아이폰, 아이패드 같은 혁신적인 기기들 덕분에 디지털 미디어 세계의 주요 건축가 중 한 명으로 추앙받는 스티브 잡스 *Steve Jobs*는 훔쳐야 할 필요성에 대해 항상 분명했다.

"결국 그것은 한 마디로 취향이다. 지금껏 인간이 해낸 최고의 것들을 접하려고 노력하고, 그런 다음에 그것들을 당신이 하고 있는 작업에 집어넣으려고 애쓰는 것으로 요약된다. 위대한 아이디어를 훔치는 행위에 대해 우리는 한 번도 부끄러워한 적이 없었다."

스티브는 창의적인 생각의 주요 요소를 몇 가지 소개한다.

- 반복: 기존의 것 위에 구축하기, 원점에서 시작하기보다는 무엇이 효과적인지를 찾아내고 거기서부터 시작하기
- 재조합: 서로 다른 요소들을 섞어서 새로운 완전체 창조하기
- 영감: 재조합할 원천을 찾기 위해 관심사가 다른 분야들을 탐구하기

지난 20년간의 미디어 기술의 발전으로 콘텐츠를 즉시 간단히 재생산할 수 있게 되었고, 그 덕분에 아이디어 프로슈머 세대가 쉽게 등장할 수 있었다. 프로슈머 *Prosumer*란 생산자 *Producer*와 소비자 *Consumer*의 합성어로 앨빈 토플러 *Albin Toffler*가 처음 사용했다. 그들에게 리믹스 작업은 자기 자신을 표현하는 타고난 방법이다. ctrl+C와 ctrl+V 단축키의 습관적인 사용이 일반화되면서 자르고 붙이는 세대가 등장한 것이다. 그들에게 기존 미디어 상품들은 팔레트에 짜 넣은 다채로운 물감들과 같다.

의미 구축에 필요한 도구들이 한 세대 전체의 손에 들어갔고, 그

들은 주로 포스트모던적 방식, 즉 환영과 인용, 참조, 짧은 코멘트를 통해 표현한다. 그들은 문화를 리믹스해서 새 문화를 창조한다. 하지만 이 쉽고 자유로운 문화 리믹스 작업이 단순히 이 시대의 또는 테크놀로지의 기능은 아니다. 이 재조합 문화가 이제 막 시작되는 듯이 보이지만 그것은 단지 부활한 것에 지나지 않는다. 현대 미디어 기술은 훨씬 더 근본적인 생각을 명확하게 보여주고 있을 뿐이다. 그 생각이란 문화와 모든 아이디어가 본래 재조합물이며 그렇지 않으면 존재할 수 없다는 것이다.

08. 조합 도구

아이디어 얻는 법, 천재는 과정을 훔친다

> 상상력이 미지의 사물의 형태를
> 마음에 품고 있을 때 시인의 펜이
> 그 형태를 구체적인 것으로
> 바꾸고 그 공허한 것에
> 작은 자리와 이름을 부여한다네.
>
> 셰익스피어, 한여름밤의 꿈 5막 1장에서

필자에게는 이례적으로 크리에이티브 디렉터 겸 플래너로 일했던 경험이 있다. 그 후부터 필자는 전략적인 아이디어 창출 과정에 대해 양면적인 시각을 갖게 되었다. 하나는 광고에이전시의 아이디어 도출 측면에서 보는 것이고, 다른 하나는 실행 및 통합 관리 측면에서 보는 것이다.

필자는 제임스 웹 영 *James Webb Young*의 아이디어 생산 기술을 토대로 삼아 '아하!' 순간으로 이어지는 요소를 더 많이 찾아내고자 했다. 모든 사람을 위해 아이디어를 더욱 쉽게 얻는 기술을 확립하기 위해서다. 전설적인 광고인 제이 치아트 *Jay Chiat*가 말했듯이 크리에이티브는 부서가 아니다. 다양한 취향을 지닌 광고 크리에이티브들은 저마다 매우 귀중한 기술, 구체적이고 정교한 기술을 지니고 있다. 하지만 그 기술과 아이디어 생산을 융합하는 작업은 우리를 위축시킨다. 창의적인 기업에서 일하는 모든 사람 그리고 다른 모든 사람들도 그 융합 작업에 정통해야 한다.

Tool Kit **아이디어 얻는 법, 천재는 훔친다**

지니어스스틸스의 아이디어 창출 과정은 여섯 단계로 나뉜다.

1. 문제를 정의하라.

사상가에게 가장 큰 난제는 해결책을 허락해줄 방식으로 문제를 진술하는 것이다. 광고에서 창의적인 아이디어는 보통 구체적인 비즈니스 문제를 해결하기 위해 존재한다. 아이디어는 비즈니스 성장의 동인 또는 장애물을 어느 정도 해결해야만 한다. 모든 해결책의 기반은 문제를 어떻게 정의하는가이다. 창의적인 생각이 여기에서 공식과 함께 적용되기 시작한다. 문제를 정의하는 방식이 그것을 해결할 수 있을지 없을지, 그리고 어떻게 해결할 수 있을지를 결정하기 때문이다. 문제를 잘 정의하기 위해서는 논점과 목표를 요약할 필요가 있다. 전문용어를 피하고 가능한 한 보편적으로 문제를 정의해야 한다.

출처가 모호하지만, 도요타의 어느 임원에 대한 유명한 이야기가 있다. 그는 부하 직원들에게 생산성을 높이는 방법에 관한 브레인스토밍을 요구했다. 아무 소득이 없이 시간만 흘러갔다. 그러다가 그 임원이 '더 쉽게 일하는 방법'으로 바꾸자 수많은 제안이 이어졌다. 행동 목표를 제시하는 것은 아이디어에 초점을 맞추게 도와준다. 광고에이전시 네이키드커뮤니케이션의 공동 창업자 윌 콜린 *Will Collin*이 그것을 잘 설명한다. 비즈니스 목표는 마요네즈 판매량을 15%

늘리는 것이지만, 사람들이 감자튀김을 마요네즈에 찍어먹어 보게 만들기라고 표현한다면 해결책 도출에 훨씬 더 많은 영감을 줄 거라고 그는 말했다.

2. 은유를 구성하라, 추상적 개념을 끌어내라, 패턴을 찾아라.

인간의 뇌는 은유와 연상을 이용해 사고한다. 그리고 당면 문제와 일치하고 다른 곳에서 이미 확립했던 패턴이 가장 좋은 아이디어일 때가 많다. 최고의 아이디어를 얻으려면 구체적인 것으로부터 추상적인 것을 끌어내서 일반적인 것에 집어넣어야 한다. 그리고 이 패턴은 다른 곳에서 이미 실행되었을지도 모른다. 이 작업을 마치면 다음 단계로 넘어가서 다양한 시대와 장소와 범주 등으로부터 적절한 영감을 얻을 수 있다.

3. 반복, 안팎에서 영감 얻기

새로운 아이디어를 구성하는 요소는 언제나 다른 아이디어들이다. 필자는 아이디어가 레고 조각이라고 생각한다. 레고로 무엇이든지 만들 수 있다. 하지만 특정한 물건을 만들기 위해서는 특정한 조각이 필요하다. 발전 또는 반복될 수 있는 아이디어를 찾기 위해 맨 먼저 해야 할 일은 과거에 존재했던 유사한 패턴의 문제를 가장 성공적으로 해결한 아이디어를 찾는 것이다.

적절한 영감, 적절한 레고 조각을 찾는 것은 모든 창의적 과정에서 가장 중요하고도 항상 진행 중인 부분이다. 광고 밖에서 영감을 찾아야 한다는 말은 광고계의 격언이다. 그 말은 맞기도 하고 틀리기도 하다. 프로로서 광고인들은 이 분야에서 행해지고 있는 최고의 작업에 대해 알고 있는 것이 좋다. 광고제 수상작들이 도움이 될 뿐 아니라 영감을 준다. 하지만 그것보다 훨씬 더 큰 유전자 풀이 필요하다. 그러므로 더 멀리 떨어진 분야들, 즉 예술과 테크놀로지, 디자인으로부터의 영감이 필요하다.

당신이 관심을 갖고 있는 모든 신기한 것, 당신이 몰두하는 모든 틈새 문화가 당신의 아이디어 창고다. 2단계에서 알아낸 패턴, 즉 추상적 개념을 토대로 적절한 영감을 선별하여 편집할 수 있다. 다시 말하지만, 다양한 분야와 관심사들로부터 알맞은 요소를 찾아내서 문제에 적용하는 것이다. 영감은 광고계 내부에서도 얻을 수 있으며, 매우 상이한 범주나 문화의 유사한 문제를 지켜봄으로써 가능하다.

사과 게임은 창의적인 수액이 계속 흐르도록 만드는 좋은 방법이다. 종이에 가로 세로 선을 그어 네모 칸을 여러 개 만들고 팀원들에게 한 장씩 주어라. 모든 사람이 한 칸에 간단하게 사과 그림을 그린 후, 각 네모 칸에 그 사과와 관련된 뭔가를 그려야 한다. 유일한 조건은 이미 그린 것을 반복해서는 안 된다는 것이다. 계속 밀어붙이다보면 그 간단하고 뻔한 사과 그림에 대해 더욱 은유적인 해석들, 더욱 창의적인 아이디어들이 이어진다.

4. 재조합 : 섞고 또 섞어라.

이 단계는 제련소다. 이곳에서 이질적인 조각들을 한데 녹여서 아이디어를 뽑아낸다. 모든 창조는 연결에서 시작된다. 거의 모든 브레인스토밍과 창의성 도구들은 뻔하지 않게 연결된 것들을 활성화해서 그것이 아이디어로 응축되는지 여부를 알아내는 것에 초점을 맞춘다.

창의성을 타고난 사람은 기존의 것들을 뻔하지 않게 연결하는 작업을 자연스럽게 해낸다. 하지만 그 연결 작업은 모든 사람이 지침을 통해 해낼 수 있는 하나의 과정이며, 유능해질수록 더 많이 활용하는 하나의 능력이다. 앞 단계에서 끌어 모은 모든 요소와 아이디어와 영감 조각들을 작은 카드에 한 개씩 적어라. 그런 다음, 그 카드를 마구 섞거나 책상 위에 펼쳐놓고 카드 두 장을 연결해서 아이디어 한 개로 바꿀 수 있는지 알아보라. 이렇게 함으로써 매우 간단한 재조합 엔진을 만들어낼 수 있다.

- 무작위 투입: 사전에서 단어를 무작위로 골라내고 옆에 놓인 카드에 억지로 끼워 맞춤으로써 그 단어들을 재조합 작업에 추가할 수 있다.

- A-Z 아이디어: A-Z 게임으로 양을 늘릴 수 있다. 알파벳의 각 문자에 맞는 아이디어 한 개를 짧은 시간 안에 생각해내라.

- 조용히 글을 써라: 양을 늘리는 또 다른 방법이다. 모든 팀원이 혼자서 자신의 아이디어를 5분 동안 써본다. 그런 다음에 회의나 브레인스토밍을 시작한다.

- 역(逆) 브레인스토밍: 반의어를 통해 들여다봄으로써 부정적인 것에서 패턴을 찾는다. 문제를 정의하고 그 정의를 뒤집어라. '어떻게 이것을 해결할 수 있을까' 대신에 '어떻게 그런 문제가 생겨날 수 있었을까' 또는 '어떻게 그 문제를 악화시킬 수 있을까', '최선의 아이디어는 무엇인가'보다는 '우리가 내놓을 수 있는 최악의 아이디어는 무엇인가'라고 질문하라. 어떻게 하면 우리가 원하는 것과 상반되는 결과를 초래할 수 있을까' 이 질문을 이용해서 아이디어를 자극하라. 질문을 뒤집어서 현실적인 해결책을 찾을 수 있다.

5. 부화: 생각을 멈추어라, 주의를 딴 데로 돌려라, 궤도에서 벗어나라.

모든 창의적인 과정은 이 요소를 가지고 있다. 일정 시간 동안 한 문제에 억지로 집중하면서 해결책을 찾느라 고심했다면 생각이 흘러가는 궤도가 생기기 시작한다. 휴식이 필요한 순간이다. 더 중요하게는, 이제 다른 것을 생각해야만 한다. 욕조 목욕, 길고 경쾌한 산책, 샤워, 일단 자고 내일 생각하기. 이런 구체적인 행동 방침이 이 단계에 필요하다. 우리의 뇌는 열심히 일하는 것을 잠깐 멈출 때 임의의 것들을 더 많이 연결하기 시작한다. 상상력이라는 재조합 엔진이 작동하는 것이다. 주의를 딴 데로 돌리는 것, 하다못해 술을 몇 잔 마시는 것은 아이디어를 방해하는 내부의 검열관을 잠재운다.

6. 명확한 표현과 판단: 그 아이디어가 좋은가? 더 섞을 수 있을까? 어떻게 명확하게 표현할까?

아이디어는 부서지기 쉽다. 최고의 아이디어는 도출한 후 보호해야 한다. 그러지 않으면 시들거나 죽고 만다. 당면 문제를 얼마나 잘 해결할 것 같은지, 얼마나 뻔하지 않은지를 토대로 가장 생산적인 아이디어를 골랐다면 잘 보살펴서 실재하는 것으로 바꿔야 한다. 셰익스피어의 말처럼, 아이디어에는 작은 자리와 이름이 필요하다. 모양과 느낌, 짧은 설명, 맥락에 맞는 시각적 이미지, 이 모든 것이 아이디어가 살아 움직이게 돕는다. 크리에이티브 디렉터와 광고주와 세상 사람들의 주목을 끄는 것은 대개 이름과 맥락을 가진 아이디어다.

역공간

역공간은 사이에 존재하는 공간을 말한다. 서로 다른 문화가 섞이고 교류하는 공간, 개성이 모호해지고 더욱 유동적이 되는 공간, 혼합된 형태들이 창조되는 공간이다.

이 역공간이라는 용어는 케이트 폭스 *Kate Fox*의 저서 『영국인 발견』에서 필자가 훔쳐낸 것이다. 그 책은 영국인의 행동을 지시하는 사회적 규범의 기저에 있는 규칙들을 분석한다. 영국에 살고 있는 사람은 누구든지 그 규칙을 즉시 인정할 것이다. '진지하지 않기의 중요함' 규칙이 특히 그렇다. 그 규칙은 아이러니에 대한 영국인들의 병적인 집착을 설명해준다.

문화인류학자가 대개 그렇듯이-광고인도 그래야만 하듯이-폭스는 사람을 열심히 관찰한다. 그녀는 펍 *Pub*에서 엄청 많은 시간을 보내면서 사람들의 대화와 행동을 몰래 관찰하고 기록했다. 그녀의 발견에 따르면, 펍은 역공간-경계선이 희미해지고 정상적인 사회 규범이 뒤집히는 해방구-이다. 그러므로 펍에서 우리는 생판 모르는 사람에게 아무렇지도 않게 말을 걸 수 있다. 그곳에서 사람들은 상호작용한다. 알코올을 이용하면 그 과정이 수월해지기는 하지만 그렇다고 굳이 술을 마실 필요는 없다. 그곳에는 역공간의 특징인 행복감 공유와 장벽 붕괴가 존재한다.

그 책을 읽은 후 필자는 생각하기 시작했다. 브랜드 경험은 왜 그것과 다를까? 셀 수 없을 정도로 펍에 가보았다. 중심이 되는 공통 경험이 존재하지 않을 때 사람들은 대체로 공존한다. 상호작용하지 않는다. 하지만 브랜드가 역공간에서 사회적 경험을 조직할 수 있다면 어떨까? 이벤트나 페스티벌 그 이상의 경험, 정상적인 사회적 행동 규범에서 단체로 일탈하는 강렬한 경험을 조직한다면? 그렇다면 그 경험은 엄청나게 강력한 동인이 되지 않을까?

적절한 경험을 이용해서 소비자를 팬으로 바꿀 수 있지 않을까? 가장 일반적인 의미에서, 그것이 그렇게 할 수 있는 유일한 수단이 아닐까?

역공간으로서의 브레인스토밍

이와 똑같이, 브레인스토밍 퍼실리테이터 *조력자, 조정촉진자* 의 역할은 역공간을 창조하고 서로 다른 관점, 서로 다른 생각을 모아서 체계적으로 혼합하고 재조합하도록 돕는 것이다.

브레인스토밍이라는 단어와 그 아이디어는 글로벌 에이전시 BBDO의 공동 창업자 알렉스 오스본 *Alex Osborn*에 의해 1950년대에 대중화되었으며 창의적인 모든 산업의 주요 도구가 되었다. 그러나 종종 브레인스토밍은 서툰 퍼실리테이터와 함께 준비 없이 비체계적으로 행해진다. 이것은 무기력한 결과, 집단 사고, 시간 및 감정 낭비로 이어진다. 약간의 반발을 불러왔지만 조나 레러 *Jonah Lehrer*는 『이매진』에서 브레인스토밍이 효과가 없다고 주장했다. 수많은 워크숍을 기획하고 도왔던 필자로서는 그 주장에 동의

하지 않는다. 잘 계획된 워크숍은, 적절히 운영된다면, 특정한 목적에 대단히 효과적이다. 그런 목적 중 하나가 인접 가능 공간에 존재하는 흥미로운 아이디어들에 최대한 빨리 접근하는 것이다. 여러 요소를 제대로 뒤섞고 사람들을 처음부터 참여시키고 시간을 아끼기 위해 가장 뻔한 아이디어를 맨 먼저 제거해야 한다.

그렇기 때문에 아이디어들의 수량이 중요한 목표다. 그 다음에는 가장 설득력 있는 아이디어들을 보다 선형적인 방법으로 제련하고 발전시킨다. 퍼실리테이터는 미리 시간을 내서 앞의 도구상자에서 소개한 아이디어 창출 과정의 1단계부터 3단계까지를 작업해야 한다. 그리고 워크숍은 4단계와 5단계에 도움이 된다.

6단계의 판단은 단계적으로 행할 수 있다. 즉 회의실에서 간단하게 투표한 후 더욱 창의적인 방향을 제시하고, 이어서 제련하고 적절한 때에 아이디어 조각들을 조합해서 더 큰 아이디어로 응축한다. 제안된 아이디어 100개 중에서 고작 5개 내지 10개 정도만 남아야 한다. 브레인스토밍에서 나쁜 아이디어는 없다고 사람들은 종종 말한다. 완전히 틀린 말이다. 브레인스토밍에서는 나쁜 아이디어가 엄청나게 많다. 이것이 요점일지도 모른다.

창의적 끈기

애덤 모건 *Adam Morgan*은 도전자 브랜드 옹호자로서 『1등 브랜드와 싸워 이기는 전략』과 『내부의 해적』의 저자다. 그와 대화를 나

눌 기회가 있었는데, 우리는 자신의 요점을 전달하기 위해 개인적 일화를 이용하는 방법에 관해 이야기했지만 필자는 한 가지 개념에 특히 흥미를 느꼈다. 그가 창의적 끈기라고 부른 개념이었다.

창의적 끈기란 어떤 사람 또는 어떤 기업체를 이해시키는 더 좋은 방법을 찾아내는 것을 뜻한다. 누군가가 당신이 한 말의 요점을 파악하지 못한다면 그것을 전달할 더 좋은 방법을 찾아야 한다. 누군가가 면전에서 문을 쾅 닫는다면 계속 문을 두드리지 말라. 창문을 찾아보라.

애덤 모건이 그 개념을 언급했을 때 필자는 그것이 창의적인 좋은 아이디어를 집요하게 끌어내는 태도를 뜻한다고 생각했다. 모건이 의미하는 것은 그게 아니었다. 끈기에서 창의성을 발휘하라는 뜻이었다. 하지만 필자는 그 개념을 잘못 해석했다. 광고계에서 크리에이티브는 조금 다른 개념이며, 원래보다 더욱 좁은 의미로 쓰인다. 그 안에서 크리에이티브는 창의적인 부서에서 일하는 사람들과 그들이 생산하는 작품을 뜻한다. 그러므로 광고주든 누구든 당신의 말을 즉시 이해하지 못하더라도 좌절할 필요가 없다. 애덤 모건은 근사한 예를 들었다.

<u>No라는 대답을 들을 때 나는 그것을 더 많은 정보를 달라는 부탁으로 받아들인다.</u>

직업은 사고방식과 상대방의 말을 해석하는 방식에 상당히 많은 영향을 끼친다는 것을 이 경험으로 또 한 번 깨달았다.

플래닝의 역설

광고에이전시 내부에서 어카운트 플래너는 소비자의 대변인으로 종종 묘사된다. 하지만 지하철역에 들어설 때마다 필자는 광고를 찾아 고개를 이리저리 돌리며 거기에 무슨 광고가 있는지 보고 그 광고 뒤에 놓인 생각을 집어낼 수 있는지를 알아본다. 신문을 읽을 때, 필자는 광고를 본다. 잡지를 읽을 때도 광고를 본다. 아이패드 앱에서 광고가 뜨면 가끔씩은 그것을 클릭하고 무엇을 광고하는지를 본다.

소비자들은 그렇게 하지 않는다. 직접 확인해보라. 다음번에 지하철역에 있을 때 그 안에 있는 광고를 힐끗 보는 사람이 있는지 알아보라. 광고에 적극적으로 어텐션을 기울이는 사람은 틀림없이 광고계 종사자다. 어카운트 플래너로서 오래 일한 사람일수록 광고계에서 더 오래 일했고, 광고를 대하는 방식에서 일반 소비자와 덜 비슷하다. 광고 아이디어의 영향력을 판단할 때 그 점을 유념하면 도움이 될 것이다.

중계세대

버지니아 울프 *Virginia Wolf*는 서술하기 전까지는 아무 일도 일어나지 않는다고 말했다.

세상 사람들은 이제 그녀의 생각을 이해한 것 같다. 우리는 접촉하고 연결되기 위해 끝없이 자신을 굴절시키고 자신의 인생을 중계한다. 그런 다음에 자신에게로 어텐션을 끌어오는 것처럼 보이는 것에 반응하여 자신을 구성하기 시작한다.

우리는 중계를 통해 자기 자신을 만들어나간다.

온라인에서는 누구나 유명하다. 하지만 몇몇은 다른 사람들보다 더 유명하다. 누가 누군지를 알기는 정말로 쉽다. 모든 것이 나열되기 때문이다. 사회적 동물이므로 우리는 항상 사회적으로 생각하고, 타인의 눈을 통해 자신을 본다. 중계되지 않으면 그 어느 것도 진짜처럼 느껴지지 않는다. 갈수록 그렇다.

콘서트에 갈 기회가 있다면 잘 관찰해보라. 많은 사람들이 스마트폰으로 그 순간을 캡처한다. 그것을 중계하고 방송하기 위해, 기억하고 공유하기 위해서다. 그것을 이용해 자신을 계속 구성하기 위해서다.

MTV세대는 그들이 소비하는 매체의 이름을 따서 그렇게 불려졌다. 그리고 마이스페이스 *Myspace, 미국판 싸이월드* 세대(지금은 페이스북 및 트위터세대)는 그들이 생산하는 매체의 이름을 딴 것이다. 이 세대는 중계세대로서 더 잘 이해될 것이다. 그들은 자기 자신을 끝없이 중계하는 경향이 있기 때문이다. 데이브 이거스 *Dave Eggers* 의 소설 『서클』에서 등장인물이 이렇게 말한다.

"당신과 당신의 종족은 끝없는 감시 아래서 살아갈 거예요, 기꺼이 즐겁게. 항상 서로를 지켜보고 서로에 대해 논평하면서, 서로 투표하고 좋아하고 싫어하면서, 웃고 찡그리면서. 그것 말고는 달리 할 게 하나도 없겠지요."

프랑스의 철학자 장 보드리야르 *Jean Baudrillard*는 모든 것이 기계에 의해 끝없이 재생산되기 때문에 현실과 환상을 구별하기가 불가능하다고 주장했다. 복제된 이미지가 현실이 된다. 이것을 그는 과잉현실 *복제품에 의해 대체된 현실* 이라고 불렀고, 가상이 실재를 대체한 세계를 우리가 이미 창조했다고 말했다. 움베르토 에코 *Umberto Eco*는 이 개념을 진짜 같은 가짜라고 불렀다.

찰리 카우프만 *Charlie Kaufman*의 영화 『시네도키, 뉴욕』은 그 개념을 탐구한다. 거기서 감독은 현실과 자기 자신을 이해하기 위해 자기만의 현실을 창조하고 재창조한다. 이 중계세대는 인터넷이 공개적이고 영구적이라는 생각을 당연시하지만 우리 개개인보다는 우리의 문화가 과잉 연결된 현실 속으로 돌진하고 있는 것 같다.

『위 리브 인 퍼블릭』은 다큐멘터리 영화로서 자신을 끝없이 노출하는 한 남자의 실험을 통해 이런 문화를 바라본다. 조쉬 해리스 *Josh Harris*는 벤처기업 열풍을 타고 수백만 달러를 벌었다. 그리고 인터넷이 어떤 세상을 창조할지를 예측했고, 그렇게 예측한 세상을 예시하는 이 영화에 그 돈을 쏟아 부었다.

모뎀 시절에 그는 라이브 인터넷 방송 채널 '수도 *Pseudo*'를 창립했다. 그리고 나중에는 한 건물의 지하실에 '콰이어트'라고 부르는 벙커 같은 호텔을 만들었다. 다양한 설치 작품이 놓인 그곳에서 서로 일면식도 없는 사람들이 함께 살았다. 카메라가 하루 24시간 내내 돌아가며 모든 공간에서 그들의 모든 활동을 찍음으로써 사생활을 일체 제거했다.

그 후에 조쉬는 여자 친구와 동거하는 아파트에 센서 기능이 탑재된 카메라를 설치했다. 그 카메라들은 두 사람의 일거수일투족을 촬영해서 WeLiveinPublic.com에 내보냈다. 그는 인터넷이 세상을 어떻게 바꿀지에 대한 자신의 상상을 실험하고 표현하고 개척하고 판매하고자 했다. 그 세상은 모든 사람이 다른 모든 사람을 항상 지켜보는 한 채의 팬옵티콘 *Panopticon 교도관이 자신을 노출하지 않은 채 한 곳에서 수감자의 모든 생활을 감시할 수 있는 원형 감옥* 일 거라고 그는 생각했다.

오직 중계된 영상 속에서만 우리는 자신이 원하는 모습, 혹은 타인에게 보여주고 싶은 모습으로 자기 자신을 보게 될 것이다. 두 영화가 보여주듯이, 그것은 우리의 정체성에 언젠가는 아주 이상한 영향을 미칠 것이다. 우리는 어텐션 끌기에 중독되는 동시에 그것을 부담스러워한다.

결국, 조쉬 해리스는 정신적 붕괴를 경험했다. 이것을 그는 미디어 중독―자기 자신을 먹잇감으로 끝없이 생산하고 소비하기―이라고 불렀다. 그는 인터넷을 버리고 에티오피아로 떠났다. 미디어를 단번에 끊고 자가 재활치료에 들어간 것이다.

우리의 문화는 거울 한 쌍이 맞은편 거울에 비친 상을 끝없이 반복해서 비추도록 만든 인피니티 미러로 재창조되고 있다. 그렇게 무한하게 복제된 이미지들이 현실이 된다. 이 말은 문화적 붕괴의 신호를 경계해야만 할지도 모른다는 뜻이다. 다행히 그 일이 지나치게 어렵지는 않을 것이다. 우리는 자신을 지켜보는 타인을 지켜보고 그렇게 서로 지켜보는 자기 자신을 지켜볼 것이기 때문이다.

포스트-포스트모던 광고

문화는 과거의 문화를 끝없이 반복한다는 생각은 새로운 게 아니다. 대부분의 사람들은 다른 사람들이며, 그들의 생각은 다른 누군가의 생각이고, 그들의 인생은 다른 누군가의 인생을 모방한 것이며, 그들의 열정은 다른 누군가의 열정을 인용한 것이라고 오스카 와일드는 썼다.

하지만 포스트모던적 표현의 특징은 재현에 대한 자각 및 사용-독자나 시청자를 향한 일종의 넛지 *Nudge*와 윙크-이다. 그것은 진짜 의미의 모호함을 표현한다.

필자는 광고가 오래전에 포스트모던 광고로 이동했다고 생각한다. 그것은 점점 더 자의식이 강해졌다. 애초에 포스트모더니즘을 초래했던 똑같은 이유들-불확실성, 절대적인 것의 부재, 진보할 것 같지 않은 느낌-때문이었다. 전유에 대한 불안 결여는 광고시대의 종말로 보일 수도 있다.

역사 속의 모든 순간은 대개 과도기로 느껴진다. 야누스는 인간의 타고난 성향 같다. 그래서 우리는 과거를 돌아보는 동시에 미래를 내다보고 진행 중인 진보를 역사에 적용하며 추론을 통해 변곡

점, 즉 패러다임이 변하는 지점에 자신을 놓는다. 그렇기 때문에 필자는 상황이 경외로운 것을 향해 변하고 있다고 믿는 내 성향에 대해 항상 약간 회의적이다. 하지만 나의 낙관주의는 그 회의주의를 이겨내야만 하고 또한 이겨낸다.

광고가 처음 생겨난 이후부터 체계화되었던 규칙들이 서서히 무너지고 있다. 그리고 유익한 진보에 대한 확신은 광고의 타당성에 대한 의심으로 대체되었다. 이것은 광고라는 것을 창피해하는 광고들(아름다운 영상을 보여주는 광고나 브랜디드 콘텐츠 등) 속에 분명히 나타난다. 광고라는 것을 극도로 자각함으로써 창피함을 극복하는 광고 실릿뱅 *Cillit Bang 세제 브랜드* 을 열심히 외치는 *괴상한 배리 스콧 Barry Scott 속이 등장하는 광고* 에서도 분명히 나타난다.

그렇다면 다음에는 무슨 일이 일어날까? 앨런 커비 *Alan Kirby*는 이렇게 썼다.

모더니즘과 그 전의 로맨티시즘처럼, 포스트모더니즘은 작가에게 집착했다. 그 작가가 스스로를 비난하거나 파괴하기로 결정할 때조차 그러했다. 그러나 지금 우리의 문화는 텍스트 수신자에게 지나치게 집착한다. 그리하여 그가 그 텍스트를 일부 또는 전부 쓴 작가로 바뀔 정도다.

이 글은 광고를 통제하는 소비자에게 치중하는 현재의 추세를 이해하고 있다. 포스트모던 광고에서 브랜드는 기호를 재전유하지만 여전히 중앙 통제를 유지하고 텍스트에 초점을 맞춘다. 반면에 포스트 포스트모던, 또는 유사 모던 *Pseudo Modern* 광고에서 소비자는 텍스트 생산의 필수 요소다.

내가 유사모더니즘 *Pseudo Modernism* 이라고 부르는 그 계승자는 개인의 행동을 문화 상품의 필요조건으로 만든다. 유사모더니즘은 TV나 라디오의 모든 프로그램 또는 그 프로그램들의 모든 부분을 포함한다. 참여한 시청자나 청취자가 발명하거나 지시한 콘텐츠와 동력이 담겨있는 텍스트를 전부 포함하는 것이다.

광고가 이 유사 모던 방식으로 쉽게 이동할 수 있게 해준 것은 최신 광고 기술들이었다. 그렇게 이동한 덕분에 전통적인 미디어는 상호작용이 가능해졌다. 이것을 가장 잘 보여주는 것이 인터넷이다.

특히 뛰어난 유사 모던적 문화 현상은 인터넷이다. 인터넷에서 가장 중요한 행위는 개인이 마우스를 클릭해서 누구도 복제할 수 없는 방식으로 수많은 페이지를 관통하는 행위, 지금까지 존재한 적이 없었고 앞으로도 결코 존재하지 않을 그 길을 처음 만들어내는 행위다.

그렇기 때문에 유사 모던 광고들은 공동 생산, 상호작용, 참여에 치중한다. 이 추세는 갑자기 폭발적으로 증가한 사용자 제작 콘텐츠 광고캠페인 그 너머까지 영향을 미친다.

한 예로, 구글은 최초의 TV 광고를 결정하기에 앞서 인터넷에 오른 소비자 의견을 활용했다. 광고 영상을 TV로 내보내기 전에 인터넷에 먼저 올리는 것은 거의 언제나 바람직하다. 하지만 그 후에는 그 두 가지가 효과적으로 협력한다. 그 이유는 인터넷 대중에게는 발견과 우선순위가 항상 중요하기 때문이다. 뭔가를 공유하기 위해서는 그것을 이미 본 사람이 별로 없을 거라는 생각이 들어야 한다. 반면에 TV 대중은 어떤 광고 영상이 인터넷에 이미 올라와 있는지 여부에 그렇게 신경 쓰지 않는다. 인터넷은 무한한 공간이며 소비 양상이 다르기 때문이다.

구글은 최초의 TV 스폿광고 '파리지앵 러브'를 2010년 슈퍼볼 중계방송 중에 내보냈다. 그것이 처음에는 인터넷 광고로 기획되었다고 CEO 에릭 슈미트 *Eric Schmidt*는 말했다. 구글은 여러 개의 광고를 동시에 내보내서 어느 것이 가장 많이 조회되는지를 알아보았고, 그 후에야 슈퍼볼 스폿광고를 결정했다. 그때부터 슈퍼볼 스폿광고를 인터넷에 먼저 내보내는 것이 관행이 되었다. 다스베이더 차림의 어린이를 모델로 한 폴크스바겐의 더 포스 *The Force*광고는 2011년 슈퍼볼에서 광고에 대한 대화를 장악했다. 몇 주 전에 이미 인터넷에 내보냈기 때문이다.

2013년에 코카콜라는 유사 모던 방식을 더욱 완전하게 적용했다. 그들은 슈퍼볼 스폿광고를 훨씬 더 일찍 내보냈고, 대중을 초대해서 앞으로 일어날 일을 결정하도록 만들었다. 그 60초짜리 신기루 *Mirage*광고에서는 사막에서 세 팀이 거대한 코카콜라 병을 향해 달려간다. 제목이 말해주듯, 그 병은 신기루다. 그런 다음에 그 경주 결과에 대한 결정권을 시청자들에게 주었다. 그들은 CokeChase.com으로 가서 어느 팀이 코카콜라를 차지해야 하는지에 대해 투표했다.

우리는 소비자에게 브랜드와의 상호작용을 그 자신이 통제한다는 느낌과 그의 상호작용, 그의 어텐션 할당이 브랜드의 존재에 꼭 필요하다는 느낌을 제공할 수 있다. 왜냐하면 실제로 그렇기 때문이다.

Tool Kit 브랜드 행동 모형의 구성요소

브랜드 신념 *Brand Belief* 은 지침이 되는 원칙, 세상에 대한 신념을 표현한 것이다. 그 구성 요소는 다음과 같다.

- 제품, 서비스, 행동, 콘텐츠, 툴, 광고

이 여섯 가지 요소를 다르게 조합함으로써 새로운 아이디어 영역의 문을 손쉽게 열 수 있다. 각 조합마다 새로운 아이디어 영역을 하나씩 만들어낸다.

- 콘텐츠 + 툴 = 콘텐츠 툴 (소비자가 콘텐츠를 제작하도록 돕는 도구가 될 수 있다)
- 광고 + 툴 = 광고 툴 (앞서 소개한 코카콜라 사례처럼, 광고와 상호작용하는 도구가 될 수 있다)
- 행동 + 콘텐츠 = 행동 콘텐츠 (브랜드 행동을 보고하는 콘텐츠)
- 제품 + 서비스 = 제품 서비스 (제품에 대한 서비스 확장 또는 서비스에 대한 제품 확장을 가능케 한다)

자, 이제 재조합해보자!

- 콘텐츠 툴 + 광고 = 소비자가 콘텐츠 툴을 사용해서 제작한 광고캠페인

- 제품 서비스 + 콘텐츠 = 확장된 서비스를 입증하거나 그것을 이용하는 소비자를 보여주는 콘텐츠

조합 공식에 따르면 이 여섯 가지 요소로 가능한 경우의 수, 즉 탐구할 영역은 63가지다. 그것들은 아이디어를 찾기 위한 수많은 출발점을 제공한다.

09. 광고를 위한 광고

광고계는 어텐션을 기울이고 있는가?

광고상은 무엇을 위해 존재하는가?

광고가 가치를 창조하는 방식은 복잡하다. 비즈니스 목표는 대체로 단순하다. 비즈니스는 돈을 벌거나 아끼는 것을 선호한다. 매출이나 이익 증대가 주요 목표다. 그러나 광고에 대해 우리는 이 비즈니스 목표를 중간 목표로 정하는 경우가 너무 많다. 돈을 지향하는 목표, 브랜드 인지도나 구매 의향처럼 시장조사를 통해 우리가 측정할 수 있는 목표를 중간 목표로 삼는 것이다. 돈을 못 벌거나 아끼지 못하는 것은 비즈니스 목표가 아니다. 비즈니스가 성취하려는 것은 돈이기 때문이다. 예외는 있다. 채용 광고가 그렇다. 하지만 대개는 돈과 관련된다.

그 외의 어느 것이든지 중간 목표가 된다. 그것은 어떤 종류의 과정이 작동하는 방식에 대한 모형을 기반으로 한다. 가령, '더 많은 사람에게 이메일을 보낸다면 나는 그들에게 더 많은 물건을 팔

것이다', '내가 내보낸 TV 스폿광고를 많은 사람이 좋아한다면 나중에 그들은 내 물건을 더 많이 구입할 것이다', '사람들이 내 브랜드에 주목한다면 그들은 그것에 더 많은 돈을 지불할 것이다', 등. 하지만 이 예들은 하나의 모형이라는 점을 기억해야 한다. 앞서 말했듯이 모형은 모두 틀리지만 몇 가지는 쓸모가 있다.

결론적으로, 중간 목표는 무엇이 행동을 바꾼다고 당신이 생각하는지, 그리고 어떤 방법을 통해 그것을 측정할지에 따라 달라진다. 가장 간단한 투자수익률모형 *ROI 한 소비재의 생산비와 전달 매체와 광고비를 조사한 다음에 그 광고로 인한 누적 판매량을 측정하고 광고 방영 후 시간의 흐름에 따른 영향력의 붕괴율을 가정하고 다변량회귀분석을 이용해 그 광고의 효과를 살펴보기* 은 간단한 것과는 거리가 멀다.

중간 목표는 또한 많은 사례에서 대체로 긍정적인 결과를 보여주지 못한다. 모든 사람의 어텐션을 끌지는 못해도 필요한 수준의 인지도를 충분히 확보한 성숙한 브랜드의 경우 특히 그러하다. 그렇긴 해도 사람들은 무형자산 가치와 호감 같은 것들을 얻는다. 이것들 역시 대차대조표 상의 금전적 가치와 수요의 가격탄력성을 갖는다. 그 두 가지 모두 광고의 영향을 많이 받는 것 같다.

대단히 효과적인 광고의 7가지 특징

광고계에서는 대개 동료 평가와 창의성 심사에 의해 포상이 주어진다. 그래서 광고인들은 무엇을 위해 광고를 만드는지를 잊고 있다는 비난에 항상 노출되어 있다. 광고계는 고객 기업이 돈을 벌도록 해주기 위해 광고를 만든다.

그러니 에피어워드 *Effie Awards*에 고마워해야 한다. 그것은 우리가 고객을 위해 가치를 창조하면서 제작한 광고의 효과성을 예우한다. 여기서 필자가 의미하는 가치는 매우 구체적이다. 저 문밖에서 그것을 얻는 데 필요한 달러와 센트라는 점에서, 그리고 투자한 것(돈과 시간과 땀과 눈물, 그러나 주로 돈)이 메워지고 관심과 함께 돌아왔음을 보여준다는 점에서 그렇다.

필자가 심사위원이었던 2012년에 에피어워드는 그 해 최종 수상작들의 효과성을 촉발한 몇 가지 동인을 자세히 분석해서 처음으로 보고서를 발행했다. 수상작과 막판에 밀려난 작품의 차이는 무엇인가? 최종 후보작들은 모두 일정 수준의 효과성을 입증했다. 그렇다면 무엇이 훌륭한 것과 좋은 것을 나누는가?

Tool Kit 에피어워드의 좋은 광고 기준들

에피어워드에서 무엇이 훌륭한 광고와 좋은 광고를 나누는가?

1. 비즈니스 목표로 시작하라.

효과성이란 원했던 결과를 일구어내는 능력이다. 우리는 광고주의 금전적 이익 추구에 대한 비즈니스 목표로 시작한 후, 그것을 분석해서 마케팅 목표로 바꾸는 것이 바람직하다. 재무와 전략에 관한 핵심성과지표를 계속 염두에 두는 것이 효과적이다. SMART 목표, 즉 구체적이고 측정할 수 있고 달성할 수 있고 당면문제와 연관되고 기한이 규정된 계획을 수립하라.

2. 흥미롭고 유용한 시장조사를 하라.

이미 말했듯이, 시장조사를 너무 많이 행하는 것에 대해 필자는 상당히 부정적이다. 하지만 시장조사를 신뢰하지 않는다는 말은 아니다. 문제 해결을 위해 정교한 상징과 행동을 설계하려고 할 때 객관적인 자료를 그 해결책의 기반으로 삼는 것은 대단히 중요하다.

에피어워드 은상 수상작 브리드 해피 *Breathe Happy*를 만든 페브리즈와 광고 에이전시 앰비퍼 *Amibi Pur*가 좋은 예다. 그들은 다양한 종류의 후각 연구, 박탈 실험, 가정에서 소비자의 실제 행동 관찰, 쇼핑을 돕는 요소를 포함하는 대단히 철저한 시장조사를 계획했다. 그 조사는 곧장 창의적인 아이디어로 이어졌다. 그리하여 악취 나는 물건으로 가득한 공간에 페브리즈를 뿌린 후 눈을 가린 소비자를 들여보낸 다음, 그곳이 어디일지 맞춰보라는 질문에 대답하는 광고가 태어났다.

3. 전략을 신뢰하라.

광고계의 몇몇 강경한 일원들이 전략은 죽었다고 외치고 있음에도 분석 결과는 매우 명확하다. 황금을 정의하는 가장 현저한 특징은 그 전략의 품질이었다. 그러니 전략이 죽었다는 말에 귀를 기울이지 말라. 전략은 비스니스 문제의 해결책을 발전시키고 탁월한 통찰을 행동과 문화적 맥락에 활용하고 광고의 필요성 및 역할에 영향을 미친다. 10장에서 살펴보겠지만 전략은 새로운 맥락을 다루기 위해 계속 발전 중이다.

4. 대담성 속에는 천재성과 힘과 기적이 있다. - 괴테

거대기업과 맞대결하는 작고 허접한 회사에 대한 스토리는 항상 존재하고, 그들은 에피어워드 수상자로 종종 등장한다. 누구나 약자를 응원한다. 하지만 더 중요한 게 있다. 대담한 목표-혁신적인 프로젝트-가 강렬한 자극이 된다는 것을 알아야 한다. 브랜드는 의견을 갖는 일이 드물다. 하지만 의견을 가질 때 그 대가로 어텐션을 끈다. 입장을 분명히 하라. 어느 편인지 결정하라. 모든 소비자가 당신의 의견에 찬성하지는 않을 때조차 그렇게 하라. 오레오 *Oreo*가 동성애자의 자존감을 옹호하며 레인보우 오레오를 공표했을 때 그들의 데일리 팬이 두 배로 늘었다.

5. 상호 운용하는 통합 미디어

에피어워드 보고서에 따르면, 서로 엮인 미디어와 그저 층을 이룬 미디어는 큰 차이가 있다. 지금은 층층이 덧붙인 미디어가 아니라 상호 운용하는 통합 미디어의 시대다. 여러 매체를 통합함으로써 더 크고 완전한 미디어 시스템이 생겨난다.

6. 커뮤니티와 함께 실행하라. 그것을 말하지는 말라.

밀워드 브라운의 말처럼, 일방적으로 홍보하는 광고의 시대가 완전히 지나간 것은 아니다. 하지만 그런 광고는 에피어워드에서 결코 수상하지 못할 것이다. 참여를 권하는 광고의 시대가 열리고 있다. 브랜드가 대중의 참여를 끌어내야만 한다.

스웨덴 큐레이터 *The Qurators of Sweden* 프로젝트는 에피어워드 전 부문에서 상을 받았다. 스웨덴이 얼마나 자유롭고 철저히 민주적인지를 거의 돈 한 푼 안 들이고 전 세계에 알리기에 이 광고보다 더 좋은 방법은 없을 것 같다. 스웨덴의 트위터 계정을 매주 시민들 중 한 명에게 넘겨줬다. 시민들이 무슨 글을 올리든지 전혀 검열하지 않았다. 참여자 중 한 명은 이런 글을 쓰기도 했다. "4살짜리 아들이 내 자전거 바구니에서 마리화나와 포르노를 찾아낸 적이 있어요. 나는 그 바구니를 지하실에 계속 놓아둬요. 조금 그렇긴 하죠?"

7. 문제를 통해 창의성으로 풀어내라.

에피어워드는 비즈니스 목표를 달성하는 창의성을 무엇보다 중시한다. 수상작들은 확실하게 해결해야 할 문제에 철저히 집중했다. 이 지점에서 비즈니스 문제는 인간 행동에 대한 이해로 그 본질이 완전히 바뀐다. 그리고 이 지점에서 뻔하지 않게 연결된 아이디어가 발전되어 세상 속으로 투입되고 뭔가를 변화시킨다.

그러므로 이 해결책-광고든 쇼퍼 마케팅 *Shopper Marketing, 매장 방문객을 구매자로 바꾸는 전략* 이든-이 당면 문제에 대한 최선책이라는 것을 확실하게 입증하라.

광고상

이미 말했듯이, 창의성을 존중하는 광고상은 어느 정도는 양날의 칼이다. 광고인들이 그들 작업에 대하여 스스로 내리는 최고의 포상이다. 그리고 광고상을 주는(그리고 받는) 것을 당연히 자랑스러워한다. 상은 훌륭한 작품을 만들어냈다는 인정이자 우리가 광고계에서 앞으로 만들어냈으면 하는 종류의 작품을 암시한다.

다른 한편으로, 광고상은 오직 창의성만 심사해서 수여되므로 무엇을 위해 광고를 만드는지를 잊고 있다는 비난이 늘 따라다닌다. 광고주는 사업적 성과를 거둬서 마케팅 투자비용을 회수하도록 해주기 위해 광고를 만든다. 도널드건 *Donald Gunn*리포트는 전 세계의 다수의 광고제를 분석하고 그 자료를 에피어워드 결과를 보유한 IPA 데이터뱅크와 통합한다. 도널드 건과 엠마 윌키 *Emma Wilkie*가 공동 저술한 리포트에 따르면, 광고제 수상작들은 상을 받지 못한 광고들보다 사업적 성과가 11배 더 높다. 그러니 광고상을 향유해야만 한다. 최고상을 받고 가장 많은 상을 받은 광고가 일을 가장 잘하기 때문이다.

덧붙이자면, 광고에이전시들은 광고상에 초점을 맞춘다는 이유로 종종 비난을 받는다. 그로 인해 고객 기업을 섬겨야 한다는 최우선 과제를 등한시하기 때문이다. 에이전시에게 광고상은 자긍심의 근원이며 후대를 위해 그들의 작업을 포장하고 선전하는 한 가지 방법이다. 그리고 광고상이 에이전시의 명성을 측정하는 기준이 된다는 것이 중요하다. 따라서 상을 더 많이 받은 에이전시는 더 유능한 인재를 끌어온다. 실제로 크리에이티브 디렉터 사이먼 벡스너 *Simon Veksner*는 크리에이티브가 에이전시를 고를 때는 1인당 수상 개수를 고려해야 한다고 주장했다.

당신이 운 좋게도 여러 에이전시에서 채용 제안을 받았다고 하자. 어느 에이전시가 가장 좋은지 어떻게 알 수 있을까? 우선, 당신에게 특히 중요한 요인이 많을 것이다. 당신이 그곳 사람들을 좋아하는지 여부, 그 에이전시의 작업 스타일, 위치 등. 하지만 훨씬 더 중요한 요인이 있다. 1인당 수상 개수가 그것이다.

우리가 모두 알고 있으며 앞에서 이미 수없이 말한 이유들 때문에 당신의 커리어에 광고상보다 더 도움이 되는 것은 없다. 그러므로 가장 좋은 에이전시는 크리에이티브 1인당 가장 많은 광고상을 받은 에이전시다.

어떤 산업에 종사하든지 개개인은 자신의 커리어를 위해 상을 받기를 원하기 때문에 상을 우습게 여기는 광고에이전시는 손해를 본다. 하지만 가장 중요한 것은 따로 있다.

고객 기업은 광고상에 신경 쓰지 않는다는 주장이 종종 제기되지만 필자는 상을 좋아하지 않는 광고주를 만난 적이 한 번도 없다. 상을 받은 광고에이전시와 아이디어는 실제로 더 쉽게 어텐션을 끈다. 광고상은 광고를 광고해주는 역할을 한다. 그러므로 에이전시가 상에 치중해서 최우선 과제를 소홀히 한다는 주장은 물건을 만들어 파는 기업이 광고에 치중해서 사업을 소홀히 한다는 말과 비슷하다.

광고 심사

필자는 캠페인어워드 *Campaign Awards*, 아트디렉터스클럽어워드 *Art Director's Club Awards*, 원쇼 *The One Show*를 포함한 수많은 광고제에서 심사위원을 맡았고 몇 번 심사위원장이 되기도 했다. 그리고 런던국제광고제 *London International Awards*에 '뉴' *NEW*부문을 신설해서 새로운 유형의 광고를 포상하도록 도왔다. 다음은 '뉴' 부문에 바라는 점에 대해 심사평으로 쓴 글이다.

필요성은 분명했다. 어느 부문에도 들어맞지 않는 훌륭한 작품이 너무도 많았다. 그런 작품을 인정해줄 수 있는 부문이 필요했다. 어디에도 들어맞지 않는 것들을 계속 주시하는 것은 유용하다. 돌연변이는 진화의 열쇠이기 때문이다. 심사를 하면서 우리는 그 점을 아주 많이 염두에 두었다. 수상작들이 생산적인 방향을 가리키고 있음을, 그 아이디어들이 광고계의 어휘를 증가시켰음을 확실히 하고 싶었다. 우리는 대중과 기업 사이에 새로운 참여 공간을 창조한 아이디어, 또는 기존 아이디어를 난도질하는 아이디어를 기대했다. 소비자들이 열렬한 관심을 보이며 퍼뜨리는 광고, 사람들이 기꺼이 돈을 내고 소비할 정도로 탁월한 마케팅(하지만 그들은 아마 제품이라고 부를 것이다. 그 구분이 모호해지고 있다), 그리고 새로운 테크놀로지를 도입해서 브랜드와 소비자를 유익하게 하는 아이디어를 찾으려고 했다.

광고에이전시를 도와 광고제 참가작을 준비하고 편집할 때 필자는 심사위원 경험이 얼마나 소중한지를 확실히 깨달았다.

광고 사례 연구

광고제에서 여러 표준적인 부문에서는 전달 매체에 의해 작품을 정의한다. 영상, 라디오, 옥외 광고 등이 그렇다. 하지만 새로운 부문들에서는 그런 정의가 쓸모가 없다. 새로운 아이디어는 과거의 틀에 갇혀 있지 않기 때문이다. 어떤 아이디어가 하나의 참여 시스템이라면, 기술요소 자체만으로는 그 아이디어를 판단하기에 충분하지 않다. 무엇인가 행하는 대중이 없다면 그 아이디어는 작동하지 않기 때문이다.

2000년대 초반에, 광고 사례 비디오가 그런 참여 시스템을 포장하는 방법으로 떠올랐다. 그리고 시상식에, 전에 없던 한 분야로 등장했다. 사례 연구는 광고를 위한 광고로서 광고가 어떻게 만들어져야 하는지를 암시한다.

Tool Kit **사례 연구 광고 제작하는 법**

좋은 사례 연구 광고의 7가지 요소

• 목표, 해결할 문제: 우리는 창의성을 통해 문제를 해결하는 분야에 종사하기 때문이다.

• 대중과 맥락에 대한 이해: 한 예로, 미국인에게는 말이 안 되는 아이디어가 일본에서는 혁신적인 문화 조각이 될 수 있기 때문이다.

• 통찰: 해결책으로 이어진, 여기저기서 얻었거나 발견한 통찰

- 해결책: 독창적인 해결책으로 이어진 전략적인 아이디어
- 실행: 작업 그 자체, 또는 그 작업에 참여한 사람들
- 영향력: 단지 숫자(노출횟수 같은)가 아니라 그 아이디어가 문화와 비즈니스에 미친 영향을 가리키는 어떤 것
- 스토리와 이해: 광고물에서와 마찬가지로, 유머와 놀람, 공감, 대중에 대한 이해는 더 좋은 사례 연구 광고를 제작하기 위한 훌륭한 요소들이다. (시상식에 쓰일 사례 연구를 위하여 암실에서 수백 편의 비디오를 시청하면서 하루 10시간씩 소비하는 자세)

　고위 크리에이티브 디렉터들 중에서는 광고계의 어텐션을 돌려 광고 작업 자체를 소홀히 하게 만든다는 이유로 사례 연구 제작을 크게 비난하는 이들이 있다. 사례 연구는 자력으로 하나의 광고물이 되었고. 이것은 문제가 있을 수 있다. 사례 연구의 진실성을 엄격하게 점검하지 않을 때 특히 그렇다.

　하지만 우리가 하는 작업의 성격이 계속 변하는 이 시대에 사례 연구 광고를 아예 없애기는 불가능해 보인다. 그 작업이 소비자가 사용해야 하는 소프트웨어거나 참여 프로그램일 경우에는 그것을 보여줄 수가 없다.

10. 통합 전략과 사회적 브랜드

착하게 굴지 않으려면 나가라!

어느 광고에이전시에 전략가가 등장했다는 것은 긴장의 순간이
라는 뜻이다. 그 조직의 안팎에서 일어난 크고 작은 변화들로 인
해 곤경에 처했다는 뜻이다. 전략가는 해결 가능성이 가장 큰 문
제부터 손을 대야 한다. 전략은, 통찰을 제공하고 투자 배분의 문
제를 다룬다. 광고에이전시의 플래닝 책임자가 최고전략책임자로
많이 변신했지만 이런 직함 변경은 새 직함이 그 이전의 것과는 다
른 것을 의미할 때에만 필요할 뿐이다. 전략은 광고의 필요성에 영
향을 미치는 반면에, 어카운트 플래닝은 광고의 성격에 영향을 미
친다. 따라서 전략은 에이전시의 나머지 부분과 상반되는 역할을
맡는다. 만약 어떤 에이전시가 실행 위주로 작업하고 있다면 전략
은 다른 것을 추천할 수 있어야 하기 때문이다.

에이전시 전략가의 영역이 커뮤니케이션에까지 확장되기도 한

다. 그러면 계속 증가하는 선택지를 고려하고 에이전시의 역할에 대한 확고한 가설들과 맞서 싸울 필요가 생긴다. 이 문제의 한 가지 증후로 나타난 것이 통합이다. 통합은 고객 기업이 겪는 한 가지 문제이며 고객과 에이전시 전역을 관리하는 역할을 한다. 통합은 이질적인 것들을 하나로 묶기를 제안한다. 지금 우리에게 필요한 것은 통합 전략이다. 이것은 총체적으로 시작하고, 광범위한 선택지에서 최선의 해결책을 선별한다. 모든 문제에 동일한 해결책을 적용하려고 애쓰지 않는다. 결국 질문이 생긴다. 광고는, 현재 우리가 알고 있는 대로, 여전히 어텐션을 포착하는 최선의 방법일까? 불행히도, 그 대답은 분명하다.

광고에이전시는 실제로 무엇을 하는가?

광고계 밖에서는 광고에이전시가 TV 상업 광고를 만들지 않는다는 사실을 거의 모른다. TV 광고의 대부분은 아웃소싱으로 제작된다. 에이전시는 광고 제작 과정을 시작하고 지시하고 관리한다. 그러나 이것보다 더 근본적인 질문이 있다. 광고에이전시는 무엇을 위해 존재하는가?

1960년에 하버드 대학 교수 테오도르 레빗 *Theodore Levitt*은 고전이 된 논문 『마케팅 근시안』을 펴냈다. 그의 지적에 따르면, 모든 산업은 한때 성장 산업이었지만 결코 지속되지 못한다. 그 이유는 시장이 포화되어서가 아니다. 우리는 무슨 사업에 종사하는가라는 근본적인 질문을 잘못 해석하기 때문이다.

레빗이 주요 사례로 든 것이 미국 철도산업이다. 한때 엄청난 성장 산업이었던 철도산업은 급격히 추락했다. 편안하게 마티니를 마시는 건실한 시민 100명을 태우고 지상 2만 피트 상공에서 부드럽게 이동하는 100톤짜리 둥그런 물체 안에서의 여행과 자동차의 등장 및 적당한 비용이 가하는 위협을 알아채지 못했기 때문이다. 거대한 철도산업은 자신들이 철도 사업에 종사한다고 생각했지만 그들이 실제로 하는 것은 운송 사업이었다. 그들은 소비자에게 초점을 맞추지 않고 근시안적으로 제품에 초점을 맞추었다. 레빗이 자주 인용한 다음 문장은 마케팅의 금언이 되었다.

사람들은 4분의 1인치짜리 드릴을 사고 싶은 게 아니다. 4분의 1인치짜리 구멍을 뚫고 싶은 것이다.

이것을 알았더라면 코닥은 소비자의 총애를 잃는 굴욕을 면했을지도 모른다. 디지털 카메라는 필름 사업을 순식간에 파괴했지만 코닥은 필름 사업에 종사한 것이 아니라 추억을 포착하는 사업에 종사했다. 그것을 알아차렸을 때는 이미 너무 늦고 말았다. 이 사례는 클레이튼 크리스텐슨 Clayton Christensen이 말한 '혁신가의 딜레마 Innovator's Dilemma'의 한 예다. 디지털 카메라 원천 기술을 최초로 개발한 기업이 바로 코닥이었다. 하지만 그들은 주력 사업(필름 제조와 판매)의 매출 감소를 피하고 기존 필름 카메라 고객들에게 혼란을 주지 않기 위해 디지털 기술을 보류했다. 그 결과, 시장이 변하자 새로 진입한 기업들에게 무방비 상태로 주도권을 빼앗겼다.

　광고에이전시는 광고물을 만든다. 광고의 죽음이 얼마나 자주 공표되었는지를 고려하면, 광고산업은 놀라우리만치 건강한 편이다. 실제로 미국에서 최악의 불황을 겪고 난 2010년에 TV 광고는 9.7% 성장했고, 계속 성장하리라 예상된다. 광고 건너뛰기 기능이 내장된 디지털비디오녹화기가 개발되었음에도 30초 스폿광고가 죽었다는 주장은 엄청난 과장이었다. 그렇긴 하지만, 광고는 드릴이지 구멍이 아니라는 점을 기억하는 것이 중요하다.

　광고는 수단이지 목적이 아니다. 소비 행동에 영향을 미쳐서 소비자들이 가격 프리미엄을 지불하고 물건을 더 많이 더 자주 사도록 만들기 위해 고안된 지렛대일 뿐이다. 대중들은 인간의 인지적, 사회적, 경제적 행동과 강력한 상징의 상호작용을 제대로 이해하지 못한 탓에 그렇게 광고의 영향을 받는다.

　따라서 대중에게 마케팅하는 제품의 비즈니스 문제에 대한 더 효과적이고 효율적이고 개선된 해결책이 필요하다면 기업은 그것을 찾아내는 것이 현명할 것이다. 그러면 이제 광고에이전시가 둘 중 한 가지 작업을 한다. 그들은 광고를 만든다. 이 작업은 대체될 수 있는 하나의 서비스다. 아니면 기업을 도와 창의성을 이용해 비즈니스 문제를 해결한다. 이 작업은 기업이 존재하는 한 계속 필요할 것이다. 하지만 이 작업으로 인해 광고에이전시들은 비즈니스 컨설팅 업체들과 함께 훨씬 더 커다란 경쟁 무대에 들어선다. 물론

에이전시에게는 뚜렷한 경쟁력 하나가 있다. 광고에이전시는 창
의적인 사람들을 손쉽게 한곳에 모으고 상업적으로 관리할 수 있
다는 것이다. 이 부분에서 기업이나 컨설팅 업체들은 똑같은 이유
로 고생을 한다. 그 이유란, 창의적 환경이란 것이 일반 기업이나
컨설팅업체에게는 대체로 맞지 않는다는 것이다.

　광고 사업은 현재로서는 여전히 튼튼하다. 하지만 비즈니스 성
장을 촉진하는 아이디어 사업은 영원히 창창하다. 광고계는 이 두
사업을 따라 두 길로 갈라진다.

　당신이 어느 길을 따라 가고 싶은지 숙고해보고 그에 따라 행동
하는 것은 좋은 생각이다. 광고를 전문으로 하는 에이전시는 현재
의 광고 시장 안에서 자사의 핵심 역량을 활용해야 한다. 이 영역
밖에서 가능성을 탐구하고 싶은 에이전시는 새롭게 생겨나는 욕
구들을 채워줄 새로운 역량 개발에 기꺼이 투자해야 한다. 테크놀
로지와 스토리텔링의 교차점에서 새로운 욕구가 점점 더 많이 생
겨나고 있다.

　이 애매한 경계를 가장 잘 보여주는 것이 '원쇼 *The One Show*' 수상
작 나이키플러스 *Nike+*다. 이 광고는 광고캠페인이 아님에도, 혹은
광고캠페인이 아니었기 때문에 '10년간의 디지털 광고캠페인'으로
선정되었다. 테크놀로지가 이끄는 제품/서비스는 한 브랜드에 어
텐션을 끌어오고 광고가 아닌 다른 것을 통해 문제를 해결한다.
나이키+ 퓨얼밴드 *FuelBand*는 강력한 브랜드 아이디어였고 나이키

를 웨어러블 테크놀로지 및 자가건강측정 트렌드의 선두에 올려놓았지만 성공한 제품은 아니었다. 그것은 2014년에 단종되었다.

두 길 모두 고려하는 것이 합리적이다. 그 사업 자체, 그리고 종종 간과되는 무형자산인 에이전시 브랜드를 포함하여 그 사업의 강점에 대한 정직한 분석을 바탕으로 고려해야 한다. 모든 고객에게 모든 것을 해주려는 시도, 즉 '풀서비스 에이전시'라는 키메라 *Chimera 사자의 머리와 양의 몸통과 뱀의 꼬리를 가진 괴물* 위기를 초래한다.

전략의 본질은 트레이드 오프 *Trade Off 무엇을 얻는 대신 그 반대급부를 포기해야 하는 관계* 다. 결정을 내리지 않는 것보다는 셔키 원칙 *Shirky Principle* 의 피해자가 되는 것이 더 나쁘다. 이 원칙은 클레이 셔키 *Clay Shirky* 가 확립한 개념으로서 '많아지면 달라진다'는 논리다. 와이어드 지 창립자 케빈 켈리 *Kevin Kelly* 에 의해 원칙으로 승격되었고 셔키는 이렇게 설명한다.

"기관은 문제에 대한 해결책이 그 기관일 때 그 문제를 해결하지 않고 그대로 유지하려고 노력할 것이다."

고객 문제를 해결하기는커녕 셔키 원칙에 굴복하는 에이전시는 지금껏 변하지 않은 비즈니스와 미디어 세계를 유지하려는 노력하고, 변화와 마주칠 때는 변화의 조짐들을 방해하려한다. 기업 전략과 마찬가지로, 광고의 앞날은 당신이 실제로 무슨 업에 종사하는지에 대한 이해와 그에 따른 행동에 달려있다.

전략인 것과 전략이 아닌 것

전략 *Strategy*은 그리스어 스트라테고스 *Strategos*에서 유래한 단어다. 스트라테고스는 장군을 뜻하며, 더 나아가 장군의 전쟁술을 의미한다. 이런 이유로 MBA 출신들은 종종 손자병법을 읽는다. 하다못해 읽은 척이라도 한다.

전략은 하나의 아이디어로서 매우 단순하다. 사람들에게는 달성하고자 하는 목표가 있다. 그리고 목표 달성 과정에서 효율적으로 배치할 수 있는 유한한 자원이 있다. 전략은 단순히 그 자원의 배치 방법이다.

다시 말하지만, 전략은 단순하다. 비즈니스는 가치 창조, 수익창출을 위해서만 존재한다는 사실을 기억할 필요가 있다. 그러므로 비즈니스 전략은 돈을 벌기 위해 당신이 쓸 수 있는 자산을 어떻게 이용할 것인가의 문제다. 그 밖의 모든 것과 브랜드 전략(브랜드라는 무형자산을 어떻게 활용할 것인가), 크리에이티브 전략(광고를 통해 무엇을 제안할 것인가)는 비즈니스 전략을 돕기 위해서만 존재한다.

그러나 크리에이티브 전략은 광고의 콘텐츠와 분위기, 메시지 전달에 관여한다. 이것은 아이디어를 다른 어떤 것으로 바꾸는 데는 유용하지 않을지도 모른다. 그리하여 몇몇 영리한 사람들은 플래너가 적극적으로 개입해서 물건을 만들고 시제품 세계에 뛰어들 필요가 있다고 주장한다. 시제품 제작이 중요하다는 것은 의심의 여지가 없지만 모든 아이디어가 시제품이 될 수 있는 것은 아니다.

그리고 플래너가 물건을 만든다면, 그래도 그들이 플래너일까? 내 친구가 이렇게 말한 적이 있다. 플래너가 만들어야 하는 것은 플랜이 전부다.

미래를 위한 플래닝

어카운트 플래닝은 아직 미성숙 분야이며 변화의 순간에 이르렀다. 광고에이전시 내부에서 어카운트 플래닝은 수많은 역할을 맡았다. 이 분야는 조사와 통찰을 통해 소비자의 목소리를 광고 개발 과정에 집어넣는다. 어카운트 플래너는 크리에이티브 작업을 지시하고 영감을 불어넣는다. 그럼으로써 희망했던 비즈니스 성과를 달성할 가능성을 높인다. 이 역할이 생겨난 이유는 광고 개발 과정에 보다 과학적인 기반을 제공하기 위해서였다. 지금은 마케팅 분야들이 다양해지고 소비자와 미디어 환경이 변하고 인간 행동에 대한 이해가 깊어졌다. 이 모든 것이 어카운트 플래너의 한계를, 그리고 광고 전반에 대한 우리의 생각을 바꾸고 있다.

커뮤니케이션 환경이 점차 복잡해짐에 따라 전체 분야와 부서의 전략이 세분화되었다. 이로 인해 전통적인 플래닝을 확장할 필요가 생겼다. 각 분야와 부서마다 플래너가 존재하는 구조의 멀티에이전시를 필요로 하는 문제가 분명히 존재한다.

행동경제학과 심리학의 최신 연구 결과는 광고의 작동 방식을 알기 위해 오래 전부터 사용해온 모형들이 틀렸다고, 적어도 그게 전부는 아니라고 주장한다. 인쇄된 판매기술과 메시지 전달로써의 광고는 근본적으로 도전에 직면했다.

앞에서 살펴보았듯이, 시장조사는 의식적으로 주장된 태도가 반드시 행동을 변화시키지는 않는다는 것을 보여준다. 자유의지라는 반직관적인 현상이 존재함에도 그렇다. 오히려 감정과 관계, 연상이 행동을 유발하는 더욱 중요한 동인이다. 이것들은 전달된 메시지의 영향을 더 적게 받고 메타커뮤니케이션의 영향을 더 많이 받는다. 그리고 휴리스틱과 편견이 똑같이 중요하다. 이 두 가지는 주로 무의식적으로 작동한다.

사회적 모방은 성공적인 마케팅에 필요한 동인이다. 그것은 광고를 맨 먼저 접한 대중 그 너머로 확산되기 때문이다. 가끔씩 광고는 상업 광고용을 초월하여 하나의 문화 현상-문자 그대로 문화에 영향을 미친다고 여겨질 수 있는 어떤 것-이 된다.

현재, 맥킨니 *Mckinney*의 전략책임자이자 필자의 오랜 동료 유수프 추쿠가 나의 118-118 전화번호 안내서비스 티셔츠 광고를 훑어보았다. 그리고는 그 광고 중에서 진짜 바이럴은 거리에서 사람들에게 "당신 번호를 알아요!"라고 외치는 부분이라고 지적했다. 사람들은 광고 속에서 그렇게 외쳤고, 그러자 소년들이 실제로 거리에 나가 그렇게 외쳤다. 이어 모든 사람들이 그렇게 했다. 오래 전에 피어스 비누가 그랬듯이, 광고 속의 외침이 대중문화 전역에

메아리쳤고 말투에 스며들었다.

모든 상업 광고의 궁극적 목표는 행동 반응을 끌어내는 아이디어를 퍼뜨리는 것이다. 구체적으로, 대중의 구매 행동에 영향을 미치기를 원한다. 하지만 브랜드가 몇 가지 매개 행동을 퍼뜨릴 수 있다면 부수 이익이 조금 생긴다. 서로에게 "당신 번호를 알아요!"라고 외치게 만들거나 버드와이저 광고가 그랬듯이 "왓섭! *Wassup!*"이라고 내뱉게 만드는 것이 확산된 매개 행동의 예다.

소비자 제작 콘텐츠가 대중화하기 전에도 사람들은 수많은 '왓섭' 패러디를 만들었고 공유했으며 그 브랜드 아이디어를 원작 광고가 해낸 것보다 훨씬 더 멀리 퍼뜨렸다. 행동은 브랜드를 상기시키고 강화하며 계속 돋보이게 만든다. 그리고 행동은 전염된다. 인간은 모방을 통해 학습하도록 타고났다. 모방 충동은 대단히 강력하다. 한 예로, 어떤 행동을 목격한 어린아이들은 그 행동이 실험에서 요구하는 목표 달성에 아무 소용이 없음을 알고 있더라도 어쨌든 그 행동을 모방한다.

원숭이는 눈으로 보고 행동한다. 실제로 원숭이와 유인원은 모방하지 않는다. 오직 인간만이 행동을 모방한다. 극단적인 예로, 행동을 병적으로 모방하는 것을 반향동작증이라고 부른다. 우리는 행동을 모방하도록 만들어졌다.

이런 종류의 행동 공학을 적극 활용한 것이 BBH의 링스 *Lynx*광고 아이디어였다. 청년들은 행동을 모방하는 경향이 특히 강하다. 많은 링스 아이디어의 핵심은 모방된 행동이다. 데오드란트 링스펄스 *Lynx Pulse*광고를 만들기 위해 에이전시는 춤을 발명했다. 그들이 찾아낸 곡은 올리버 치텀 *Oliver Cheatham*의 겟 다운 새터데이 나이트 *Get Down Saturday Night*를 리믹스한 메이크 러브 *Make Luv*였다. 그들은 그 곡에 맞춰 안무가와 함께 춤을 만들어냈고, 광고 속의 청년은 이 춤 덕분에 펍의 스타가 되었다. 당시 BBH의 크리에이티브 디렉터였던 존 오키프는 이렇게 말했다.

"모방하기 쉽도록 춤은 모듈 방식으로 구성해야 했습니다. 춤을 모방할 수는 있었지만 시청자가 모든 모듈을 따라 하기 위해서는 그 광고를 수없이 봐야 했어요. 바로 그 점이 특히 효과적이었습니다. 우리가 타깃으로 삼은 대중은 광고를 보고 또 보고, 자꾸 봐야만 했지요."

광고가 방송되기도 전에 브랜드 홍보대사들은 영국 전역의 각종 학생 행사에서 그 춤을 소개했다. 그럼으로써 그 춤은 조직적으로 문화 속에 등장한 것처럼 보였다. 그리고 드디어 광고가 방송되자, 그 춤은 대대적으로 유행했고 메이크 러브는 곧장 1위에 올랐으며 링스펄스는 2주 만에 가장 많이 팔리는 링스 제품이 되었다. 링스클릭 *Lynx Click*은 TV 광고물로서 모델로 나온 벤 애플랙 *Ben Affleck*은 자신에게 추파를 던지는 여자의 수를 세려고 톨리카운터를 눌러댄다. 이 행동을 퍼뜨리기 위해 링스는 호주에서 광고가 방송되기 전에 힙합 듀오 웨펀 엑스 *Weapon X*와 헬 *Hell*의 투어를 후원했다. 그들 듀오는 브랜드화되고 있는 그 행동을 보여주고 톨리카운터를 나눠주었다. 붐치카워워 *Bom Chicka Wah Wah* 역시 링스가 지어낸 표현으로, 광고 속 여성들은 매력적인 남자나 상황을 접할 때 그렇게 말했다. 이 모두가 행동 모방을 통해 영향력을 발휘하기 위해 고안된 것들이다.

소비자의 행동에 영향을 미치고 싶다면 그들에게 모방할 뭔가를 제공해야 한다. 행동을 명령하는 것은 무의식적 동인이다. 행동에 대한 이런 아이디어의 다수가 의사결정 및 행동에 대한 우리의 의식적인 생각과 어긋난다. 그리하여 광고에 접근할 때 우리는 끝없는 메타인지 오류를 범한다. 말하자면, 우리는 자신이 어떻게 생각하는지에 대해 생각하는 것을 생각한다. 그 아이디어들은 의식적인 생각을 질문하는 방법만 가지고 무의식적인 동인을 찾아내려는 시장조사의 문제점을 그대로 드러낸다.

미디어의 사회화

많은 사람의 참여에 의해 만들어지는 소셜미디어는 등장하기까지 오랜 시간이 걸렸다. 자발적 참여를 특징으로 하는 디지털 미디어에 대한 훌륭한 책 『컨버전스 컬처』에서 헨리 젠킨스 *Henry Jenkins* 는 미디어 형식들의 경계가 모호해지고 있다고 주장했다. 크리에이티브 도구과 접근 기회가 대중화된 디지털 세계에서는 모든 소비자가 창조자가 될 수 있고 모든 수요자가 공급자가 될 수 있다.

모든 사람이 대화하고 공유하기 때문에 사람들은 콘텐츠가 동시에 움직이게 될 거라고 예상했다. 하지만 그게 실현된 것은 트위터와 텀블러처럼 '창조'가 140개의 글자와 클립된 웹 조각으로 줄어든 이후의 일이었다.

2011년 1월에 트위터의 새로운 CEO는 그곳의 비전을 이렇게 요약했다.

<u>우리는 모든 곳에 있는 사람들을 그들에게 가장 중요한 것과 즉시 연결시켜주고 싶다.</u>

미디어 시스템 모형의 주요 원칙 중 하나는 새로운 채널은 무엇이든 그 시스템 전체를 바꾼다는 것이다. 그러므로 새로 등장한 유튜브는 텔레비전에 대한 우리의 생각을 바꾸었다. 당신의 아이디어나 마케팅 캠페인에 디지털 요소가 있든지 없든지 간에 세상은 그렇게 돌아간다.

착하게 굴지 않으려면 나가라

모든 미디어는 사회적이다. 미디어 *Media*는 미디엄 *Medium*의 복수형이라는 것을 기억해야 한다. 멀티미디어를 언급하려고 미디엄즈 *Mediums*를 쓰는 실수를 피하기 위해서는 그것을 기억하는 것이 특히 중요하다. 미디엄즈는 이제는 거의 고유 명사처럼 쓰이지만 여전히 틀린 단어다. 언어는 당연히 진화하지만 미디엄즈라는 단어는 이미 다른 뜻으로 쓰인다. 따라서 광고계에 종사하는 사람들이 죽은 자와 소통할 수 있다고 주장하는 영매 *Mediums*를 언급하는 게 아니라면 미디엄즈는 틀린 단어다.

이름을 짓는 문제부터 살펴보자. 소비자 제작 콘텐츠가 나오기 이전에 우리는 그것을 웹 2.0으로 불렀다. 이제는 그것을 소셜미디어라고 부른다. 여기에는 여전히 문제가 있다. 광고계에서 언급될 때 미디어라는 단어는 그 의미가 축소된다. 그것은 특정한 연상 및 행동을 상기시킨다. 미디어에이전시에 대한 고정관념 탓에 미디어라는 단어를 들을 때 우리가 종종 무의식적으로 떠올리는 것은 광고를 올릴 공간을 구입할 수 있는 어떤 것이다. 소셜미디어에 대해서는 그런 생각이 바람직하지 않다. 그리하여 미디어에이전시들은 더 광범위한 미디어 모형을 채택했다. 바로, 구매한 *Paid* 미디어와 소유한 *Owned*미디어와 획득한 *Earned*미디어, 이 세 종류를 합친 POE 미디어다.

문화적 실천

이 새로운 미디어 환경을 바라볼 때 우리는 플랫폼을 분류하는 경향이 있다. 이 접근법은 전적으로 유용하지는 않다. 페이스북이나 트위터를 이해하는 것은 중요하지만 테크놀로지는 대체된다. 즉 프렌드스터 *Friendster*는 마이스페이스 *Myspace*로 대체되었고, 다시 페이스북으로 대체되었다. 헨리 젠킨스가 지적했듯이, 우리는 최신 테크놀로지가 아니라 새로 등장하는 문화적 실천에 초점을 맞춰야 한다.

소셜미디어는 두 가지 문화적 실천, 즉 대화와 관계에 초점을 맞춘다. 사람들은 일대일로, 그리고 한 사람이 여럿에게 서로 이야기하며 다양하게 관계를 맺고 강화한다. 이 두 가지 문화적 실천은 동전의 양면이다.

인류학에는 의례적 대화라는 개념이 있다. 이것은 사회적 공간과 밀접한 관계가 있다. 대체로 광고는, 커뮤니케이션이 메시지 전달이라는 생각에 묶여 있다. 하지만 대화의 절대다수는 의미를 전달하지 않는다. 즉 그것은 주로 의례적인 역할을 맡는다. 대화는 관계를 맺고 재확인하기 위해 계획된다. 정보 업데이트는 중요한 정보를 전달하지 않는다. 단지 그 관계가 계속 살아있게 해줄 뿐이다. 그 네트워크가 거기 그대로 있으니 서로 소통할 수 있다는 것을 보증하는 프로그램에 불과하다. 나는 여기 존재한다, 난 괜찮다. 너는 거기 존재한다, 넌 괜찮다. 네트워크는 여전히 열려있고 계속 흐른다. 그것은 의례적 대화의 인프라스트럭처라고 인류학자 그랜트 맥크랙켄 *Grant McCracken*는 말한다. 페이스북의 콕 찔러보기는 궁극적인 의례적 대화 툴이다.

사회적 규범

브랜드는 소셜미디어 생태계를 참작할 필요가 있다. 광고 전반에 대한 신뢰가 무너진 탓에 사람들은 TV 상업 광고보다는 블로그

게시글을 믿을 가능성이 더 크다. 소비자들이 서로의 콘텐츠를 소비하는 데 갈수록 더 많은 시간을 쓰기 때문에 주류 미디어가 차지할 어텐션의 양은 계속 감소할 것이다. 브랜드는 이 새로운 공간에 끼어들 방법을 찾아야 한다.

다행히도 소셜미디어 속에서 행동하는 법을 알아내기는 쉽다. 다들 이미 그 답을 알고 있다. 다들 사회적 동물이기 때문이고, 이 10장의 부제를 읽었기 때문이다. 착하게 굴지 않으려면 나가라! 이 말은 진부하게 들리지 않는다. 착하게 굴기는 마케터들에게는 완전히 다른 행동 규범이다. 인간의 행동을 지시하는 규범에는 서로 중첩되는 두 종류가 있다. 우리는 이미 호모 에코노미쿠스—금전적 유인에 반응해서 행동하는 합리적인 존재—신화에 의문을 제기했다. 사회적 규범은 다른 유인책이다.

두 가지 행동 규범의 흥미로운 특징은, 행동경제학자 댄 애리얼리 *Dan Ariely*가 『상식 밖의 경제학』에서 말했듯이 섞이지 않는다는 점이다. 사회적 공간 속에서의 상업적 행동은 모욕을 주고 부적절할 수 있다. 그렇기 때문에 상업적 동기를 지닌 상업적 조직체인 기업은 사회적으로 행동하기가 어렵다는 것을 깨닫는다.

그 둘을 섞기가 얼마나 곤란한지를 쉽게 실험할 수 있다. 다음번에 사랑하는 누군가가 손수 요리해서 당신을 대접하면 그 행동을 조장하고 고마운 마음을 전하기 위해 돈을 건네 보라. 정통 경제학의 주장에도 불구하고, 이 방법은 그 행동을 조장하지 못할 것이다.

소셜미디어와 교류를 시작하려는 브랜드를 위해 필자는 한 가지 방법을 아래에 간단히 소개한다. 하지만 먼저 두 가지를 경고한다.

• 사회적 존재가 되려면 자원을 헌납해야 한다. 관계 구축에는 시간과 지속적인 주의집중이 필요하다.

• 당신은 사람들의 발언을 통제하지 못한다. 사회적 공간에서 어울리기 위해서는 통제력과 영향력을 맞바꿔야 한다. 이것을 여전히 불편해 하는 기업이 많다.

Tool Kit 사회적 존재가 되는 6단계

1. 경청하라.

사람들은 모든 브랜드에 대해 이야기하고 있다. 그들은 느슨하게 연결된 사람들 사이에 대화의 수렴점을 제공한다. 구글알리미와 트위터 검색 엔진 같은 무료 서비스들은 그들이 무슨 말을 하고 있는지를 보여준다. 래디안6와 엑스피언. 시소모스 같은 유료 서비스는 더 다양한 기능을 제공한다. 모든 대화가 그렇듯이 경청이 출발점이다.

2. 반응하라.

인터넷에서는 당신에 대한 대화가 종종 당신을 향한다. 따라서 당신이 경청하고 있을 거라는 기대가 있다. 그리고 손을 내미는 사람들과 접촉하려면 누군가가 불만과 질문에 반응하고 있어야 한다. 전체 브랜드의 70%는 소셜미디어에 오른 소비자의 불만을 무시한다. 이 단계에서 그런 반응은 무례해 보인다.

3. 육성하라.

소셜미디어에 대해 기업은 처음에 이렇게 반응했다.

"하나 만들지 뭐." 월마트는 그 기업 소유의 소셜 네트워크를 구축하려고 했다. 그것은 작동하지 않았다. 거기에는 그 네트워크를 강하게 결속하는 사회적 객체가 없었기 때문이다. 그 공간은 존재할 이유가 없었다.

"당신은 커뮤니티를 시작하지 못한다. 커뮤니티는 이미 존재한다. 커뮤니티가 하고 싶은 것을 하도록 당신이 도울 수 있는 방법을 생각해보라."

마크 저커버그의 말이다. 저 밖에서 사람들이 당신의 브랜드에 대해 이미 대화하고 있다면 그들을 잘 키워라.

4. 사회적 객체를 창조하라.

사람들을 협력하게 하는 동시에 그들에게 할 일을 제공하는 어떤 것을 만들어내라. 이것이 요점이다. 헨리 젠킨스

사람들은 서로 어울리는 것을 좋아하고 함께 뭔가를 하는 것을 좋아한다. 소셜 마케팅의 가장 큰 희망은 소셜 객체 자체가 되는 것이다. 니콘 D40이 출시되었을 때 광고에이전시는 작은 마을-픽처 타운-에 카메라 200대를 나눠주고 주민들이 직접 마을 곳곳과 일상을 찍게 했다. 그들은 그 카메라가 얼마나 조작하기 쉬운지를 깨달았고 사진을 전시했고, 그러는 내내 소셜미디어에 엄청

난 양의 콘텐츠를 공유했다.

5. 투명하라.

거짓말은 나쁘다. 이 점을 특히 분명히 해두자. 소셜미디어 초창기에는 풀뿌리 운동을 가장한 수상쩍은 작업(말하자면, 디지털 애스트로터핑)이 아주 많았다. 이것은 이미 지난 일이라고 필자는 생각했다. 하지만 사람들은 여전히 유혹에 흔들린다. 특히 어리석은 예가 있다. 컴퓨터 주변기기를 만드는 벨킨*Belkin*의 마케팅 매니저가 벨킨 상품평을 좋게 써달라고 사람들에게 돈을 주었다가 발각되었다. 놀라우리만치 멍청한 행동이다. 소셜미디어에서는 누군가가 어떤 것을 알고 있다면 모든 사람이 그것을 안다. 그 매니저가 아마존 온라인 인력시장 서비스 메카니컬터크 *Mechanical Turk* 에 돈을 받고 상품평을 써줄 사람을 구한다는 글을 게시했다는 것은 도저히 믿기 어려울 정도다. 장난이나 거짓 보도 역시 위험하다. 반발을 초래할 수 있기 때문이다. 당신 브랜드의 소비자들에게 장난치지 말고, 그 장난에 그들을 끼워줘라.

6. 대화에 합류하라.

여기에는 수많은 방법이 있을 수 있다. 브랜드는 얼굴 없는 기업처럼 행동하다가 이제 슬슬 움직이기 시작해서 그 공간에 알맞은 규범으로 이동할 때가 되었다. 바로 이 단계에서 콘텐츠 전략이 새로운 중요한 분야로 등장하기 시작한다. 일단 대화에 합류했다면 당신은 사람들이 어떻게 반응하는지를 알기 위해 경청 단계로 돌아가고 싶을 것이다. 그러므로 이 여섯 단계는 리스트가 아니라 사이클이다.

소셜 커뮤니케이션은 근본적으로 다르다. 그것은 다른 행동 규범, 다른 스킬, 다른 직원 관리를 필요로 한다. 포드의 소셜미디어 책임자 스콧 몬티 *Scott Monty* 의 말로 마무리한다.

"그것은 광고와는 관계가 없다. 참여와 관계가 있다."

문화 레이턴시

간디는 인생에는 속도를 높이는 것보다 더 중요한 것이 있다고 했다. 어떤 것을 유통하는 데 걸리는 시간과 그것이 영향을 미치는 데 걸리는 시간과 영향을 미친 결과, 그것이 계속 관련되고 흥미를 유지하는 시간은 상관관계가 있다. 음악이 악보로 유통되던-연주법을 배워야하므로 많은 시간과 노력을 요하는 유통 메커니즘-시절에 유행 음악은 차트 꼭대기에 오랫동안 머물렀다. 축음기가 발명되자 유행 음악의 반감기가 엄청나게 짧아졌다.

음반을 듣기 위해 굳이 피아노 치는 법을 배울 필요는 없다. 그래서 이것은 유통 병목인 피아노와 피아니스트를 제거했다. 기술적인 이유로 또는 구조적인 이유로 음악이 유통되기 쉬운 형태로 바뀔 때마다 레이턴시 *Latency*가 계속 짧아졌다.

디지털 유통은 시스템 내부에서 많은 수의 유통 병목을 제거함으로써 효율적으로 되었다. 이것은 훨씬 더 빠른 문화 붕괴율로 이어진 것 같다. 게임이나 네트워크에 기반을 둔 컴퓨터 작업에서 원인과 결과 사이의 시간 지체, 즉 어떤 것을 도입한 시점부터 그것이 초래한 결과들 중 하나를 지각할 수 있는 시점까지 걸리는 시간을 뜻하는 용어가 레이턴시다.

레이턴시가 낮을수록 멀리 떨어져 있는 컴퓨터가 더 빨리 반응하며, 사람들은 결과를 더 빨리 보고 더 빨리 반응할 수 있다. 낮은 레이턴시가 좋은 것이다. 이것은 당신이 움직이라고 말했음에도 캐릭터가 움직이지 않았기 때문에 당신이 게임 속에서 죽게 될 일이 없다는 뜻이다.

커뮤니케이션 테크놀로지들이 더욱 빨라지고 더욱 대중화함에 따라 문화 레이턴시가 낮아지고 있다. 과거에는 사람의 이동 가능 속도가 정보의 이동 속도와 같았다. 페이디피데스는 42.195킬로미터를 전속력으로 달려서 마라톤 전투의 승전보를 전했던 것처럼 말이다. 메시지의 이동 가능 속도는 문화 레이턴시를 제한했다. 이 말은 대체로 상황이 더욱 느리게 변했다는 뜻이다.

이메일 메시지는 거의 빛의 속도로 이동한다. 이로 인해 상황이 더 빨리 이동하고 더 빨리 변했다. 하지만 이메일은 일대일로 전달된다. 당신이 수많은 사람에게 보내더라도 아무도 그 메시지를 감독하지 않는다. 이것은 문화 레이턴시가 낮아지는 것을 제한한다. 그리고 이메일은 데스크탑에 국한되어 있었다.

지금 우리에게는 수십억 개의 고해상도 눈동자가 있다. 그것들은 최고임을 입증하려는 사회적 열망과 모바일 기기를 통해 초소

규모 메시지 전달 플랫폼들과 실시간 연결되어 있다. 문화 레이턴시는 제로에 다가가고 있는 듯하다. 적어도 더 많이 연결된 지역들에서는 그렇다. 이것은 약간 흥미로운 결과를 초래할 것이다. 그로 인해 피드백이 훨씬 더 빨라지기 때문이다. 일단 전달된 정보는 결과이자 차후의 원인이고, 이 원인이 더 많은 결과를 초래하며, 이 과정이 계속 이어진다. 예전에 주식시장에서 자주 나타난 정보 폭포 *Information Cascade 정보가 폭포처럼 쏟아지면 원하는 정보를 찾을 수 없어서 다른 사람들의 결정을 참고하여 자신의 의사를 결정하는 현상* 와 누적 이익 같은 것들은 불가피하게 더욱 일반화할 것이다. 신종플루나 에볼라 같은 것들은 아무도 듣도 보도 못한 것이었다가 검색을 통해 모든 사람이 알게 되는 것, 말 그대로 하루아침에 히스테리가 될 수 있다.

인포스피어 *Infosphere 급속도로 성장하고 있는 군 및 산업용 네트워크* 는 더욱 무질서하게 작동하기 시작하고 있다. 역동적이고 폐쇄적이고 계속 진화 중인 이 시스템의 특징은 비주기적인 피드백이다. 이 불규칙한 피드백 때문에 초기 조건에서의 비교적 작은 변화가 그 시스템 내에 엄청난 혼돈을 유발할 수 있다. 문화 레이턴시가 낮아지면 정보가 지나치게 빨리 확산되어서 확산 자체가 그 시스템의 주요 특징이 된다. 즉 확산 속도가 정보 자체만큼 중요해진다. 미디어의 속도가 메시지다.

브랜드 대필

대필 작가는 유명 인사의 자서전을 대신 써줌으로써 생계를 꾸린다. 그리고 광고는 오래 전부터 매우 구체적인 맥락에서 브랜드를 대변해왔다. 이제는 웹이 소비자, 잠재고객, 팬, 비방가들과 직접 연결되는 것을 허락하고 심지어 강요하는 것 같다. 그로 인해 광고와는 별개의 것으로서 콘텐츠에 대한 욕구가 훨씬 더 커졌다.

콘텐츠는 그들이 듣고 싶어 하는 어떤 것이고, 광고는 우리가 말하고 싶어 하는 어떤 것이다. 2012년에 칸국제광고제가 새로이 브랜디드 콘텐츠 부문 신설을 발표했다. 광고계에서 빠르게 성장 중인 그 영역을 반영하기 위함이었다. 이런 욕구를 충족시키기 위해 다양한 에이전시들이 전직 저널리스트들을 채용해서 콘텐츠팀을 새로 꾸렸다. 규모가 큰 브랜드들 역시 저널리스트와 영상 제작자들을 고용해서 그들만의 뉴스룸을 새로 만들기 시작했다. 닛산은 그 작업을 가장 일찍 시작한 브랜드 중 하나이며, 오레오는 가장 많이 인용되는 브랜드 중 하나다.

어느 순간부터 사람들은 브랜드를 새로운 방법으로 대필하고 있었다. 그렇게 된 이유는 페이스북에서 브랜디드 콘텐츠가 소비자 제작 콘텐츠와 뒤섞이기 때문이다. 소비자 제작 콘텐츠는 광고에 비해 매우 높은 빈도로 생겨나며 동일 콘텐츠가 반복 제작되지 않는다. 페이스북 보고에 따르면, 유저는 한 달에 평균 90개의 콘텐츠를 만들어낸다.

콘텐츠는 정보 업데이트만큼 간단할 수도 있고, 다큐멘터리 영화만큼 복잡할 수도 있다. 방송용으로 제작된 광고가 소셜 콘텐츠로 그 용도가 바뀌기도 한다. 이것은 아주 가끔은 효과가 있지만 보통은 그렇지 않다. 그 이유는 착상의 방식이 다르기 때문이다. 광고는 기업이 하고 싶어 하는 말을 최대한 매혹적으로 대중에게 전하려고 애쓴다. 반면에 콘텐츠는 대중이 무엇을 소비하고 싶어 하는지에 대한 생각에서 시작되며 그 브랜드가 그것에 어떻게 가치를 덧붙일 수 있는지를 고려한다. 그 둘은 각각 반대편 끝에서 출발한다.

참여

"자, 참여다! 이 참여를 통해 필자는 소비자의 어텐션을 사로잡고야 말겠다!"

참여에 대해 현재 통용되는 생각은 그렇다. 우리가 뚫고 나아갈 수 없는 장애물 같은 것은 전부 무시하라. 잡동사니가 너무 많고, 채널이 너무 많고, 브랜드가 너무 많다. 30초 스폿광고는 이제 무슨 수를 써도 효과가 별로 없다. 광고가 나오면 사람들은 과자를 가지러 가거나 광고 건너뛰기 버튼을 누른다. 그래서 필자는 웹을 이용할 것이다. 그러면 소비자들이 나를 찾아내고 내 브랜드를 온 몸으로 마음껏 즐길 것이다.

글쎄, 그럴 수도 있다. 하지만 저 밖에는 수억 개의 웹사이트가 있고 초 단위로 새로운 블로그가 생겨난다. 때문에 웹은 갈수록 뒤죽박죽이고 그 어느 매체보다 파편화되었다. 브랜드가 단순히 메시지 전달이나 경험 창조를 위한 플랫폼으로 디지털 커뮤니케이션을 이용하는 것은 더 이상 충분하지 않다. 이제 영리한 브랜드는 크게 한 걸음 더 나아간다. 그들은 그들의 커뮤니케이션 채널이 서비스 가치도 제공할 수 있게 만들려고 고심한다.

필자는 2006년 9월 1일에 발행된 한 기사를 공동 작성했다. 그날은 페이스북이 명문대 커뮤니티 밖에 있는 사람들에게까지 공개되기 25일 전이고, 아이폰이 발표되기 석 달 전이었다. 우리는 브랜디드 유틸리티 *Branded Utility*로 알려진 것−그러나 어텐션 획득이라는 더 큰 우산 밑에 놓일 수 있는 것−을 소개하면서 브랜드가 제작한 소프트웨어를 주요 사례로 이용했다.

이제 브랜디드 앱은 매우 흔하다. 하지만 어텐션 획득은 갈수록 어려워서 우리는 인지도에 대한 집착을 참여에 대한 집착과 맞바꾸기 시작했다. 지금은 참여가 자주 예고되는 시대지만 브랜드는 참여나 관계나 인지도를 원치 않는다는 것을 우리는 기억해야 한다. 브랜드는 그것들을 수단으로서만 원할 뿐이다. 브랜드 소비자들도 마찬가지다.

참여는 항상 변덕스러운 소비자들이 우리의 노력에 실제로 어텐션을 기울이고 있음을 암시할 뿐이다. 페이스북에서 브랜드들은 지속적으로 참여하는 방법, 과거의 광고 배치와는 매우 다른 패턴을 배워야만 한다.

참여는 서로 다른 수많은 아이디어를 포괄한다. 하지만 인터넷에서는 그 아이디어를 시청할 기회를 얻은 사람의 수가 아니라 그 아이디어가 그들의 즉각적인 행동에 미친 영향, 즉 한 사이트나 이야기나 애플리케이션에 소비하는 시간, 댓글과 찬성, 리트윗 등을 관찰함으로써 참여를 측정한다. 이것은 분명히 개선된 점이다. 누구나 콘텐츠를 제작하고 소비할 수 있는 세상에서는 매개 행동이 미친 영향을 관찰하는 것이 타당해 보인다. (브랜드와 관련된 조각 한 개를 소셜 흐름 속에 던졌는데 그것에 대해 트윗하는 사람이 한 명도 없다면 그 조각이 조금이라도 영향을 미쳤겠는가?)

소비자를 더 잘 참여시킬 방법을 숙고할 때 기억해 둘 게 있다. 소비자들이 원래 인터넷에 참여하고 있지만 그들에게는 브랜드와 교류하는 것보다 더 재미있는 일이 많다는 것이다. 브랜드와 교류해야 할 충분한 이유를 제공하지 못한다면 그들은 다른 일에 참여할 것이다.

2010년에 광고주들에게 보내는 공개 항의서가 인터넷에 올라왔다. 그 유머러스한 편지를 보고 제조업체들은 잠재고객인 그 편지 주인공의 요구에 당황했을 것이다.

"뭘 대단히 잘못 알고 계시는 것 같아요. 내가 퇴근하고 집에 와서 소시지나 홍차나 세제나 뭐 그런 수많은 것들에 대해 떠드는 댁들의 멍청한 광고에 내 소중한 여가 시간을 써버리는 것을 내가 정말로 좋아할 거라고 알고 계시는데요, 아니에요. 나는 그러고 싶지 않아요. 나는 동영상을 만들고 싶지 않아요. 그림을 그리고 싶지도 않고, 친구를 추천하고 싶지도 않아요. 사운드트랙을 작곡하고 싶지도 않고, 댁들의 광고를 패러디하고 싶지도 않아요. 정말이에요, 나는 그러기 싫어요."

이 편지는 훌륭한 경고다. 사람들이 콘텐츠를 제작할 수 있다는 말이 그들이 브랜드와 에이전시를 위해 광고를 만들고 싶다는 뜻은 아니기 때문이다. 어쨌든, 어텐션을 끄는 강력한 방법을 찾는 것은 브랜드의 몫이다. 참여를 막는 방해물을 없애는 간단하고 확실한 한 가지 방법은 당신이 참여시키고 싶은 대중에게 충분히 가치 있는 뭔가를 제공하는 것이다.

필자는 BMW3 시리즈의 0–60마일 가속 시간을 강조하고 신속성을 표현하는 5.9초 동영상 페스티벌을 기획한 적이 있었다. 그때 수천 명을 참여시키기 위해 우리가 해야 했던 것은 BMW3 시리즈 한 대를 상품으로 제공하는 것이 전부였다.

광고 플래닝의 미래

본질적으로 플래닝은 현재 급격히 변화하는, 원래부터 예측불가한 네트워크의 상호운영요소가 무엇인지를 찾아내는 것이다. 그리고 대중을, 광고에 접근하는 수많은 작은 불씨 포트폴리오를 수용하도록 이끈다. 창의적인 광고들이 변화무쌍한 네트워크 속으로 방출된다고 생각하면 그 모형은 타당하다. 하지만 90% 이상의 실패율은 에이전시들의 상업적 생존을 불가능하게 한다. 플래닝의 핵심은 아이디어의 토대를 마련함으로써 성공 가능성을 높이는 것이다. 몇몇 에이전시는 이것을 데이터가 주도하는 광고라고 부르고 데이터 그리고 그 데이터에서 얻은 통찰을 이용해서 성공 가능성을 높인다. 당연히 플래너들은 항상 그렇게 해왔다.

콘텐츠 부족은 이제 콘텐츠 과잉으로 바뀌었고, 고정된 채널들은 유동적인 네트워크 속으로 용해되었으며, 대중은 소비자가 주도하는 대화에 참여하게 되었다. 이런 변화는 브랜드를 위한 새로운 행동 방침을 요구한다. 새로운 마케팅 원칙을 요구하고 효과적인 광고를 만드는 과제를 떠맡은 사람들을 잠깐 멈춰 세운다.

플래닝의 근원으로 돌아가면 우리는 인간 행동을 이해하고 튼튼한 모형을 수립해서 그 행동을 좌우하려는 갈망을 가지고 있다. 전략을 분해해서 끝없이 실험하는 대신, 우리에게는 세상을 이해하는 새로운 방법, 즉 현대 철학이 필요하다.

디지털에이전시 데어 *Dare*의 전략 파트너 레이철 해튼 *Rachel Hatton*은 이렇게 지적했다.

"1960년대와 1970년대에는 커뮤니케이션의 작동 방식에 대한 수많은 이론이 존재했다. 지금은 그것이 이론이 아니라 전부 실천이라고 생각된다. 커뮤니케이션을 한 산업으로 전문화하고 싶다면 우리는 이 새로운 세상에서 그것이 실제로 어떻게 작동하는지에 더 많은 주의를 기울여야 한다."

새로운 미디어 시스템의 출현은 과도기의 특징이다. 과도기에는 이전 시스템의 규범이 여전히 우세하다. 최초의 TV 프로그램은 라디오 프로그램 진행자가 카메라를 똑바로 보며 말하는 것을 찍은 것이었다. 최초의 영화는 연극 무대를 촬영한 것이었다. 최초의 온라인 마케팅은 방송 매체를 통해 미디어와 브랜딩에 대해 우리가 알아낸 것을 취해서 완전히 새로운 공간에 적용한 것이었다.

그러나 디지털은 다르다. 디지털은 채널이 아니다. 디지털은 플랫폼들과 채널들과 전략들의 모음으로 결국에는 미디어를 완전히 흡수할 것이다. 디지털 마케팅은 단순히 새로운 공간에 상징을 퍼뜨리는 것이 아니다. 그보다는 기업을 위한 새로운 행동 규범이 등장한 것에 가깝다. 새로운 공간에서 새로운 방식으로 소비자와 교류하기 시작할 때 기업은 그 새로운 규범을 따라야 한다. 그곳에서는 모든 사람의 발언이 동등하다.

11. 전망

우리가 원하는 미래를 위한 플래닝

전망, 즉 앞을 내다보는 행위는 전형적인 인간의 전유물로 보인다. 철학자 대니얼 데닛 *Daniel Dennett*은 이렇게 말한다.

"근본적으로 뇌의 목표는 미래를 산출하는 것이다. 뇌는 본래 예측 기계다."

우리는 앞날을 예측하는 데 많은 시간을 보낸다. 그렇게 하는 이유는 스스로 동기를 부여해서 자신이 희망했던 미래에 도달하기 위해서다. 그리고 지금 무엇을 해야만 하는지를 알아내는 한 가지 방법으로 그 미래를 렌즈처럼 사용하는 것이다. 인간의 특징 중 하나는 플래너 기질을 타고난다는 것이다.

상황이 급속도로 변하자, 광고계는 걱정에 휩싸여 광고의 미래에 대해 더 많이 의논하기 시작했다. 앨런 케이 *Alan Kay*가 말했듯이, 미래를 예측하는 가장 좋은 방법은 미래를 발명하는 것이다. 덜 유쾌한 미래, 필요성과 수익이 줄어드는 미래를 상상함으로써 우리는 스스로에게 동기를 부여할 수 있다. 따라서 신중한 예방 행동에 나설 수 있다.

아이디어 vs 표현

광고계는 아이디어를 판다. 아이디어를 정확한 표현과 융합한다. 개념을 기술과 합치는 것이다. 이것은 위험하다. 그 이유는 광고로 여겨질 수 있는 것들의 성격이 빠르게 변하고 있기 때문이다. 그리고 알고 있듯이, 광고는 목표가 아니라 수단이기 때문이다. 이로 인해 광고계는 갈수록 각양각색의 새로운 해결책들과 경쟁하기가 어려워진다.

무엇이 빅아이디어가 아닌가? TV 대본은 빅아이디어가 아니다. 주목을 끄는 광고 영상은 빅아이디어가 아니다. 아이폰 앱은 아니다. QR 코드는 아니다. 페이스북 앱은 아니다. 전략은 빅아이디어가 아니다. 계속 이어지는 생각이 빅아이디어다. 당신이 점유해서 그 위에 계속 그림을 그릴 수 있는 세상이 빅아이디어다.

로우 레이턴시 커뮤니케이션

낮아지는 문화 레이턴시에 영리하게 반응한 것이 로우 레이턴시 *Low Latency* 광고다. 이것은 미디어 시스템의 한 부분에서 일어난 행동에 대해 다른 부분들에서 거의 실시간으로 반응하는 광고를 말한다.

올드 스파이스 리스펀스 *Old Spice Response*는 로우 레이턴시 기법을 취했고, 그 광고를 이용해 며칠 간 인터넷을 장악했다. 이것은 엄청나게 성공한 스폿광고 '당신의 남자에게서 나야 할 향기가 나는 남자 *Man Your Man Could Smell like*'의 후속 광고였다. 이사야 무스타파 *Isaiah Mustafa*를 모델로 내세운 이 광고는 2010년 슈퍼볼 직전에 인터넷에 공개되었다. (슈퍼볼 방송 중에는 TV에 나오지 않았으나 사람들은 착각하고 있다) 이 광고는 일종의 어텐션 강탈 광고로, 슈퍼볼 중계 시 방송된 도브의 맨플러스케어 *Man+Care* 광고의 영향력을 상쇄하려고 고안된 것이었다. 올드 스파이스는 슈퍼볼 관련 검색어가 되었고 그 광고를 슈퍼볼 광고에 관한 대화에 끼워 넣었다.

올드 스파이스 리스펀스 캠페인은 아주 단순한 생각에서 출발했다. 올드 스파이스맨이 트위터에 글을 올렸다면, 유튜브에는? 그리고 무스타파는 그렇게 했다. 사흘 동안 그는 트위터에서 관심을 보이는 사람들의 댓글과 질문에 답하면서 짧고 웃긴 리스펀스 동영상을 만들어 유튜브에 올렸다. 위든+케네디 *Wieden+Kennedy*의 통합 제작팀이 그 사흘 동안 총 186개의 짧은 동영상을 만들었다. 이것의 노출횟수는 10억 회 이상이었고, 올드 스파이스는 유튜브 사상 가장 많이 조회된 채널이 되었다. 여기서는 민첩성이 열쇠다. 그저 빨리 움직이는 능력이 아니라 빨리 반응하는 능력이 중요하다.

그 후, 과자 브랜드 크래프트 *Kraft*가 여기서 아이디어를 얻었다. 트윗 한 개를 TV 스폿광고로 바꾸고, 바로 그날 TBS의 코난 *Conan*

토크쇼 방송 중에 내보냈다. 흥미로운 것은 단지 속도-로우 레이턴시-가 아니라 극성 전환이다.

소셜 TV

NBC의 투나잇 쇼 진행자 제이레노는 이제는 TV가 무엇인지 모르겠다고 했다. TV는 하나의 아상블라주 *Assemblage*이며, 새로 생겨난 용어 소셜 TV 때문에 혼란만 가중될 뿐인 매체다. 소셜 TV는 무엇인가? 올드 미디어와 뉴 미디어가 지배권을 장악하려고 거실에서 맞붙어 싸우면서 소셜 TV의 정의에 대한 논쟁이 여전히 진행 중이다. 텔레비전 산업은 지금까지 폐쇄형 시스템을 지켜왔다. 하지만 그 시스템의 나머지 부분을 개방하면 문화적 현저성을 되찾고 더욱 진정으로 공유되는 실시간 시청 경험-새로운 워터쿨러 효과 *Water Cooler Effect 사무실에 음료를 마실 공간이 있으면 그 주변에 모여 대화를 하게 되어 사내 의사소통이 활발해지는 효과*-을 창조할 기회를 얻는다는 것을 깨닫기 시작했다.

사람들은 소셜미디어를 이용해서 프로그램을 발견하고 함께 시청하는 다른 사람들을 발견하고 그 프로그램에 댓글을 단다. 그들은 단지 소셜미디어에서 어떤 것을 보았다고 해서 즉시 TV를 켜지는 않을지도 모른다. 그들의 12%가 즉시 TV를 켰다고 주장하기는 하지만.

훨씬 더 많은 사람들이(17%) 소셜미디어에서 어떤 것을 보았기 때문에 어떤 프로그램을 보기 시작했다고 주장한다. 그리고 소셜 미디어 댓글 때문에 어떤 프로그램을 계속 보고 있다고 말한 사람은 두 배(30%)에 가깝다.

이런 대화들이 TV 콘텐츠와 상호작용하기 시작한다. 멀티스크린 시청과 소셜미디어를 통한 연결 능력은 TV 시청을 급속히 증가시킨다. 유저들이 두 번째 스크린을 이용해서 TV 콘텐츠를 시청하기 때문이다. 마케터가 있든지 없든지 간에 백 채널 *Back Channel* 대화가 행해지고 있다. 카우치 포테이토의 시절은 갔다. 소셜 TV는 적극적이고 참여적인 소비자들의 집단행동을 촉발했다.

브랜드가 이 생각을 더 일찍이 활용한 예가 있다. 그 중 하나가 백 채널을 갖고 있는 MTV의 더힐즈 *The Hills*다. 이 프로그램은 시청자들이 그것을 보는 도중에 비난 댓글을 실시간으로 교환하도록 놔두었다. 그 후부터 수많은 다양한 신생 매체가 그 규범을 공식으로 삼고 소셜 TV용 플랫폼을 제공하려고 했다. 하지만 그 어느 것도 트위터만큼 성공하지는 못했다. 그 매체는 워터쿨러의 당연한 후계자인 듯하다.

극성을 바꿔라

극성 전환 *Reversal of Polarity*은 스타트렉 *Star Trek*과 닥터후 *Doctor Who* 같은 공상과학 시리즈에서 흔히 효율적으로 사용되는 데우스 엑스 마키나 *Deus Ex Machina 초자연적 힘을 이용해 절망적인 상황을 타개하는 기법* 이다.

힘의 장(場)과 첨단 에너지 기기들이 흔한 곳에서는 그런 기법이 특히 자주 사용된다. 문제를 해결하는 것은 항상 막판의 해결책이다. 몇 가지 이유로 미래의 테크놀로지는 사람들이 그것을 이용해 에너지 흐름을 역행시킬 때 더욱 효과적이기 때문이다.

트윗은 온갖 곳의 광고물에 등장한다. 이것은 필자가 말하려는 극성 전환의 일부다. 껌 브랜드인 트라이던트 *Trident*는 그 브랜드에 대한 진짜 트윗 글들을 내용으로 하는 인쇄 광고를 내보냈다. 크래커 브랜드 윗씬즈 *Wheat Thins*는 트위터에서 그 과자를 언급한 팬들을 찾아내서 윗씬즈 한 트럭 분량을 전달하는 과정을 보여주는 유튜브 동영상을 만들었다.

방송된 광고에 대한 소셜미디어의 활발한 반응을 쳐다보기 보다는 광고에 소셜미디어를 집어넣기, 진짜 사람들과 진짜 물건, 진짜 목소리를 광고에 포함시키기 등의 행위가 극성 전환의 예다. 미디어 시스템의 다른 부분들에서 무슨 일이 일어나고 있는지를 보여주기 위해 광고가 점점 더 많이 이용될 거라고 본다. 그 이유는

- 사람들은 누군가가 경청해주는 것을 좋아하고 (공감)
- 사람들은 다른 사람들을 신뢰하고 (보증)
- 브랜드에 참여하여 명성을 획득하길 바라고 (명성)
- 미디어 시스템이 그것을 가능케 하며, 할 수 있는 것은 해봐야 하기 때문이다.(실험)
- 소셜 TV처럼, 그것은 현저성을 제공하며 파편화된 타임시프

트 *Time Shifted 콘텐츠를 녹화해서 원하는 시간에 시청 가능* 매체와 실시간 연결해주기 때문이다.

· 그것은 사람들이 어떻게 미디어를 소비하며, 어떻게 TV를 시청하는 동시에 인터넷에 접속하고 트윗을 올리며 대화하는지를 보여주기 때문이다. (미디어 디자인)

·그 새로운 마케팅 모형은 사람들을 위해 뭔가를 해준 다음에 광고를 통해 다른 모든 사람들에게 그 일에 대해 알리는 것이기 때문이다. (제안이 아닌 해결책)

극성 전환을 통해 필자가 말하고 싶은 다른 것들:

·예전에는 광고를 이용해 브랜드가 당신의 문제를 어떻게 해결해줄 수 있는지를 알려주었다.

·이제는 광고가 문제를 해결하고 그 사실에 대해 알려줄 필요가 있다. 제품의 작동법은 모든 사람이 알고 있기 때문이다.

트윗 그 너머로

극성 전환은 단순히 트윗을 다른 채널 속에 끌어다 넣는 것이 아니다. 그것은 시스템 내의 변화들에 적극적으로 반응하는 콘텐츠 경험을 창조하는 가장 쉬운 방법 중 하나였을 뿐이다. 미디어가 하나의 시스템이며 사람들은 브랜드가 자신에게 공개적으로 반응할 때 좋아한다는 것을 이해한다면 더 큰 기회가 생긴다.

우리는 광고 매체의 전통적인 극성을 완전히 뒤바꿀 수 있다. TV에 조금씩 집어넣는 대신, 우리는 소셜 매체에서 오고간 많은 대화 조각을 짜 맞춰서 진짜 사람들을 주인공으로 하는 광고를 만들어낸다. 그런 다음에 그 광고를 방송 매체에 내보낼 수 있다.

이런 극성 전환의 한 예가 도미노피자의 턴어라운드 광고캠페인이다. 이 캠페인은 실제 고객들이 왜 도미노 피자를 좋아하지 않는지 그 이유를 말하는 것에서 시작한다. 이것은 새로운 피자 레시피 개발로 이어지고, 이제 광고는 그 처음 참여자들을 찾아내서 새 레시피로 만든 피자를 건넨 다음에 솔직한 대답을 듣는 것에 초점을 맞춘다. 연출된 실험이 분명하지만 이 광고는 극성 전환 기법을 각색한 것이다.이 기법은 피자 포장에까지 확장되어서 고객이 올린 도미노 피자 관련 트윗들이 박스와 메뉴판에 새겨졌다. 거기에 연출된 피자 사진 대신에 고객이 올린 사진을 곁들였다.

브랜드는 사람들이 무슨 말을 하고 있는지를 경청하고, 그런 다음에 그들이 한 말과 그들을 기쁘게 해줄 해결책과 깜짝 이벤트를 콘텐츠와 행동에 통합해야 한다. 이것이 가장 중요하다.

새로운 플래닝 원칙

광고 플래닝은 엄정함과 이해와 영감을 갖춰야 한다. 인간 행동과 문화에 대한 이해가 깊어짐에 따라 광고 플래닝도 계속 발전해야 한다. 마크 폴라드 *Mark Pollard*는 이렇게 썼다.

"어카운트 플래너가 하는 일의 일부는 과학이고 일부는 직관이라는 것을 인정하는 것이 중요하다. 그러나 플래너를 돋보이게 하는 것은 직관이다."

하지만 신념을 바탕으로 우리는 다음과 같이 진행할 수 있다.

- 가치를 어떻게 창조할 것인가?
- 적극적인 참여자와 소극적인 사람들, 행동과 채널을 어떻게 이해할 것인가?
- 브랜드 언급을 넘어 브랜드 행동을 어떻게 유발할 것인가?

필드웍의 말처럼, 브랜드 행동은 하나부터 열까지 커뮤니케이션과 관계가 있다. 그리고 인간의 커뮤니케이션은 항상 관계 맺기와 상관이 있으며, 우리의 생각과 달리 메시지 전달과는 별로 상관이 없다.

관계 구축에 가장 효과적인 커뮤니케이션 유형은 메타커뮤니케이션이다. 이것은 상호호혜(사람들을 위해 문제 해결하기) 또는 모방(따라할 수 있는 행동 창조하기)과 연관된다. 무한한 미디어 공간에서 어텐션을 끌기 위한 아이디어는 참여−청중보다는 사용자의 참여−와 맥락에 대한 이해가 필요하다.

대중은 단순히 소비자나 잠재고객이 아니다. 소비자는 대중과 동일한 사람들이 아니기 때문이다. 대중과 소비자의 관계는 물과 파도의 관계와 똑같다. 소비자는 대중 속에서 특정한 행동 패턴을 반복해서 표현하는 사람들이다. 성공한 아이디어는 행동을 변화시킴으로써 소비자를 만들어낸다. 의식적 또는 무의식적 어텐션

을 대규모로 끌어 모아서 상업적인 면에 상당한 영향을 끼치기에
충분할 정도로 행동을 변화시켜야 한다.

새로운 플래닝 툴킷

오직 한 가지 전략만 존재할 수 있다.

이미 말했듯이, 광고계는 플래닝과 전략을 융합해왔다. 비즈니
스 전략은 기업이 비즈니스 목표를 달성하고 수익을 높이기 위해
한정된 자원을 어떻게 활용해야 하는가에 대한 생각이다. 비즈니
스 전략은 광고캠페인을 생산물로 간주하지 않는다. 보통 어카운
트 플래닝-적어도 전통적인 에이전시 내에서는-이 그렇게 한다.
전략은 총체적이어야 한다.

시스템 건축

미디어 환경이 복잡해졌기 때문에 동일한 아이디어를 여러 곳
에 투입하는 것 그 이상이 필요하다. 이로 인해 요소들의 상호운
용과 우선순위를 확립하는 통합 시스템 방식이 요구된다. 따라서
미디어 및 광고 부서들을 통합하고 콘텐츠와 맥락을 이해할 필요
가 있다. 뿐만 아니라 참여, 소셜 행동, 테크놀로지의 영향력을 포
용해야 한다.

개인 방송 네트워크가 기존 네트워크를 대체하고 있는 세상에서
는 사회적으로 생겨난 행동들이 점점 더 중요해진다. 페이스북의

알고리즘 같은 것들은 사람들이 공감하는 콘텐츠가 더욱 효과적으로 확산될 것이라는 점을 암시한다.

콘텐츠는 필요하지만 충분하지 않다. 모든 사람이 항상 콘텐츠를 제작하고 있다. 이것은 무한한 공간에서 현저성을 쟁취하고자 하는 '상업적 의도를 지닌 제작자들'에게 새로운 종류의 난제를 제시한다. 콘텐츠 제작 및 유통이 더 이상은 우리가 사용하는 유일한 도구가 아니다.

브랜드 행동은 행동을 낳는다

아마존 창업자 제프 베조스 *Jeff Bezos*는 기업에게 브랜드는, 개인에게 있어 명성과 같고, 어려운 일을 잘 해낼 때 명성을 얻는다고 했다. 성격과 행동의 관계는 두 가지 방식으로 이해된다. 첫째, 행동은 정체성을 반영한다. 당신의 모든 행동은 가장 근원적이며 변하지 않는 당신의 본질을 표현한다는 점에서 그렇다. 둘째, 행동은 수많은 요소로 이루어진다. 당신의 정체성, 즉 본질은 행동과 상관관계가 있다는 점에서 그렇다.

사람은 끝없이 진화하고 변화하고 성장한다. 행동은 우리의 정체성을 계속 만들어나간다. 브랜드 행동은 정체성을 반영하는 것이 아니라 수많은 요소로 이루어진 것이다. 이 말은 당신의 행동이 당신의 정체성을 변화시킨다는 뜻이다.

행동은 행동을 낳는다. 전략은 브랜드 행동에 전체적으로 영향을 미친다. 마케터로서 우리는 소비자의 주장된 태도가 아닌 행동을 통합하려고 해야 한다. 시장조사에 기초한 인지도 추적 시스템보다는 구글 검색량이 훨씬 더 믿을만하다.

메타커뮤니케이션의 원칙, 즉 상호호혜와 사회적 모방을 활용하는 종류의 브랜드 행동을 지향해야 한다. 대중을 위해 뭔가를 하라. 소비자의 문제를 해결함으로써 브랜드의 문제를 해결하라. 모방하기 좋은 매개 행동을 도입하라. 대중이 가치가 있다고 여길 콘텐츠를 만들고 그들이 사용할 수 있는 도구를 제공하라. 광고를 제작하고 유통함으로써 '광고될 수 있는 아이디어'-그저 광고 아이디어가 아니라-를 널리 퍼뜨려라.

새로운 브리핑

광고 브리프는 에이전시에서 중요한 절차 중 하나다. 그것은 전략을 요약하며 창의적인 작업과 그 결과물에 대한 안내자이자 척도의 역할을 한다. 표준적인 광고 브리프는 적어도 플래닝이 생겨났을 때부터 등장했다. 그리고 거의 항상 아래의 질문에 대답한다.

- 문제가 무엇인가, 또는 기회가 무엇인가?
- 우리는 누구에게 말하고 있는가?
- 그 광고가 달성해야 하는 것은 무엇인가?
- 우리가 대중에게 남겨주고 싶은 단 한 가지 생각은 무엇인가?
- 대중이 이것을 믿게끔 만들려면 무엇이 필요한가?

모든 에이전시에서 수십 년 내내 사용되어 왔음에도 브리프의 형식과 내용은 놀라울 정도로 변하지 않았다. 이것은 몇 가지 이유에서 문제가 있다. 광고계의 아이러니 중 하나는 에이전시들이 그들 자신을 차별화하지 못한다는 것이다. 서로 다른 에이전시들의 브리프 양식에 차이가 없다는 점이 그것을 입증한다. 그들이 기능상 별 차이가 없는 제품을 판매하는 기업들에게 차별화 아이디어를 판매한다는 것은 당연히 아이러니다.

필자는 다양한 광고에이전시의 대표들에게 새로운 비즈니스 창출에 대해 교육한 적이 있었다. 질문 시간이 되자 한 명이 손을 들고 이렇게 물었다.

"우리의 당면 문제는 경쟁 에이전시들과 똑같은 서비스를 제공하고 있고, 따라서 광고주에게 홍보할 때 차별화하기가 어렵다는 것입니다. 이 점에 대해 조언해주십시오."

필자는 '당신들은 광고주에게 차별화 아이디어를 판매합니다, 스스로 해결하세요'라고 말할 수밖에 없다.

치열해지는 경쟁과 경제적 압박과 수익 감소에 직면하자 많은 에이전시가 예전과 달리 가치 체계를 고수하지 않는다. 그들의 작업과 절차가 대중과 세상, 비즈니스, 브랜드, 광고가 어떻게 작동하는가에 대한 신념 체계를 충실하게 따르지 않는다는 말이다. 바로 여기에서 문제가 생긴다. HHCL의 공동 창업자 스티브 헨리 *Steve Henry*는 이런 지적을 했다.

최근에 그들은 광고주가 자사의 광고에이전시에 대해 어떻게 생각하는지를 조사했다. 가장 많이 언급된 말은 아무 원칙이 없이 가식적으로 알랑거린다는 것이었다. 광고계에 종사했던, 지금까지 가장 똑똑한 남자 빌 번벅 *Bill Bernbach*는 이런 명언을 남겼다.

"당신이 돈을 치르기 전까지는 원칙은 원칙이 아니다.""

대부분의 에이전시 대표들은 그루초 막스 *Groucho Marx*와 더 비슷하다. 그는 "이것이 나의 원칙이다. 당신이 그걸 좋아하지 않아도 괜찮다. 내게는 다른 사람들이 있으니까"라고 말했다.

고정 불변하는 브리프가 암시하는 또 다른 문제는 그것이 상황이 크게 변했다는 사실을 수용하지 못했다는 것이다. GS&P의 전직 전략책임자이며 챕터 *Chapter*의 공동 창업자 가레스 케이 *Gareth Kay*가 지적했듯이, 비슷한 브리프는 모두 비슷한 가정들로 이어진다.

- 광고를 이용해 해결해야 할 문제
- 표적으로 삼을 소비자
- 그들에게 전달할 메시지
- 그렇게 믿는 이유
- 목소리의 톤
- 이미 선택한 매체의 유형에 대한 어떤 생각;

'크리에이티브' 에이전시와 '미디어' 에이전시의 분리는 몇 가지 불행을 초래했다. 그 중 하나는 광고주가 브리프의 문제에 대한 해결책을 요구할 수도 있지만 한편으로는 이미 특정 유형의 미디어와 계약하고 비용을 지불했을 것이라는 점이다. 그것이 해결책의 성격을 지시한다.

비즈니스 문제를 처리할 수 있는 창의적인 해결책들이 이제는 전통적인 매체 그 너머로 영역을 확장하고, 인간 행동 및 결정에 대한 연구는 합리적인 메시지 전달이 효과적인 커뮤니케이션의 핵심 요소가 아니라는 점을 시사한다. 때문에 우리에게는 브리프에 대한 새로운 접근법이 필요하다.

이제 소개할 새로운 브리프 양식은 나의 것이고, 내가 믿는 것에 기반을 두었다. 하지만 지도는 지역이 아니라는 점을 기억하는 것이 중요하다. 브리프는 인지 도구로서 광고주를 위해 효과적인 해결책을 찾아내게 도와준다. 비굴하게 알랑거리며 작성해야 하는 서식이 아니다. 사치앤사치 *Saatchi & Saatchi*의 최고전략책임자 리처드 헌팅던 *Richard Huntingdon*이 내 블로그에 이런 댓글을 단 적이 있었다.

너무 직설적으로 말해서 미안하지만 당신은 훌륭한 아이디어를 갖고 있어서 훌륭한 브리프를 쓰는군요. 나는 그 어떤 브리프 양식도 받아들인 적이 없습니다. 그건 플래너를 서식 작성자로 바꾸기 때문이죠.

부분적으로 메타인지 오류에 기반을 둔 메시지 전달 기법에서 벗어남으로써 브리프는 다양한 영역에서 얻은 새로운 통찰을 통합하고 그 구조를 확장할 것이다.

브리프는 질문이자 대답이다. 그 일련의 과정은 문제의 창의적인 해결책에 대해 계속 질문한다. 그러나 광고에이전시의 브리프는 창의적인 것이 아니다. 그것은 훨씬 더 확고한 매개변수들을 설정해야 한다. 조사와 직감, 예산, 맥락, 목표-한 마디로 전략-을 토대로 브리프는 해결책을 한정해야 한다.

- 브랜드 문제는 무엇인가? 그것과 연관된 소비자 문제는 무엇인가? 이 두 가지를 어떻게 해결할 수 있을까?
- 성공은 어떤 형태로 나타나겠는가? 유형적인가, 측정할 수 있는가?
- 적극적인 참여자는 누구이며, 소극적인 사람들은 누구인가?
- 그들의 행동으로부터 우리가 수집할 수 있는 반대 의견들은 무엇인가?
- 적절한 브랜드 행동과 틈새 공간은 무엇인가?
- 우리가 희망하는 행동 반응은 무엇인가?

표 11.1은 필자가 이 질문들에 의거해서 만들어낸 브리프의 예다. 브리핑은 협업 과정이며, 이 과정은 서류만큼 중요하다. 관련된 팀들의 역동성을 보여주기 때문이다. 행동과 매개 행동을 유도하는 생산적인 제안, 적절한 영감, 협업 환경, 튼튼한 관점은 효과적인 아이디어를 구상하고 발전시키게 도와주는 요인들이다.

표 11.1 : 새로운 브리프 양식

제목	브리프에 대한 한 줄 요약	아이디어 브리프

목표

달성해야 할 목표는 무엇인가? 비즈니스 문제와 마케팅 문제는 무엇인가?
이 브리프가 필요한 이유는 무엇인가?

커뮤니티 통찰	브랜드 통찰	문화 통찰	사회 통찰
우리가 참여시키고 싶은 커뮤니티는 무엇을 중요시하는가? 그들이 가치가 있다고 생각하는 것은 무엇인가?	브랜드의 관점은 무엇인가? 그 브랜드는 세상 속에서 어떻게 행동하는가? 그 브랜드를 특별하게 만드는 것은 무엇인가?	관련된 문화 요소 중에서 무엇을 활용할 수 있는가? 어떤 문화적 긴장을 해결할 수 있는가? 이용하거나 만들어 낼 수 있는 문화 운동은 무엇인가?	이 브랜드에 대해 소셜미디어에서 어떤 대화가 오고가는가? 영향력 있는 사람들은 누구인가? 정서적 분위기는 어떠한가?

브랜드 행동		브랜드 영토	
그 커뮤니티를 위해 브랜드는 무엇을 해주고 싶어 하는가? 대화와 참여를 어떻게 독려할 것인가? 어떻게 행동으로 바꿀 것인가?		이 커뮤니티가 주로 이용하는 미디어는 무엇인가? 비즈니스 목표 달성에 가장 알맞은 채널은 무엇인가? 우리는 무슨 채널을 만들어내야 하는가? 우리가 간과해서는 안 되는 것은 무엇인가?	

희망하는 행동

우리는 커뮤니티가 어떤 행동을 해주기를 원하는가? 최대한 구체적으로 표현하라. 더욱 빈번한 구매 행동을 원하는가? 그렇다면 그 이유는 무엇이며, 언제 그렇게 행동해주기를 원하는가? 커뮤니티와의 성공적인 상호작용을 측정할 수 있게 해줄 매개 행동이 있는가? 구글 검색수(연관 검색어), 사회적 행동, 스토어 트래픽 *Store Traffic*, *상점에 들어서는 고객 수*, 소셜미디어 트래픽

사회적 실험으로서의 마케팅

CASE STUDY BMW의 전기차 광고캠페인

BMW의 첫 번째 전기차, 액티브E *ActiveE* 출시 광고캠페인 개발 과정에서는 행동과 광고, 콘텐츠, 툴을 포괄하는 기법이 중요했다. 그 캠페인의 전략책임자 및 크리에이티브 디렉터 중 한 명으로 참여하면서 필자는 광고 개발에 대해 총체적인 관점을 가져야 했다. 그 광고캠페인은 그 제작 작업을 난제로 만드는 수많은 요소를 갖고 있었다. 미국에서 전기차는 현장테스트가 제한적이었다. 그리고 전기차 시장에서의 치열한 경쟁 때문에 그 차가 실제로 나오기까지 1년 이상 남은 시점에서 광고가 필요했다. BMW 운전자는 실제로 운전을 해봐야 구매 동기를 얻는다. 하지만 실제 운전은 우리가 보증할 수 있는 부분이 아니었다. 시제품 자동차에는 작은 문제들이 있을 수 있었다. 실제로 현장테스트의 목적은 그 새 자동차를 시험 주행해보고 앞으로 대량 생산될 전기차의 연구 개발에 도움이 될 만한 정보를 얻는 것이었다.

한정된 예산을 가지고 우리는 관련 고객층에 대한 정보를 수집하고 비교 검토해야 했다. 당시에 처음 생각한 것은 그린 *Green* 포지셔닝이었다. 그런 전략에 따라 붙여진 이름이 분명한 전기차, 닛산 리프 *Nissan Leaf*가 막 출시된 시점이었다. 하지만 수많은 브랜드의 가짜 환경보호주의에 대한 반발이 고조되기 시작했다. 실제로 우리는 그렇게 전기차 시장을 역행하는 포지셔닝 방법을 찾아내기도 했다. 바로 지속가능성이었다. 한 가지 환경운동으로 정의되는 지속가능성은 상황을 역행하는 것으로 생각될 수 있었다.

따라서 우리는 액티브E를 지속가능성이 아닌 진보의 상징으로 포지셔닝할 계획이었다. 우리에게 필요한 고객층은 베타테스터 태도를 갖춘 사람들이어야 했다. 전기차에게 있을지도 모를 어떤 결함에도 개의치 않는 태도. 제품을 맨 먼저 접하고 그 품질을 개선하는 작업에 참여하고자 하는 열망이 동기를 부여 한다. 전기차의 미래에 참여하는 사람들이라는 뜻에서 우리는 그들을 일렉트 로넛 *Electronaut*이라고 불렀고, 차후 며칠 동안 함께 작업할 예정이었다.

전체 광고캠페인은 일종의 사회적 실험, 즉 차세대 자동차에 대한 정보를 제 공할 공동 엔지니어링 프로젝트로 구상되었다. 우리가 유혹해야 할 소비자들 은 자신이 박식하다고 생각하고 틈새 미디어를 통해 다른 사람들보다 먼저 상 황에 대해 듣고 알기를 원하는 개척자들이었다. 따라서 전통적인 광고는 전략 적으로 맞지 않았고 낭비였다.

적절한 커뮤니티가 생겨날 수 있도록 우리는 맨 먼저 자동차와 기동성, 디 자인, 테크놀로지를 주제로 하는 콘텐츠 주도 대화를 시작했다. 우리는 인터 넷에 알맞은 일련의 짧은 영상들, 즉 BMW 다큐멘터리를 제작했고, 25명의 유명 인사에게 참여를 부탁했다 그 중에는 전직 구글 부사장이며 현직 야후 *Yahoo* CEO인 마리사 메이어 *Marissa Mayer*, 진짜 우주비행사 버즈 올드린 *Buzz Aldrin*, 당시 와이어드 지 편집자였던 크리스 앤더슨 *Chris Anderson*, 포스쿼어 *Foursquare 위치기반 소셜 네트워크 서비스* 공동 창업자 나빈 셀바두라이 *Naveen Selvadurai*, 집카 *Zipcar, 세계 최대 카셰어링 업체* 창업자 로빈 체이스 *Robin Chase*도 있었다. 그들 모두 자신의 견해를 자유롭게 표현했다. 그것이 BMW의 관점과 일치하는지 여부는 상관없었다. 그들은 또한 자신의 소셜미디어 계정을 이용해서 그 콘텐츠를 유통시켰다.

그 영상들은 인터넷에 뿌려졌고 우리가 원했던 커뮤니티가 생겨날 수 있는 환경들 속에 등장했다. 영상 제작에 이어 우리는 두 번째 단계에 들어서서 전기차 구입을 고려하고 있는 운전자를 위한 툴을 만들었다. 우리의 조사에 따르면, 전기차 구입을 막는 가장 큰 장애물은 주행거리 불안이었다. 한 번 충전하면 160 킬로미터를 달릴 수 있다는 사실에도 불구하고 배터리가 방전되어 차가 멈추는 것에 대한 비합리적인 걱정을 말한다. (미국 운전자 다수의 일일 주행거리는 64 킬로미터 이하다) 그래서 우리는 운전자가 자신의 주행거리를 확인하고 불안해하지 않도록 모바일 앱과 그에 상응하는 웹 대시보드를 만들었다. 소비자가 자신의 운전 습관과 일일 주행거리를 추적할 수 있도록 해줌으로써 전기차 운전에 대한 불안을 없애주는 앱은 얼마나 영리한가.

BMW 전기차는 우리가 준비한 것의 11배가 넘는 시운전 지원서를 받았고, 2개월도 안되 전부 임대되었다. 마지막 단계에 이르러 우리는 이 운전자들의 이야기를 강조했고 그들의 진짜 목소리와 열정을 이용해서 앞으로 출시될 전기차에 대한 기대와 흥분을 고조시켰다. 혁신적인 광고는 광고주와 에이전시에게 유익하다. 이 BMW 광고캠페인은 여러 부문에서 계속 수상하여 그 에이전시가 근래 5년 동안 제작한 광고들 중에서 가장 많은 상을 받았다.

광고의 미래는

우리는 무슨 사업에 종사하고 있는가? 광고계의 미래는 이 질문에 대한 간단해 보이는 대답을 이해하는 것에 달려 있다.

광고는 하나의 도구다. 때문에 더 좋은 도구를 발견한다면 그것을 사용해야 한다. 어텐션 구매로는 이제는 충분하지 않다. 문화 전역에서 어텐션을 독차지할 수 있을 만큼 돈이 많은 사람은 없다. 광고는 단순히 어텐션을 충분히 얻을 수 있었기 때문에 제작되었을 뿐이다. 지금은 그 어느 때보다도 창의성을 활용하고 돈과 시간을 할당하는 방법에 대한 전략적 결정이 필요하다.

광고는 결코 죽지 않는다. 사실 광고에이전시의 구조는 이 복잡한 시대에 완벽하게 들어맞는다. 에이전시들은 아이디어와 실행을 분리하기 때문에 한 에이전시는, 이론적으로는, 어떤 종류의 아이디어든 창조할 수 있다.

광고에이전시는 죽지 않는다. 오직 전통적인 광고만 만들 수 있는 제작 과정이 죽을 뿐이다. 모든 문제를 그런 전통 광고로 해결하기에는 세상이 너무 복잡하다. 결국 에이전시들은 더욱 광범위한 팔레트를 받아들일 것이다. 그리고 무엇이 되었든 가장 적절한 종류의 창의성을 활용해서 광고주와 함께 가치를 창조할 것이다.

전략 플래닝이 그러한 이행을 조종하고 안내할 수 있다면, 에이전시가 브랜드 성장에 종사한다면, 브랜드가 새로운 방식으로 행동하도록 에이전시가 도울 수 있다면, 광고주에게 필요한 폭넓은 비전을 에이전시가 갖고 있다면, 그렇다면 광고의 미래는 밝다.

적어도, 어텐션을 기울이고 있는 광고는 그 미래가 밝다.

에필로그

당신의 세대에 관하여

　세대가 상당히 빨리 바뀌는 것처럼 보인다. 하지만 엄밀하게 따지면 그렇지 않다고 나는 생각한다. 당신이 X 또는 Y로 불리든, 아니면 그 어떤 무엇이 되었든 간에, 제멋대로 정의된 특정 시기에 태어나야 하기 때문이다.

　최근에 나를 밀레니얼 세대라고 지칭한 기사를 하나 보았다. 나는 내가 X세대의 맨 끝자락이라고 알고 있었기 때문에 혼란스러웠다. 시기가 임의적으로 정해지기 때문에 근거가 다르면 적용하는 시기도 다르다. 나는 갑자기 궁금해졌다. 나는 그 글자에 전혀 '불만이 없는가', 그리고 나는 더욱 'X세대다워야' 하는가.

　각종 미디어에서 그 글자가 그 세대의 특징을 정의한다고 주장하기 때문이다. 이어서 클레이 셔키가 했던 말이 기억났다. '집단을 그렇게 정의하는 것은, 한 달 단위가 아니라 수십 년 단위라는 것만 제외하면 별자리 운세를 보는 것과 기능적으로 똑같다.

저서 『디지털이다』에서 네그로폰테 *Nicholas Negroponte*는 각 세대는 이전 세대보다 더욱 디지털적이라고 했다.

새로운 미디어가 출현함에 따라 미디어 세대들은 점점 더 빨리 바뀐다. 이 점을 기억해야 한다. 당신이 스스로를 디지털 원주민으로 생각하든 이주민으로 생각하든 간에, 현재의 원주민이 조만간 이주민이 될 것이라는 사실을 명심하라. 그리고 조만간은 당장 내일이 될 수도 있다. 급속도로 변하는 문화를 따라잡으려면 전력 질주해야 한다.

변화의 속도가 이렇게 빠르기 때문에 광고계에 들어서는 사람들이 조언을 청하면 나는 애매하게 말함으로써 유용한 조언을 해주려고 노력한다. 끊임없이 변하는 시대에는 오직 원칙들만 오래 살아남을 것이기 때문이다.

- 항상, 모든 사람에게 착하게 굴어라.
- 당신과 관심사가 똑같은 착한 사람들을 만나려고 노력하라.
- 관점이 다른 사람들과 동등하게 대화하라.
- 마음을 바꾸는 것을 겁내지 말라.
- 지나치게 냉소적으로 굴지 말라.
- 당신이 하는 일에 항상 관심을 가져라.
- 다른 것에도 항상 관심을 가져라.

- 질문하는 것을 절대로 겁내지 말라.
- 독서는 경외로운 사람을 위한 것이다.
- 글을 써라.
- 사진을 찍어라.
- 아이디어가 어떻게 작동하는지, 그것이 무엇을 위한 것인지에 대한 자신의 이론을 개발하라. 하지만 그 이론에 집착하지는 말라.
- 어떤 것에든 괴짜나 전문가가 되어라.
- 모든 책략과 아이디어를 훔치고, 결국 당신 것으로 만들라.
- 세계의 다른 지역, 특히 가보기 어려운 지역을 여행하라.
- 진지하게 즐겨라. 전혀 즐겁지 않다면 좋은 것이 아니다.
- 너무 걱정하지 말라. 어쨌든, 고작 광고일 뿐이다.

내 말을 믿어라. 미래는 경외로울 것이다.

디지털세상에서 주목시키는 혁신적 광고

지불된 **어텐션**

2017년 5월 29일 1판 1쇄 인쇄
2017년 6월 09일 1판 1쇄 발행

글 패리스 야콥 | 옮김 윤서인
펴낸이 김상일 | 펴낸곳 도서출판 키다리
책임편집 김상일 | 편집 김민정 | 디자인 이정미 | 마케팅 옥정연 | 관리 김영숙
출판등록 2004년 11월 3일 제406 – 2010 – 000095호
주소 경기도 파주시 회동길 216
전화 031 – 955 – 1600(대표), 1601(영업), 1602(편집) | 팩스 031 – 624 – 1601
이메일 kidaribook@naver.com | 페이스북 http://www.facebook.com/kidaribooks
ISBN 979 – 11 – 5785 – 148 – 5 (93320)

PAID ATTENTION by Faris Yakob
Copyright ⓒ Faris Yakob 2015
All Rights Reserved.
Korean translation copyright ⓒ 2017 Kidari Publishing co.
Korean translation of Paid Attention is published by arrangement with Kogan Page
through Amo Agency, Korea

이 도서의 국립중앙도서관 출판예정도서목록(CIP)은 서지정보유통지원시스템 홈페이지
(http://seoji.nl.go.kr)와 국가자료공동목록시스템(http://www.nl.go.kr/kolisnet)에서 이용하실
수 있습니다.(CIP제어번호: CIP2017011322)

잘못된 책은 구매하신 곳에서 교환할 수 있습니다.

참좋은날 도서출판키다리의 성인 단행본 브랜드입니다.